# 保守主義の精神

## 上

ラッセル・カーク
Russell Kirk
会田弘継 訳
Aida Hirotsugu

Cs
032

中公選書

Published by Regnery Publishing, Inc.

Japanese translation rights arranged with Regnery Publishing, Inc., Washington DC
through Tuttle-Mori Agency, Inc., Tokyo

ラッセル・カーク（1918〜1994）

Photo courtesy Annette Kirk

保守主義の精神 上——目次

本文ＤＴＰ／今井明子

## 保守主義の精神 下 ── 内 容

# 保守主義の精神　上

いかなる国家においても、野蛮から少しでも抜け出せば、良きにつけ悪しきにつけ、必ず哲学といったものが生まれる。行動に対照して（馬鹿げて無意味な対照ではあるが）、思索や理論についてどれほど軽蔑を持って語られようと、次のことは確かに言えよう。すなわち、ある時代において存在する思索の根本的な有り様が、宗教、立法、道徳、いや、それだけに留まらず、芸術やさまざまな様式から生活の流儀にいたるまでの精神や基調を決めていくことになるのだ。大多数の人々が黄昏時の蝙蝠のように、己の時代の哲学を、反射し屈折する残光によってのみ知り、また感じるだけであろうとも、この真実はいささかも揺るがない。

——コールリッジ『時務論集』

本文全編を通じて、原書中の注は（　）で、訳者注は〔　〕で示した。
また、＊は原書の注である。

# 第1章

# 保守という考え方

「愚かしい党派」。ジョン・スチュアート・ミルは、保守主義者を形容してこう述べている。十九世紀の自由主義者が永劫不変のものと考えた他の寸言と同様、自由主義者や急進派の思想が解体しつつあるわれわれの時代においては、このミルの判断もまた、見直しを迫られている。確かに、無智愚昧の多くの者の怠慢によって、保守主義の大義が活性化しなかったのは事実である。F・J・C・ハーンショウはこう述べている。「実際問題として、常ならば、保守主義者は、何ひとつ発言することなく、ただ座して沈思黙考していれば十分である。あるいは、考えさえせず、単に座っているだけでも良いかもしれない」[1]。近代保守主義の最も偉大な思想家エドマンド・バークは、自らの分をわきまえた者の拠って立つところが「古来の常識」と「古くからの定め」であると認めて、恬然と恥じるところがなかった。というのも、バークは、愛着を込めてではあるが、保守主義者を牛にたとえているのである。牛は楢の大樹の下で泰然自若として、急進的な革新を唱えて小うるさい虫の羽音に煩わされることもない。しかし、他方で、保守主義の原理は、ここ二世紀のあいだ、博学才穎の者たちによって擁護されてきたのである。保守主義の理念を見直しつつ、この混迷の時代においてなお、その理念が通用するのかどうか検証するのが、本書の目的であり、保守政党の歴史を通覧するつもりはない。この研究は、ひとつの長大なる定義の試みである。いかなる感情が英米をまたいで、フランス革命以来この方のさまざまな急進理論や社会変革に対し抵抗する、保守主義の衝動に駆られた者たちを支えてきたのであろうか。

ダブリンの街を流れるリフィーの川辺に沿って歩をすすめ、裁判所が入る建物フォーコーツの丸屋根を目にその西へと足をのばすと、殺風景な壁にまぎれた古い玄関口に行きあたる。今では屋根のない廃屋となっているが、十八世紀に建立されて以来、つい最近まで家があり、使用禁止とされてはいたが、人が住んでいたこともある。アラン埠頭十二番地。以前は、三階建ての煉瓦造りで、当初はある郷紳階級の人の住まいだったが、やがて商店舗に落ちぶれ、しまいには取るに足らないような役所の建物として使われ、結局、一九五〇年に取り壊された。この家の歴史は、一七九二年よりこの方、アイルランドがたどってきた大きな社会変動を思い起こさせる。その年、バークはこの家で産声を上げた。近代ダブリンの記憶は、〔カトリック差別撤廃を求め戦った政治家〕ダニエル・オコンネル〔1775−1847〕の時代より過去に遡ることはなく、バークの生家が取り壊されたときも、抗議の声が上がることはなかったらしい。さらに最近、アラン埠頭に沿った他の古い家も、多くが取り壊しの憂き目にあった。この十八世紀の町のほとんどは打ち捨てられたような有様だから、それもやむを得まい。歴史的建造物は失せていく一方だ。バークの生家（というよりも、今なお残る、そのうら寂れた残骸）の裏手にまわって、彼が洗礼を受けたとされる古い聖ミカン教会に向かうと、そこには今にも倒壊しそうな煉瓦づくりのスラムが広がっており、子どもたちが裸足のまま瓦礫の上を跳びはねている。オコンネル通りに向かって、ほんの少し歩けば、バークやゴールドスミスの銅像があるトリニティ・カレッジの気品ある正門に着く。北へ向かって、パーネル広場付近にいたると、今も健在であるアイルランド人弁士が、大英帝国に抵抗せんとこの街の人々を率いるのは吾なりと、拡声器ごしに演説をぶっているのを聞くことがあるかもしれない。そして、バークのように、「われわれはいかに儚《はかな》い影でしかないことか、そしていかに儚い影を追うことか！」という感慨にふけることもあるかもしれない。

バークの時代以来、ダブリンでは争いごとが絶えない。しかし、外からの訪問者の目に映ずるアイルランドは、世相が変転してやまないこの現代にあって、伝統の隠れ家であるかのようであり、ダブリンはというと、保守主義の古都であるかのように思われてくる——そして、実際その通りなのである。伝統を呪詛し、平等を言祝《ことほ》ぎ、変化を歓迎する世界。ルソーにしがみつき、彼の思想をまるごと鵜呑みにして、そして、より一層過激な預言者を求める時代。産業主義の汚濁にまみれ、大衆によって画一化され、政府にがんじがらめにされた世界。戦争によって傷つき、東西の二大国のあいだで震えおののき、砕けたバリケード越しに瓦解の深淵をのぞく世界。これこそ、私たちの時代であり、バークがその燃えさかるような活力を持ったレトリックを駆使して一七九〇年〔彼が代表作『フランス革命の省察』を著した年〕に予言した社会である。大勢においては、急進的な思想家たちが勝利したと言える。一世紀半にわたって、保守主義者は後退を余儀なくされてきた。退却する過程において、まれに後衛で反撃に成功したことを除けば、潰走と言わねばならない。

保守主義者が壊滅的な敗北をこうむった原因については、今までのところすべてが詳《つまび》らかにされたとは言えない。ただ、二通りのごく一般的な説明が可能であろう。第一に、近代世界においては、いたるところで「モノが馬上の王となり〔物質主義が横溢し、の意〕」、保守的な理念は、それがいかに妥当なものであれ、産業化、中央集権化、世俗化、そして平等化衝動などといった、有無を言わせぬ力の数々に抗しきれなかった。第二に、保守主義の思想家たちが、近代社会の難問に対処するに十分なだけの洞察力を欠いていたことである。そして、どちらの説明にも一理ある。

本書は、保守「思想」を巡る批評である。保守主義の理念を生んだ温床でありその産物でもあるところの、経済的条件や政治的潮流については、ここに詳述するだけの紙幅がない。同様の理由により、保守主義の敵である急進諸派に関しても、ごく簡単に触れることしかできない。しかし、一七九〇年以降の年代についていえば、優れた政治史の記述があるお陰で、自由主義や急進主義の教義はすでに、一般大衆の知識として確固たるものとなっている。だが保守主義の側には、ほとんど歴史家がいない。ドイツやフランスにおける保守主義の理念の研究（メーストル、ボナルド、ギゾー、ゲンツ、メッテルニッヒその他の錚々たる才人たちは、バークに多くを負っており、そのことによって英米思想につながっている）は興味深いのだが、ここで扱うにはあまりに複雑な主題である。こうした大陸の思想家にあって、ただトクヴィルだけは、本書でも十分に取り上げられている。なぜトクヴィルなのかといえば、それは主として、トクヴィルが英米人に長期にわたり揺るぎなく影響を及ぼしてきているからである。

つまり、本書『保守主義の精神』において扱われているのは、伝統と既成秩序に拠って立つ英米の思想家に限られる。大国のなかにあって、ただ英国と米国だけが一七九〇年以降の革命を免れてきた。これは英米の保守主義が強健な種であることの証左であり、その保守主義を探究して報われるところが多いことの証であるようにも思われる。対象となる領域をさらに限定するならば、本書は、バークの系譜に連なる思想家の分析ということになる。筆者は、バークこそが保守主義の原理の本流にいることを確信している。それもあって、〔グラッドストン内閣で蔵相などを務めた政治家〕ロウのような反民主主義的自由主義者、スペンサーのような反中央政府的な個人主義者、及びカーライルのような反議会主義的な著述家らについては、そのほとんどを考察の対象外とした。次章以降で論じられている保守主義の思想家たちはいずれも、――バークの同時代人であったフェデラリスト〔米国の連邦擁護派〕でさえも――この偉大なるホイッグ主義者の影響下にあった。といっても、バークの思想は時に、ある種の知的濾過装置を通してこれらの思想家に浸透するにとどまったのだが。

近代的な意味における保守主義が明確な姿をとるには、一七九〇年、『フランス革命の省察』の出版を待たねばならなかった。この年にいたって初めて、バークの預言者のごとき知力が、人々の意識の中に初めて保守と革新の二極対立を据えた。カルマニョール〔フランス革命時にはやった歌や踊り〕が私たちの時代の幕開けを告げていた。そして、英イングランド地方北東部においては、石炭と蒸気から成る、あの煤けたエネルギーが登場し、すでに新たな革命の前兆を示していたのである。英国における保守主義の理念を、これ以前の時代にまで遡って追い求めると、その途端に、ホイッグ主義やらトーリー主義やらといった、知的骨董趣味の網にからめ捕られてしまうだろう。というのも、近代の諸問題は、実質すでに始まっていたにもかかわらず、当時の英国においては、依然として明確なかたちは見えていなかった。米国内における保守主義者と急進派の対立が激化するのは、市民ジュネ〔米国に派遣された仏革命政府の外交官エドモン・シャルル・ジュネの愛称〕やトム・ペイン〔『コモン・センス』などを著した思想家〕がフランス流の自由への熱狂を、大西洋を越えて持ち込んでからのことである。アメリカ独立革命というのは、実質的には保守的反動であり、英国政治の流れを汲みつつ、王政による革新に反対したのだ。バークに先立つ保守主義の師を探しても、満足のいく人物はなかなか見当たらないだろう。ボリングブルック〔1678―1751、英保守党の領袖〕の場合、宗教に対する懐疑主義で失格だ。ホッブズのようなマキアヴェッリアンや、フィルマー〔王党派の政治思想家〕のごとき古色蒼然たる絶対王政主義者も、適格ではない。フォークランドやクラレンドン伯〔政治家・歴史家〕、ハリファクス侯やストラフォード伯あたりは、一考に値するかもしれない。さらに探れば、リチャード・フッカー〔英国国教会の理論的支柱となった神学者〕のうちに、保守主義者の深い洞察を見出すことができるだろう。英国教会教義もろともに、バークが受け継いだところである。そしてフッカー自身はといえば、その保守的洞察の一部はスコラ哲学者とその権威に依拠していた。しかし、ここまで来ると、はるかに時代は上って十六世紀、さらに遡って十三世紀ということになるが、本書が関わるのは、あくまで近代の問題だ。現実的に考えれば、あらゆる意味において、やはりバークが今日の保守主義の開祖なのである。

カニングやコールリッジ、サウジー、ワーズワースら〔英国の文人・詩人ら〕はいずれも、政治信条においてバークの想像力に負うところが大きい。ハミルトン〔初代米財務長官〕やジョン・アダムズ〔第二代米大統領〕はアメリカでバークを読んでいたのであり、ジョン・ランドルフ〔南部ヴァージニア州出身の保守政治家〕は南部諸州でバークの理念を喧伝していたのである。フランスでは、バークを師と仰いだ人々が「保守主義」なる用語を翻案した。そしてクローカーやカニング、ピールが、この「保守主義」という言葉に飛びつき、首尾よく自党のために利用したのである。ピットやポートランドの陣笠連が合流した後であるから、この大政党はもはやトーリーでもホイッグでもなかった。トクヴィルはバークの知恵を拝借して、自身の自由主義的な目的のために利用した。マコーレーにしても、バーク流の改良への才覚をそっくり真似た。これらの人物が、バークの伝統を後続世代へと引き継いだのである。錚々たる教え子一覧だ。自分こそが真の保守精神を代表したのだ、というバークの主張を否定するのは容易ではあるまい。ただ、高名な学者のなかには、ヘーゲルをして、いわばバークの補佐のようなものに仕立てあげようと努力してきた者もいた。サミュエル・ジョンソンは、ヒュームを評してこう述べている。「申し上げますが、あの御仁がトーリーなのは、まったくの偶然ですよ」。ヘーゲルの保守主義も似たようなもので、トクヴィルが以下述べているように、やはり偶然なのである。「ヘーゲルは、自らの時代に既成のものとしてあった古《いにしえ》の権力に服従することを求めた。彼がこの権力を正当と認めたのは、単にそこにあるから、というだけでなく、起源から考えおこしてのことである。ヘーゲル学派が樹立しようと望んだのは、別種の権力だ。（中略）このパンドラの箱の中からあらゆる道徳的病理が飛び出し、人々はいまだにこの病に苦しんでいる。しかし、私が述べてきたのは、感覚的にして社会主義的なヘーゲル哲学に対する反乱が、今いたるところで起きている、ということだ」[2]。シュレーゲル、ゲレス、シュトルベルク――それにフランスにおいてはテーヌ学派――らは、ヘーゲルとバークの両者を崇拝してきた。おそらくそれが理由となって、ヘーゲルとバークは根本的に敵対関係にあるにもかかわらず、表層的な類似点によって混同されてきた。ヘーゲルの形而上学にしても彼の文体にしても、バークにとっては嫌悪感を催すものでしかなかっただろう。ヘーゲルの方は、バークを読んだ気配もない。そして、ヘーゲルとバークが同じ思想体系の異なる側面を表していると考える人々は、（政治的な意味における）権威主義と保守主義を混同する危険を冒している。マルクスは、ヘーゲルの著作体系に依拠することができたが、バークの著作中に、何一つ白説に馴染むものを見つけることができなかった。

もっとも、こうやって腑分けし整理する場としては、序章よりも終章のほうがふさわしいだろう。差しあたって求められているのは、保守主義の理念をとりあえず定義することである。

複雑精緻な知の体系を圧縮して、少数の大仰なフレーズに還元してしまうのは、見識ある保守主義者であれば、誰もが避けたいものである。そうした小手先の技は、熱狂的な急進派にでもやらせておけば良い、と思うはずだ。保守主義は永劫不変のドグマではない。保守主義者は、時代に合うようにみずからの信念を表現しなおす才覚をバークから受け継いでいる。とはいえ、ひとまずの叩き台として述べるならば、社会的保守主義の本質とは、人間社会にいにしえから伝わる道徳的伝統を堅持することにある。保守主義者は先人の知恵を尊重するのである（バークがこの言い回しに光を当てる以前は、先人の知恵を尊重するというのは、ストラフォードやフッカーの言葉であった）。大規模な変革には懐疑的である。そして、社会を精神的現実、つまり、永遠の生を有しつつも繊細な体質を持つものと見なす。社会は機械とは異なり、スクラップにして鋳造し直すわけにはいかないのである。リンカーン大統領はかつて「保守主義とはなにか」と問うた。「保守主義とは、新奇で未知のものに抗して、古くから時の試練に耐えてきた事物に固執することに他ならないのではないか」と。まさにその通りだが、保守主義はそれ以上のものでもある。F・J・C・ハーンショウは、著書『英国の保守主義』において、保守主義者が堅持すべき十二の原則を列挙している。ただ、もう少し簡潔にまとめることができるだろう。私としては、保守思想には六つの規範があると考えている。

（1）個人の良心および社会を統べる超越的秩序あるいは自然法への信頼。政治的な問題は、その根本において、宗教的問題であり道徳的問題である。コールリッジが悟性と呼んだ、狭い合理性は、それだけでは人の必要を満たすことができない。キース・フィーリング（保守派の歴史学者）は言う。「すべてのトーリーは現実主義者である。この天地には巨大な力があり、人間が英知を以てしても、その真の深みを捉えることはできないことをトーリーは知っているのである」[3]。真の政治とは、魂の共同体において勝利すべき大文字の正義を理解し、これを適用する術のことである。

（2）人間存在の豊かな多様性および神秘への愛情。人間の多様性を失わしめる画一化、平等主義、多くの急進的制度が持つ功利的な志向と対置される。保守主義者は、ロバート・グレーヴス〔英詩人・小説家〕がいうところの社会にはびこる「論理主義」に反対する。この常識感覚は、「歓喜の保守主義」と呼ばれてきた。人生は生きるに値するものだという感覚のことであり、ウォルター・バジョットによれば、それは「活力ある保守主義の真の源泉」である。

（3）文明社会には、身分秩序と階級がなくてはならないという確信。「無階級社会」の考えに抗するものである。保守主義者がしばしば、「身分秩序の党」などと呼ばれてきたのにはそれなりの理由がある。各人のあいだに自ずと生じる区分を取り払ってしまえば、専制者が空白を埋めるだけである。神の裁きを前にした究極の平等なり、法の裁きを前にしての平等なりについては、保守主義者も認めるところだ。しかし、身分の平等というのは、つまるところ隷属と退屈が平等に与えられることを意味するに過ぎない。

（4）自由と財産が密接に連関しているという信念。私有財産を廃したところで、リバイアサン〔国家〕がすべてを支配することになる。保守主義者が主張するのは、経済的平等化すなわち経済的進歩とはならないということである。
（5）昔から従ってきた古い定めへの信頼と、「詭弁家、計算屋、エコノミスト」等、抽象的な設計の上に社会を再構築しようとする輩《やから》への不信。習俗、慣習、時の流れに耐えて決まったことは、人間の無秩序な衝動や改革者の権力欲に対して、制限を設けるものである。
（6）変化すなわち健全な改革ではない、という認識。焦って変革しようとしたところで、進歩の灯を掲げることにはならない。大火がすべてを飲み込むだけである。社会は変わりゆくべきである。なぜなら、慎慮ある変革は社会を保持する手段となるからだ。本当の政治家は、神の摂理を忖度しなければならない。プラトンとバークによれば、慎慮こそが政治家の真の美徳である。

これら一連の見解より端を発して、さまざまな思想が派生してきた。また、これに付け加える点もまだ多々ある。しかし、だいたいのところ保守主義者は、一貫して上述の信念や感情に、二世紀にわたって付き従ってきたのである。敵対する側の原理を列挙するほうが難しい。ただ、バークが政界入りして以来、主だったものだけで少なくとも五派の急進思想が、公衆の支持を取りつけんと争ってきた。フィロゾーフすなわちフランス啓蒙思想家の合理主義。ルソーとその同調者によるロマン主義的な解放思想、ベンサムの追従者による功利主義、コント学派の実証主義、そしてマルクスその他の社会主義者による集産主義的唯物主義。このリストから省略されたものとしては、ダーウィニズムを主とする科学の教義があり、これは保守主義の社会秩序の主要原則に対して根底から打撃を与えてきた。これらの急進思想を最大公約数的にまとめて表現してしまうのは傲慢そのものであり、保守主義の哲学信条にも反する。ただ、拙速を承知のうえであえて一般化すれば、急進思想は一七九〇年よりこの方、次のような論拠に立脚し、長く時の試練を受けてきた社会秩序を攻撃してきた――

（1）人間は完全なものになりうるし、社会は無限に進歩するという発想。世界改善論である。急進派の信ずるところによれば、教育や実定法、環境の調整により、神のごとき人間を生むことができる。生まれながらにして暴力や罪悪に傾斜してしまう面が人間にあるのを、否定するのである。

（2）伝統への軽蔑。理性、衝動、物質的決定論はいずれも、社会福祉へと導くものとして、祖先の知恵よりも信頼に足るとされる。宗教秩序は拒絶され、宗教に代わるものとしてさまざまなイデオロギーが提示される。

（3）政治的平等化。身分や特権は唾棄される。急進派の理想として吹聴されるのは、完全なる民主制である。民主制は実現可能な範囲でなるべく直接的であるべきとされる。この精神と手を取りあっているのが、議会の古い取り決めを嫌い、中央集権化を良しとする心性である。

（4）経済的平等化。財産、特に土地について古くから認められている権利は、ほとんどすべての急進派にとって疑わしい。集産主義的な改革を志向する者は、私有財産権という制度に根底から切ってかかっているのである。

五番目の点として定義したいのは、急進派が国家機能について共有する見解であろうが、革新諸派のあいだで意見の亀裂があまりに深いものであるため、納得のいく一般化は難しい。急進派はバークの国家観と社会観を嫌うことで一致団結している、とだけは言える。バークによれば、国家は神によってその使命を定められており、社会は死者と生者、そしてこれから生まれ来る者とのあいだの精神的絆によって永遠に結びついている――つまり社会は魂の共同体なのである。

とりあえずの素描はこれで十分だろう。急進派は新奇なものを好み、変化を愛する。逆に保守主義者は、ジョゼフ・ジュベール〔箴言を残した仏の文人〕にならってこう言う。「世代間ヲ繋ギトメテイルノハ鎹《カスガイ》デアル」――つまり、古代より受け継がれてきた政治と宗教の制度のことである。さらに、「父タチガ見知ッタコトヲ保守セヨ」とも。これ以上の定義を求めるならば、個々の思想家にあたったほうが確実だろう。続く各章において、保守主義者は、政治家として批評家として、形而上学者として、文学者として、様々に描かれる。ナポレオンも知っていたように、歴史の流れを最終的に決めるのは、政党を率いる人々ではなく想像力を持つ人々であるから、私の保守主義者の人選もこの原則に従っている。もう少し詳しく書いておきたかった保守の思想家もいる――ソールズベリーやジョゼフ・ストーリーのような人物である。アーノルドやモーリー、ブライスといった人物は、バークの弟子として興味深いが、一般的には保守主義者と見なされていないので除外した。ただ、保守思想の主な流れに関しては、一七九〇年から一九八六年に至るまで網羅されている。

革命の時代において、人はあらゆる新奇なものを味わい尽くし、すべてに飽きた結果、また昔日の原則へと立ち戻ることがある。ただ、その原則があまりに長く閑却されていたので、再発見された折、ふと新鮮な思いに心打たれるのである。歴史は時にルーレットの回転盤に似た相貌をみせる。事物が循環するというギリシャの考え方には確かに真実があり、ぐるりと巡って、再び保守の時代を指し示す回転盤の番号が戻ってくるかもしれない。かつてパリ郊外サンジェルマンに警鐘が鳴り響き、みずからに飽きた一つの時代に終止符を打った。ちょうどそのようにして、立ちのぼる火焔が、突如として、現代の虚飾すべてを灰燼と化すかもしれない。にもかかわらず、私たちはそこに神の意志をみることを拒み、己が意志によると僭上するであろう。もっとも、このルーレット盤のたとえは、バーク（あるいはジョン・アダムズ）にとっては不快であろう。彼らにとって歴史とは、神の意図したもうところの展開に他ならない。真の保守思想家は、偶然か運命としか思えないルーレット盤の動きにも、精神の両極性の法則に対し神の摂理が働いているさまをうかがい知る。バークが今世紀に生きていたとしても、摂理が人を導く先にあるのが消費社会だなどとは、決して言わなかっただろう。消費社会はすでに自壊の間際にある。もし保守主義の秩序が本当に回帰してくるとすれば、そこに付随する伝統を理解せねばならない。そうすることで社会の再建もなし得よう。たとえ保守主義の秩序を再興することができなくとも、保守主義の思想を理解すべきであろう。その理解を通じ、解き放たれた意志と欲望の業火がすべてを焼き尽くした後になお残された、焼け焦げた文明の切れ端を、能う限り灰燼のなかからかき集めねばならない。

# 第2章

# バークと古来の定めの政治学

「驚天動地の奇跡が起こった時代ははるか彼方に霞み、今となっては伝承が残るばかり、月並みの時代さえすでに古びた。そして人間生活がもう何世代ものあいだ依拠しているのは、時の経過によって空疎なものに成り果てた陳腐な常套句である。もはや現実など存在せず、あるのは幻影ばかり。神の宇宙を創るのは仕立て屋に内装業者であり、人間はバックラム生地〔にかわ、糊などで固めたあらい布地〕の仮面をかぶって、あちらで会釈、こちらで顰《しか》め面――と思うと大地がパックリ裂けた。地獄の煙霧が立ちこめ、目眩《めくる》めく業火が燃えさかる。そこに現れたのはサンキュロットの怪物、多頭の鎌首をもたげ、火を噴きながら聞くに、『お前は私のことをどう思う』」

――トマス・カーライル『フランス革命史』

## 1、バークの来歴

カーライルは一七八九年の動乱についてこう書いている。アクトン卿〔1834−1902、英国の歴史家〕に言わせると、カーライルの『フランス革命』は、「英国人の心をバークの呪縛から解き放った」らしい。アクトン自身はというと、ロベスピエールもバークもまとめて絞首刑にしたかっただろう。この判断は、心情的には、十九世紀自由主義者のフランス革命観をよく表している。もっとも、実際に処刑を執行するのは、自由主義者の作法に反するところかもしれない。[1] カーライルの時代以来、勉強熱心な人々の多くは、フランス革命の真実が、エドマンド・バークと誰か――そう、あえて一人名前を挙げるならば、コンドルセでもいい――の中間にあると信じてきた。

自由主義者の優位が続いたこの百年というもの、批評家たちは、「洪水」に譬えられたフランス革命の意義に関してバークが致命的に見誤っている、と主張してきた。バックル〔1854－1935、英国のジャーナリスト〕など、〔『省察』を著した〕一七九〇年にバークは狂ってしまった、とまで書いて慨嘆している。[2] それにもかかわらず、フランス革命を知的に擁護しようとする試みは、バークの一撃を受けて以来、一度たりとも立ち直っていない。バークと同世代でいえば、ジェームズ・マッキントッシュ〔1765－1832、英政治家・歴史家〕が無条件降伏しており、ロマン主義者もバークの呼びかけに応じ、平等主義の大義を捨てた。そしてカーライルにしたところで、トマス・ペインの恍惚に満ちた革命ヴィジョンにはついていけなかったのである。バークの『省察』は、新たに勃興してきた世代の最有力者らの思いを見事につかみとった。若い英国人の目には、バークの文体が、ルソーの燃え立つような文体にも増して、一層まばゆい輝きを放っているように見えたのだった。文芸批評家ハズリットによれば、「稲妻のように自在に分岐し、蛇のように鎌首をもたげる」文体だ。バークの作品は、ペインの攻撃をかわし、これを凌駕さえした。英国流保守主義の方向性を決定づけたのも、大陸の政治家の模範となったのも、バークである。植民地支配に対し反乱を起こすアメリカ人の魂の中に忍び入ったりもした。仮面舞踏会の仮面を着けてみたところで革命の洪水から逃れることができなかった。バーク自身も述べているように、フランス革命は、「人類史上未曽有のもっとも驚嘆すべき事件」だったのである。しかしバークはバックラム生地の仮面をかぶる一味でなかったし、月並みの時代にも属していなかった。彼はあのいにしえの、驚天動地の奇跡の時代の存在を信じていた。それは、奇跡の時代であり、人間の力で躍起になって奇跡を製造せんとする新時代ではなかった。彼は、フランスの大火を鎮めるべく、新たな火を放ったのである。

一七八九年の夏になりようやく、(バークとは旧知の仲だった)トマス・ペインはパリからバーク宛に手紙をしたためた。類まれなる演説家であるバークが説得を受け入れて、英国に「より広範な自由のシステム」を導入し、みずから民衆の不満と人民主権を代弁してくれることに期待したのである。ミラボーもまた、フランス国民議会においてバークの演説を(時にはその名に言及しつつ)、長々と引用し、このホイッグの領袖を熱烈に称賛した。今こうして振り返ってみると驚くべき昔日の出来事であるが、(手紙として書かれた『省察』が語りかけている相手である)若きデュポンは、ジョージ三世の敵対者であるバークから大真面目に革命への称賛の言葉を取りつけようとした。それは当時の情勢においてはそう奇妙なことでもなかったのである。保守主義者バークは同時に自由主義者バークでもあり、英国であれアメリカであれインドであれ、権力の恣意的な濫用に対しては立ち上がった。ただ、革命一般、そして特にフランス革命に対しては、断固反対の姿勢を貫いたのだった。

伝統を愛するバークは同時に、下院議員であり新世代の旗手でもあった。十八世紀最後の三分の一は、新世代の人間が勇躍した時代である。バスチーユが陥落する数年前にすでに、西欧全体においても、英国においても、知的・精神的な平等は実質的に確立されていた。革命家たちが激情をもって平等を要求するのは、この後である。「進取の気性に富んだ才能」が現実に力をもつという状況になって、革命大動乱の成功も可能になったのである。その革命は、日が当たらずにくすぶっている才能に正当に報いるために必要な序曲である、と宣せられていた。バークの世代でもっとも高名だったのも、中産階級あるいはもっと下の階級から頭角を現した、新世代の面々であった。スミス、ジョンソン、レイノルズ、ウィルクス、ゴールドスミス、シェリダン、クラブ、ヒューム、その他大勢である。当時のフランス側の啓蒙思想家も、似たように多士済々であった。バークが下院で演説をぶっているとき、その周囲にいたのは、彼が国家の命運を託そうとした自然的貴族——持って生まれた才覚でその地位を得た者たちだったのである。

ダブリンの法律家の息子である新世代人バークは、すでに貴族的自由主義を奉じる哲学者にして、そのまとめ役となっていた。J・G・ボールドウィンは、バークとロアノークのジョン・ランドルフ〔十八世紀初頭の米国の保守政治家、第五章参照〕について書き、なぜ前者がトーリーではなく後者がフェデラリスト〔連邦主義者〕でないのか問うたうえで、こう述べている。「彼らは古い意味でのホイッグなのである。なぜなら、二人とも個人の自由を強く愛したからであり——この自由を愛する気持ちだけが、唯一、その深さと堅固さにおいて彼らの自尊心に比肩しえた——同時に強いカースト感覚を持っていたからである。カースト感覚というのは、言い換えれば、みずからの権利と、自らの身分にそなわる権利を尊ぶことである」[3]。

ホイッグ主義を定義するのは難しい。ホイッグは恣意的な王権に反対し、政府の内部改革を支持し、英国の海外進出に対しては一般に懐疑的である。バークが下院議員に選出されたとき、ホイッグ党が生まれてからすでに国王の治世で七代目を迎えており、今日の保守党に匹敵するだけの歴史をもっていた。漠然とではあるが、地主階級とつながりがあっただけではなく、商人の利害とも結びついていた。ホイッグの政策方針には、若いバークの想像力を惹きつけるのに十分なものがあったのである。そこに含まれていたのは、法の下における自由であり、国民の諸身分の勢力均衡であり、広い宗教的寛容心であり、名誉革命の知的遺産であった。トーリーの側でもバークの入党を歓迎したであろうし、バークは実際に彼らの多くに知遇を得ていた。ただ、トーリーが支持していたのは、頑迷な国王の影響力であり、ときに愚かしいほどに厳密な国内及び海外植民地の運営方針であった。非国教徒へのおざなりな対応も、アイルランドのカトリック教徒の困窮を目撃したバークにとっては、忌まわしく映った。どちらの党派にも、急進主義の入り込む余地はなかったが、かといって真に自覚的な保守主義の姿もなかった。それでバークは結局、乞われるままロッキンガム侯爵率いるホイッグを選んだのである。

「ホイッグは多くの時間を国務に割いているのだが、その国務においてさえ無味乾燥な経済理論や行政実務の些事におよぶと、彼らはまったく関心を払わないのである」。デイヴィッド・セシル卿はこう述べている。「ホイッグにとって政治とは、まず何よりも人物本位であり、一般原理は二の次である。一般原理といっても、それで思索を深めるわけでもなく、ものを言うためのきっかけにしているだけだ。ホイッグが正統とする根本的規範を疑ってみることなど夢にも思わない。彼らのすべてが信じているのは、秩序ある自由や低税率や土地の囲い込みといったところである。逆に専制政治と民主主義には皆が不信の念を抱いている。ホイッグ唯一の関心事といえば、こういう争う余地のない真実を、効果的な表現を使って新たに言い直すことである」[4]。

ホイッグ体制のこのような欠陥については言をまたない。ロッキンガム候によって採用されたバークは精力的で、ホイッグという広大な田舎屋敷のいたるところに危険な割れ目があると見るや、すぐに修繕する作業に取りかかった。政治経済に深い関心をもち、多くの政治家にとっては気が遠くなるほど嫌になる細事についてもしっかりと学んだ。経済改革の原案を起草して下院を通過させることができたのは、唯一バークくらいのものであった。しかし同時にバークは、ホイッグが好む一般論を誰にも負けず明晰かつ流麗に表現することができた。仕事には積極的にとりくむ質《たち》だった。そうした勤勉の美徳を共有するホイッグはほとんどいなかった。弁論の時代にあってもっとも卓越した演説家であり、ジョンソン博士のような辛辣な批評家からも好感を持って称賛される文筆家でもあった。党の知的任務のすべてがバークの双肩にかかり、フォックスの協力を得た後でさえ、党運営の負担は彼一人に不釣り合いなほどのしかかった。ジョンソン博士が評したように、バークはいかなる仕事も一人ですべてをこなすことができる天才であった。その気になれば、なんにでもなれただろう。国教会主教、総督、詩人、哲学者、法廷弁護士、大学教授、兵士――どの職においてもかなりの成功を収めたに違いない。依然として階級意識の強い貴族政の時代に、バークのような人物が大政党の運営の中枢にいたことは驚きである。才気煥発であったことは間違いないが、天才は往々にして政治の世界において失敗するものである。一八三二年の〔有権者を大幅に拡大した〕選挙法改正後に出馬したとして、バークが同様の力を発揮できたかというと、それは想像しがたいものがある。彼にはディズレーリのような柔軟さも、グラッドストンのような独善的な抜け目なさもなく、ブリストルの有権者に拒否されてからというもの、バークは民主的運営術そのものを軽蔑するようになった。

四つの大きなテーマがバークの足跡を区切っている。すなわち、第一に王権の制限であり、第二にアメリカ問題と独立革命、第三にインド論争とヘイスティングス裁判、第四にフランス革命とこれに続く戦争である。このうち、バークがはっきりと勝利をおさめたのは、最初の闘争だけである。バーク一派はアメリカとの和解の道筋をつけることはできず、ヘイスティングスは無罪放免となった。仏ジャコバン政権に対する戦争ですら、ピットやダンダスによって主導された結果、バークが提言したのとはまるで異なった経過をたどった。これらに加えて、バークが議会においていま一つ注力したのは経済改革――今から振り返ると目立たぬ問題だが、当時は最大の関心事であった——だが、この点においてはバークは幸運に恵まれ、英国政府に長いあいだ恩恵をもたらすことになった。われわれにとって差し当たって重要なのは、これらの喫緊の課題に対処するなかで、いかにしてバークの保守主義の理念が成長したかである。バークの保守主義は、宮廷の腐敗に抗議した時分から『国王弑逆者との講和（に反対する）』の執筆にいたるまで、着実に途切れることなく成長していった。「いわゆる自由主義者の立場を裏切ったとして晩年のバークを批判するのは、浅薄という他ない」として、オーガスティン・ビレル（1850—1933、英国の政治家、文筆家、国会議員）はこのように言っている。「バークはその生涯を通じて熱意をもって既成の秩序を守ろうとしたのであり、抽象的な空理空論に基づく政治を徹底して嫌ったのである。フランス革命を痛烈に批判するに際して爆弾のように炸裂したのと同じその思想が、比較的抑制された初期の文章においても穏やかな光を放っている。（中略）蜂の群れが巣に出入りするように忙しく立ち働く人々を見るにつけ、こうした人々はどうしたらアナーキーから救われるのかと、バークはつねに自問自答していたのである」[5]。

　いかにも、バークの保守主義は一貫していた。しかし、そもそも何を保守しようとしたのか。彼がまず守ろうとしたのは、英国の政体とその伝統的な権力分散の維持である。この制度はフッカーやロックやモンテスキューの主張によって支えられているとバークは見なしていた。欧州全土を見渡して、秩序ある自由にとってもっとも親和的な制度である。さらにバークが守ろうとしたのは英国の政体を超えた、もっと大きな文明の構成要件である。アナカルシス・クルーツ（1

755－94、フランスに亡命し革命に加わったプロイセン生まれの貴族、本名ジャン・バプティスト・クルーツ」が人類の代弁者たろうとしたのに対し、バークは人類という種《しゅ》の伝統を守る者たろうとした。バークの文章と演説のなかには、文明人の普遍の構成要件が含意されている。その主たる項目は、社会秩序の起源にある神性への畏敬、伝統と常識とされるものに依拠して公私にわたる指針とすること、神の目において、またそのようにのみ人間は平等であるという確信、個人の自由と私有財産制への信奉、理論にのみこだわる社会変革の拒絶である。これらの信念は、『省察』においてもっとも熱烈に、かつひたむきに表現されている。

「そうした結びつきの目的は多くの世代を重ねてもなお達成不可能な以上、国家は、生者のあいだの結びつきにとどまらず、生者、死者、そして将来生まれてくる者の間の結びつきとなる。それぞれの国家の個別的契約は、永遠の社会における偉大な原初契約の一条項たるに過ぎない。この原初契約は、低次の自然と高次の自然とを繋ぎ、かつ可視と不可視の世界を結びつける。結びつけの規範となるのは、すべての物質的自然と精神的自然をそれぞれ定められた位置に保つという、不可侵の誓約によって認められた取り決めである」

「緊急事態においても古来の常識とされるものは即座に適用できる。常識とされるものは、あらかじめ精神を確固たる知恵と美徳の道筋に従わせておく。常識とされるものはさらに、意志決定の瞬間において人を躊躇させることもない。人を懐疑に陥らせ、当惑させ、優柔不断にすることもないのである。常識とは人の美徳をして脈絡のない行為を連続たらしめるのではなく、美徳を習慣たらしめるのである」

「〔貴方たちフランス人は〕保護され満ち足りていて勤勉でしかも従順な民衆を持っていたはずだ。どのような境遇に置かれても、徳によって見出される幸福を求め知るよう教えられている民衆である。実際、人類の真の精神的平等とはこの幸福の中にあるのであって、なにか怪しげな虚構の中にはない。それにもかかわらず、その怪しげな虚構が、日の当たらない苦難の道を歩むよう運命づけられた人々に、誤った考えを吹き込み、あの現実の不平等を増大し、より耐え難いものにしてしまう。虚構によって不平等を解消することは決してできないにもかかわらず、だ。この幸福は実のところ、市民生活の秩序によって定められたものであり、卑賤な境遇にとどまらねばならない人々に対しても、輝かしい境遇に上昇可能な人々（上昇したからといって、より幸福になるわけではない）に対しても、等しく資するのである」

「この結びつきの中ですべての人々は平等の権利を有しているのだが、平等に物を持てるわけではない」

「さる国のさる子どもたちは、無鉄砲にも、年老いた親を一瞬にして切り刻み、それを魔法使いの薬缶に投げ込んでおいて、後は自分達の毒草と野蛮な呪文の力で父親の肉体は復活し、父親の命も再生されると期待しているようだ。しかし、賢明な常識のおかげで、われわれは彼らを恐怖の眼で見るよう教えられている」

以上、少し先回りしすぎた。道徳的秩序、古来の慣習による定め、慎重な改革——こういう要素は英国特有のものではなく、ごく一般的に適用できる。バークにとってこれらの要素は、インドのマドラスにおいても英国のブリストルにおいても有効なのである。独仏においてバークに学んだ者たちは、十九世紀を通じ、大陸の諸制度にもバークのこうした原則を応用できることを見てきた。従って、バークの知の体系というのは、単なる英国政治制度の擁護にとどまらないのである。自国擁護に過ぎなかったとしたら、バークの重要性の半分は、骨董趣味の域を出ないだろう。ただ、バークが称賛する文明の構成要件なるものだけを少し考えるだけでも学ぶところが多い。その上に十八世紀社会が成り立ち、その社会を政体が支えている。近年、懐古趣味的な賛辞が十八世紀に対し浴びせられることも多かったが、現代の人間があの時代を尊重すべき理由が確かに存在するのである。

英国憲法は、あらゆる英国人のために存在している。かれらの自由、法の下における平等、尊厳をもって生きる権利を保証しているのである。その起源はというと、英国人の権利の伝統であり、王によって認められた成文法であり、一六八八年の名誉革命以降、王と議会のあいだで定着されてきた取り決めである。国の統治に関しては、公衆が代表者をつうじて政治に参与する。それは単なる代理人ではなく、真に国民を代表する人々であり、選出母体となるのは、えたいの知れない臣民の寄せ集めではなく、古くから国を作ってきた協同体である。公衆は何によって構成されるのだろうか。バークの見解では、公衆を構成するのは、四十万人あまりの自由民であり、閑暇や財産を持ち、責任のある組織のメンバーになることで政治の仕組みを理解できるようになった人々である（選挙権の拡大は、時宜をみて熟慮しなければならない問題であり、時代の特徴によって変わってくると、バークも認めていた）。カントリー・ジェントルマン、農民、専門職階級、商人、製造業者、大学の学士、さらに選挙区によっては、商店主や富を持つ職人、一定の賃貸収入を持つ土地保有者など、これらの人々が選挙権を持つ。重要なのは、政治的影響力を行使できるさまざまな階級を相互抑制によって適正に均衡させることである――王侯貴族、大地主、中産階級、古くからある都市、地域の大学といった階級勢力だ。英国のあらゆる人々の真の利害は、これらいずれかのカテゴリーに含まれていた。良い統治制度における投票の目的は、誰もがエゴを表現することではない。個々人が直接、投票に出向くかどうかは別としても、誰もに利害を代表してもらうことなのである。

十八世紀英国の選挙システムに対して浴びせられた非難の数々は、今日では誰もが知るところとなっている。『アニュアル・レジスター』（一七五八年にバークにより創刊された年鑑）の編集者であったバーク以上に国家の現状を理解している人はいなかった。ただ、バークも言うように、改革には繊細な手法が要求される。選挙区が買収され腐敗しきっていること、新興産業都市の声が十分に反映されていないこと、議会にまで不正が蔓延していること、ホイッグの大物が牛耳っていること、バークはこういったことすべてを知悉していた。といっても、バークが推進しようとしたのは、英国社会という精緻な織物を適宜つぎはぎする改革であって、改革と称して政治制度発展の連続性を断って真新しい服に着替えようとするのとは違う。リッチモンド公が要求した普通選挙権や年次議会については、まるで共感していなかった。バークは常に自由主義者であっても、民主主義者ではなかったのである。人をして有権者たらしめる要素のうち、今日と同じようにあまねく広まっていたと思われるのは、少なくとも二つ——土地と閑暇——である。なるほど教育は当時よりも広まったが、バークが想定したような普通教育ではない。確かに個人所得の水準は平等になりつつあるが、バークの目から見て有権者にふさわしいと思われたような所得の人々の割合は、おそらく全人口中では増大していない。バークが近代民主国家をみれば、その有様に慄然としたであろう。

バークの時代は貴族政であったとよく言われる。しかし、厳密な意味においてはそうではなかった。権力の裾野は貴族や紳士階級よりもはるかに広範であった。バーク自身、中産階級から多くの援助を受けており、「私は貴族政の友ではない。（中略）それ〔政府〕が傲岸不遜な貴族政のうちに喪失されてしまうくらいなら、なにか別の形態に発展解消してくれたほうがよい」と述べることができたのである。[6]トクヴィルの博識は、この自由主義的な英国の姿を簡潔に描写している。「一見したところ、英国では古い政体が力をもっているようにみえる。しかし、仔細に検討してみれば、この幻想は霧散する。古めかしい名称など忘れ、旧式の形態を無視すれば、封建制が十七世紀にすでに破棄されていたことがわかるだろう。すべての階級は自由に入り乱れ、貴族階級は衰微し、富が至高の力として鎮座し、すべての人間は法の下に平等であり、均等課税・自由な報道・公共の議論が存在する――こうした現象はいずれも中世には見られないものである。古い政体が旧態依然たる形のまま生き長らえているのは、封建政体のなかに巧みに新しい血を取り入れて活性化したためである」[7]。精神的連続性、変化をあくまで慣習の枠組みのなかに収めることの重要性、社会は永劫不変の存在であるという認識――英国の自由な制度を観察することによって、こういった真実がバークの心に深く刻まれることとなった。バークは社会を「有機体」――この言葉は実証主義と生物学進化論を想起させる――と捉えていた、と好んで書きたてる半可通がいるが、実際には、バークはそのような性急なたとえで自縄自縛にならないよう、細心の注意を払っていたのである。彼は社会を称して、「精神的」統一体、永遠の結びつきと呼んでいたのであり、不断に消滅し、かつまた再生する協同体と述べていたのである。協同と統一のいま一つの体現者である教会に非常に近いものがある。バークの考えでは、英国の制度的成功は、このような社会観を維持し続けることに立脚していた。古くはフッカーにまで遡って英国思想に伏流していた観点ではあるが、これほど明晰に解説したのはバークが初めてである。

自由は複雑精緻な過程を踏んで生まれて来たことをバークは知っていた。そして自由が永続するかどうかは、ひとつの思考と行動の習性を保持することにかかっている。遅々とした長く苦しい過程を経て、野蛮人を文明社会に生きる人間の水準にまで引き上げる指針となって来た思考と行動の習性である。バークの生涯をつうじての主要な関心事は、公正なる法と自由の擁護だった。法と自由は命運を一にしている。法の下における自由は限界のある自由であり、その限界は常識とされる定めに従うのである。バークは以前より国王に対して英国人の自由を擁護し、王と議会を向こうにまわしてアメリカ人の自由を擁護し、ヨーロッパ人に対してヒンドゥー教徒の自由を擁護していた。彼がこうして自由を擁護したのは、それが「理性の時代」にあらたに見いだされた革新であったからではない。自由が古来の権利であり、はるか遠い昔より慣習によって保証されてきたからだ。バークは保守であるが故に自由主義者だったのである。トム・ペインがついに完全には理解できなかったのは、このような心情だ。

大体のところ、バークはここで触れられている十八世紀の政治生活に満足していた。バークは社会改良論者ではなかったので、夢想家がつくり直してみせるという不確かな未来の社会よりも、多少の欠点はあれど、比較的平穏な十八世紀という時代の方を好んでいた。バークはその巨大な知性によって時代の輪郭を守ろうとした。いささか余談めくが、バークの慧眼に対して浴びせられた批判のなかで（程度はさまざまだが）珍しく成功しているのは、彼が経済的影響を無視しているように思われる、というものである。十八世紀社会の命運を決めたのは経済問題であり、それは『社会契約論』が十八世紀的知性を拒絶したのと同じく、確かな一撃だった。しかし実際には、バークは政治経済の学問に通暁していた。マッキントッシュによると、アダム・スミス自身が「二人で政治経済を論じた後、これらの論題について最初からスミスと同じ考えを持っていたのはバークだけだ」と語っている。[8]だとすると、バークが英国農村社会の荒廃について沈黙していたのは、どう解釈するべきだろうか。(バークもジェファソンも知っていたように)革新は都市から波及してくるものである。都市で根無し草状態になった人々が、新しい世界を組み立てようとするのである。保守主義がもっとも忠実な熱狂的支持者を集めるのは、いつも田舎においてである。田舎では、人間が天上の無限において神と繋がり、足元の墓において父祖と繋がっている、その昔日の結びつきをなかなか断とうとしない。バークが楢の樹の下で泰然自若としている牛を擁護していたまさにそのとき、大規模な囲い込みが起こり、ヨーマンに日雇い農夫等、あらゆる慎ましい農村民の数は大幅に減りだしていた。自営農の数が減少する中、地主の政治的影響も減退していた。バークはこう書いている。「共有地や荒地の囲い込みを最終的にどの程度まで推し進めればいいのか、どこまで実現可能なのか、疑問が残るところだろう。ただ、行き過ぎているとは誰も考えていない」。バークの懸念はこの域を出ることはなかった。

しかし、これは例外である。バークが重大な物質的影響を考察対象から外したことは、滅多にない。彼がプラクティカルであったのは有名であり、現実主義はほとんどあらゆる知の分野に及んだ。「物を見つめなければならない。人を注視しなければならない」。彼は政治的「現実主義」をして、よくあるマキアヴェッリ的な段階から美徳の高みにまで、つまり「慎慮」にまで引き上げた。彼はみずからの政治手法について、「一インチ進むごとに測鉛を垂らす」と評したことがある。

アイルランドの弁舌家が測鉛を垂らすというのは、あまり聞いたことがない。バークが想像力を飛躍させるようにして雄弁に語るのは、よく知られたところである。確かに、ヘイスティングス裁判においてバークに恐れをなしたトーリーの目には、バークが慎重に水深を測るのを信念とする人物には見えなかっただろう。しかし、バークは政治家としての自分の基本姿勢について、正確に述べていたのである。というのも、バークは重要な決定を下す際、いつも具体的な要素を子細に検討していた。彼は「抽象」を嫌った――抽象という言葉でバークが意味していたのは、「原理原則」のことではない。人間の弱さを尊重せず、時代や国ごとの状況を無視した漠然たる一般化のことを、抽象として嫌っていたのである。そういうわけで、バークも英国人の権利が存在すること、ある種の自然法則が普遍的に適用されうることを信じていたにもかかわらず、ペインやフランスの空理空論家が侵すべからざるものとした「人権」については軽蔑したのだった。なるほどバークは文明人がもつある種の憲法の存在を信じており、サミュエル・ジョンソンと同じく、人間には普遍的な性質があるという教えを忠実に守ってもいた。しかし、こうした権利の施行と適用範囲は、古来の常識と、その土地独特の状況のみによって決定される。この点においてバークは、フランスの改革者よりもはるかに忠実にモンテスキューを読みこんでいた。確かに人間は自己防衛する権利を常に持つが、いかなる時と場合においても、抜き身の剣を持ち歩く権利を持っているわけではないのである。

バークは、フランスの大釜が沸騰し始めたとき、すでに六十歳近かった。長年野党の立場で年をとり、議員生活をつうじて政権に加わったのはわずかに二度の短期間だけだ。ペインやミラボー、クルーツからすれば、英国の古い体制を一新するにあたって、バークほど適任の指導者はいないように思われたであろう。バークは数十年にわたって政府を批判し続けていたのであり、その苛烈さはいかなるフランス人をも凌いで、ヴォルテールでさえ及びようがなかった。英国王を狡猾な独裁と呼び、インドの征服者を破廉恥な略奪者と評していた。ただ、ペインやミラボーやクルーツが忘れていたことがある。バークが、ジョージ三世やウォーレン・ヘイスティングスと戦ったのは、彼らがまさに革新者であったからである。バークは「理性の時代」なるものに、社会を転覆させる革新の謀略を見出した。彼は永続性を揺るがすものとして革新という新たな脅威を告発したが、嫌悪感に駆られたその情念は、トーリーやインド成金への憎しみをも超えるものだったのである。というのも、ホイッグを代表する政治家にして実際主義者でもあったバークは、フランスのきら星のごとき政治経済学者や文人よりも深く、人間の欲求を理解していたからである。「バークは政治的英知の永遠の指南書として残ってきた。その英知なくして政治家は、海図を持たずに航海する船乗りにも等しい」。こう述べたのはチャーチルやタフト〔第二七代米大統領〕ではない。故ハロルド・ラスキである。哲学的保守主義は、バークによる革命理論の分析があってはじめて存在しえたのである。

## 2、三つの急進主義

『フランス革命の省察』は一七九〇年、バークがホイッグ党のフォックス一派と決別してから出版された。続けて同年、『フランス国民議会の一議員への手紙』『新しいホイッグから古いホイッグへ』が世に出た。さらに一七九六年には『貴族の友人へ』『国王弑逆者との講和（に反対する）』と題された書簡集へと続く。書簡集シリーズが完結したのは一七九七年のことである。偉大な思想家バークの晩年のこれらの作品全体が保守主義の基礎を据えた。バークは机上の空論を弄する哲学者や抽象的に構築された思想体系を軽蔑していたので、みずからの思考を整理し政治的な教義とする努力はほとんど払わなかった。しかし、彼はフランスにおける一過性の恐怖政治に対するに普遍的な原理を適用し、その原理はフランス革命という時事的なテーマをはるかに超えて残っている。バークの見解には、歴史的・伝記的な細部が豊富に盛りこまれており、おかげでその思想は、敵対陣営の論考に倍して読みやすくなっているのである。彼の小論文を収めた書は、まず英国人のフランス流革新への熱狂に冷や水を浴びせ、続いて反フランスの愛国心の高揚をピットのもとに結集させる動きを可能にし、やがて、極端な平等化を求める原理に対する反発を巻き起こすことになった。この反発があってこそ英国の政体は四十年ものあいだ変化することがなかったのである。そして今日の世界においてもバークの影響は色濃く残っている。

ごく近年にいたるまで、バーク思想に対する本格的な批判は、リベラルの手によって書かれてきた。こういうリベラルは、「進歩」や「民主主義」に対するバークの疑念を共有できない楽天家であり、物質文明が社会全体にあまねく広まるという魅惑的な展望を描いていた（彼らは第一次世界大戦・ロシア革命以前に著作活動をしていた）。こういった批判者の意見が一致しているのは、バークはフランスにおける革命運動の大勢が向かう先を見誤っていたに違いない、という点だ。フランス革命は、その直後の光景がいかに不愉快なものであれ、自由・平等・繁栄が普遍的に広がるにあたって必要な一歩だったと彼らは見ていた。しかし、事の成り行きは最終的には、バークの預言の正しさを証明していたように思われる。そして、混迷するわれわれの時代は、「革命の時代」の無際限の望みが文字通り瓦解するさまを見てきたのである。戦火と殺戮を経てやっと、古くからいわれてきた常識の教えが甦ったようなものだ。バークはいつも、長期的な潮流と結果の視点から物事を考えていた。バークの預言はすべて現実のものとなった――国家は単なる個人の群れへと溶解し、資産は国家機構によって再配分され、容赦なき戦争の時代が訪れ、馬上の軍事独裁者が現れてはアナーキーから専制政治を樹立しようと試み、社会における礼節と倫理は堕落の一途をたどった。バークは、こういった恐るべき事態の根源に、革命思想家らの急進的なヴィジョンがあることを見抜いたのである。

もっとも、一九一四年以前は、バークの注解者の側でも、過激な共和主義が英国にもたらす脅威が誇張して描かれている、とみるのが普通であった。こうした批評家は、ロシアにおけるマルクス主義の勝利をまだ目にしてはいなかった。ロシアはヨーロッパ各国のなかでもとりわけ共産主義に不向きな国だと思われていたのだった。確かに、バークは英国における急進主義の力を過大評価していたかもしれない。しかし、バークの警鐘とピットの警戒心が、保守主義の勝利に直接に与《あずか》っていかに影響力甚大であったか、今となっては知りようもない。ただ、バークとピットの政策がきわめて重要であったことだけはわかっている。実は、バークこそが、平等を求める抽象的教義に熱狂する流れを押し止めたのである。英国は一七九〇年にはすでに、平等熱に大きく冒されていた。ベッドフォード公爵など、英国版「平等公フィリップ」を自称するほどであった。リッチモンド、ダービー、ノーフォーク、エフィンガムといった貴族も、憲法協会のメンバーであった。フォックスとシェリダンは革命の風がどちらに向いているのか、読み違えていた。後にバークの徒となる若者達も――コールリッジ、サウジー、ワーズワースといった面々――平等化の幻想に夢中になってしまっていた。「コズミック・トーリー」〔経験論の影響を受けたトーリー党派〕と言われたソーム・ジェニンスのような学者でさえ、「くじ引き原則」などを古典古代の民主政から応用することを認める始末だった。囲い込みに苦しむ英国の農村労働者の実態、炭鉱労働者や北部に誕生した新産業階級の悲惨な生活。ジョージ・ゴードン卿〔反カトリック運動家〕のような喜劇的人物を指導者に仰ぎ、暴徒と化して首都を麻痺させたロンドンの群衆。リーズにける暴動。長年アイルランドにくすぶる不満。合理主義に染まった牧師の感傷的ラディカリズム（牧師の半数以上が当初はフランスの動乱に共感を寄せていたと思われた）――バークはよく英仏の類似を例に挙げた。そもそも、フランスの経済状況をみれば、大炎上しない方がおかしかったところに、革命プロパガンダが火種を提供した。バークはこれを水際で食い止めようと決意しており、ドーバー海峡を越えてきた火の粉をなんとしても消す覚悟だった。バークが灯心をつまみ潰さなければ、あるいは、もし彼がフォックスに加勢して自由・平等・博愛を賛美してしまえば、誰一人として鎮火できなかっただろう。バークの批判者たちは、革命から一世紀も経たないうちに筆をとったが、世界を転覆した動乱から一世紀しか経っておらず、革命の帰結を評価するにはあまりに早過ぎた。ある著名な民主主義者は実に賢明にバークを評している。バークが英国に向かってフランス革命に対する警鐘を鳴らしたとき、「バークは本領を発揮した。彼は正しかった」。ウッドロー・ウィルソンの言葉である[9]。

平等主義こそ絶対だという思い込みに対し反論するための思想体系をつくることは、バークの性に合わない仕事だった。『省察』のように執拗にこの問題に取り組んでいる場合であっても、抽象的に原理原則を表明しているのは、わずか数段落に過ぎない。しかし、事態の特殊性を無視するような一般化を嫌ったバークには珍しいことだが、この時ばかりは思想に対し思想をもって対抗する必要性を感じたのであった。彼の痛烈な反撃が功を奏し、一七九三年には、英国において革命的改革を信奉する者は阻止された。あの恐ろしい年、バークはフィッツウィリアム卿宛てに手紙を書き、こう述べている。「人生を賭けるべき時がきました。軽々に扱うことは許されない正念場です」「いま直面している世界の現状は、他の些事にかまけて戯れに対処すべきではなく、果たすべき役割を縮小するわけにもいきません。これまでの半世紀のように、いつもどおりの繰り返しで物事が進むという前提でやっていくことはできないのです。人倫の現状をみるにつけ、失望と恐怖が私を襲います。目の前で地獄の深淵がぱっくり口を開けているようです。私は今回の恐るべき理由に起因する危急の事態の要請するところに従って行動し、思考し、感じなければなりません」[10]。バークほどに政治家が政治哲学者に転身するのを厭った例はない。しかし、バークの転身ほどに後世に意味を持った例もない。

彼はこうも書いている。「純粋な形而上学者の心を持つことほど難しいものはない。形而上学者の心は、人間の弱さや情動よりも、邪悪な精霊の冷たい悪意に近い。悪そのものの原理のようなもので、肉体をもたず、純化され、混じり気なく、不純物を排した、純然たる悪だ」。それでも一七九八年には、ハズリットはサウジーに向けて、「バークこそが真の形而上学者でした。それに比べればマッキントッシュなど単なる論理学者に過ぎません」[11]と書いている。バークはやむを得ず抽象の領野に足を踏み入れたのだが、危急の事態が要請するところを超えて空理空論の領域に一歩たりとも足を踏みこむことはなかった。ジョンソン博士と同様に、道徳の世界における根本原則は、啓示や直観を通じて与えられるほかないと確信していたのである。

エドマンド・バークの保守主義の主張は、三つの急進派への応答であったといえる。第一にフランス啓蒙思想家らの合理主義、第二にルソーとその信奉者によるロマン派的感傷趣味、そして最後に勃興しつつあったベンサム流の功利主義である。ヴォルテール、オルバック、ヘルヴェシウス、ディドロ、テュルゴー、コンドルセ、シエイエス、ルソー、モレリー、マブリー、ペイン、ゴドウィン、プライス、プリーストリー、その他すべての「理性の時代」の雄弁な革新者たち。これらすべての思想家の際限ない計画や理論の数々を列挙するのは、およそ不可能であり、いわんや正確に仕分けするのは無理がある。とはいえバーク自身は、ヴォルテールやその一派の合理主義と、熱狂に侵されたルソー派のロマン派的理想主義とが敵対関係にあることに、十分に気づいていた。彼は両陣営を攻撃したが、主に大砲の狙いを定めたのはルソー、「狂ったソクラテス」である。このように別々の思想系譜に攻撃を仕掛けるなかで、バークはホイッグ公認の哲学者であったロックの原理の大部分を否定することになる。ロックの理論にはさまざまな継承者がいた。ジュネーヴにおいてはルソー、ロンドン近郊の旧ユダヤ人通りにおいてはプライス、英国下院においてはフォックス、書斎内においてはベンサム、モンティチェロにおいてはジェファソンである。しかし、ロックの思想の主要概念のうち、バーク以降の保守主義が受け継いでいるのは、財産を守る必要性から政府が誕生した、との主張だけである。

これら諸学派の間には意見の相違があったが、バーク自身が自覚的に反論していたのは、明らかにどれにもうかがえた革新の精神であった。十八世紀末の急進主義者《ラディカル》の教理をあえてまとめるとすれば、次のように一覧化されるだろう。

(1) もし宇宙に神の権威というものが存在するならば、それはキリスト教的な神の概念とは著しく異なった性質のものであろう。急進主義者の一派に言わせれば、神とは人の心とは無縁で冷徹な、理神論の言う「存在」であり、また別の急進主義者によれば、神とは曖昧模糊として新奇なルソーの神である。

(2) 社会の運命の行く末を見通し、これを導くためには、抽象的な理性もしくは素朴な想像力のどちらかを用いる必要がある（これは二者択一である）。

(3) 人間はその本性からして善意に満ちて鷹揚であり、健全な魂を持っているのだが、現代においては諸制度によって堕落してしまっている。

(4) 人間の伝統とは、錯綜して捉えどころがない神話にすぎず、そこに学ぶべきものはほとんどない。

(5) 人間には無限の改善の可能性をもって理想郷に向かっているのだから、常に視線を未来に定めていなければならない。

(6) 倫理的・政治的な改革が目標とするのは解放——古い信仰や太古の誓約、旧式の制度から解き放たれることである。未来の人間は純然たる自由と無制限の民主主義を享受し、自分で自分を律し、自分で自分を満足させるのである。もっとも効率的な改革の手段となるのは、政治権力である。別の視点からみれば、既存の政治権力を破壊することである。

こうした急進主義者の信条は、後に功利主義者や集産主義者によってさまざまな修正を加えられていく。しかし、差しあたって問題なのは、バークが対決していた革新の理論だ。彼は敵に対して一歩たりとも譲ることがなかった。バークが展開した、社会を保守する戦いは、終始一貫して、敬虔さという大きな目標に立脚していた。彼の敬虔な目には、この世の現実はすべて精神の秩序が表出したものと映ったのである。* このせいで、バークの思想は「社会科学としての政治学」をはるかに超越していて、学者によっては彼の発想の流れを追うのが難しいと告白する向きもある。それでもやはり、バークは徹底して地に足のついた現実主義者なのであり、形而上学者によっては、途方にくれる他なかったりするのである。従って、バークの保守主義の体系を吟味するにあたっては、まず、信仰という高次の領野から始めるのが適当である。バークに言わせれば、人間の実存が立脚する信仰という定式は決して空疎となることがなかったのである。

*ジョン・アダムズはいつでも辛辣であって、バークもジョンソン博士も「政治的キリスト教徒」ではないかという疑念を抱いていた。しかし、アダムズは両者の知遇を得ていたわけではないし、伝記作家たちの下した結論もアダムズの説を裏付けるものではない。

## 3、神の摂理と神への畏敬

「トーリーの長年の主張によれば、個々の人間が美徳を涵養しさえすれば、社会問題は自然解決するらしい」。グランヴィル・ヒックス〔米作家〕はかつて、ロバート・ルイス・スティーヴンソンについて、こう軽蔑を込めて述べていた。この観察はバークよりもジョンソン博士に当てはまるだろうが、いずれにせよ含蓄に富んでいることは間違いない。もっとも、社会病理に関するバークの知見は、こうした個人的な人間性の問題に尽きるものではない。既存制度に潜む善にも悪にも向かいうる力について、バークほど知悉していた者はいない。ただ、バークが政治を道徳観の実践とみたのは疑いえないのである。国家について知るためには、まず倫理的人間について知らなければならない、というのがバークの考えだった。

「ルソーとは一人のモラリストであり、それ以外のなにものでもない」。このような判断を下したうえで、バークはルソーに容赦のない批判を加えた。そのルソー批判はあまりにも激しいので、「ルソーは結局モラリストではなかった」と付け加えたくなるほどだ。とはいえ、バークが『社会契約論』を過小評価していたわけではない。ルソーの説く道徳は偽りの道徳であり、思い上がったところがある。より高貴な道徳を対置しなくてはならない。目新しいだけの道徳とは怪異な詐術である――このように考えたのである。この問題に処するにあたって、バークはまたしても常識とされてきたものと先例の概念に訴えた。常識や先例といった古い素材は、いつでも真の改革者の手元にあって、革命の時代の道徳理論によって刻まれた傷を癒す、対抗道徳を提示してくれるのである。謙譲への礼賛をバークは常に口にした。少なくとも、その道徳体系の内においては、彼は謙虚であろうとしたのである。新奇な議論を持ち出すのは虚栄の発露だとして嫌ったバークは、アリストテレスやキケロ、フッカーやミルトンといった人々の議論を磨きなおした。そして、彼らの言葉に新たな熱を帯びさせ、彼らの思想がジャコバンの掲げる松明よりも鮮烈な輝きを放つようにしたのである。バークは、突発的な衝動と物質的な欲望だけが世界を支配するという発想を拒み、強靱かつ繊細な目的意識によって貫かれた世界という考えを子細に説いた。古い道徳にアイルランド的な想像力という触媒を注ぎ込んだのである。これによりバークは、ギリシャ・ローマの古典思想や新古典主義による信仰表現の消えかけていた火を、一面に燃えさかる炎としたのである。

啓示や理性や五感を超えた確信によって、私たちの存在には造物主がいること、そして神がいたるところに遍在していることがうかがい知られる。そして人間と国家とは、神の恵みの産物である――このような正統キリスト教の教義が、バーク哲学の核をなしている。神の目的は歴史の展開を通じて明らかにされる。いかにして神の御心と意志を知るのだろうか。古くからの常識と伝統を通じてである。それらは、神の御技と裁きに幾千年も関わってきた人の経験が、種《しゅ》としての人類の智恵を埋め込んできたのである。それでは、この世界に生きる目的とは何か。欲望を満たすことではなく、神の定めに従うことである。

このような自然観は宗教的な人間には先験的な自明の理であるものの、功利主義者や実証主義者にとっては雲をつかむような話だ。しかし、その当否はともかく、バークの信仰告白には理解しがたい点も晦渋な点もない。先述したようなバークの立場は明快きわまりないものだ。実のところバークは、さらに明快で高貴な言葉によって自己の立場を述べている。ヨーロッパの識者の間では、千年にわたって、この信条に異議が唱えられることはなかった。しかし、「政治的リアリズム」を掲げる二十世紀の学者は、社会を科学的に管理しようと考えるあまり、これを「蒙昧主義」と呼ぶまでに至った。ソクラテスや聖パウロに端を発するこの精神の伝統を、である。R・M・マッキーヴァー教授〔1882–1970、米国の社会学者〕など、恐怖に駆られたかのような激しさで、こう叫んでいる。「バークが政府の役割を再び神秘蒙昧の衣で包み、政治の領域においてまたもや伝統と宗教に非理性的に依拠したのは、まったく理解に苦しむ[12]」。

しかし、このような反論は論点をはぐらかしているだけだ。バークがまばゆいレトリックを駆使して主張したのは、「理性の時代」なるものがその実、「無知の時代」に他ならない、ということである。（有史以来、多くの人々によって信じられてきたように）人間の福利の土台にあるのが神の摂理だとすれば、政治や倫理をして、とるに足らぬ理性に還元してしまうのは、愚行という他ない。バークによれば、燃えさかる森に目を閉じ、シナイ山上に轟く雷鳴に耳をふさいだのが、フランス流「啓蒙」の大いなる誤りであった。ルソーですら、みずからの無謬性を強弁する人間の合理性への過信には、反対の声を上げている。もっとも、ルソーは不遜にも超自然的な方向性を否定しているのだが。物事の根本原理に関する論争が解決をみたことなど、皆無に等しい。森羅万象の合目的性について、アリストテレスやセネカやアキナスの議論によって懐疑派を説得することができなければ、あとは懐疑派を神の恩寵によって改宗させるしかない。バークもこの点に同意しただろう。しかし、バークが怒っていたのは、啓蒙主義の哲学者たちが悦に入った寸言や冷笑的な警句を駆使して、長年の信仰や精神の証明するところを閑却してしまったからである。こういった問題に関して判断を途中停止にするのは、バークの高貴な精神には考えられないことだ。コスモスに真の秩序があるのか、それともすべてはカオスなのか、二つに一つでしかないのである。もし私たちがカオスの只中を漂流しているのならば、弱々しい平等主義の教義や革命家たちの解放の企図は意味をもたない。カオスの渦中においては、力と欲望だけが意味をもつ。

「もし道徳律を制定し施行するほどに賢明で強力な至高の統治者が存在しないのであれば、いかなる契約も権威の裏付けを持たなくなると認めざるを得ない。契約が仮のものだろうと現実のものだろうと、時の権力に抵抗することができなくなるのである。このように仮定された世界において、特定の人々たちが権力を握ったが故に義務を無視してもかまわないなら、それはもはや義務でなくなってしまう。抗しがたい力にあえて対抗するために頼ることができる手段はただ一つ——

人倫ノ流儀ト死スベキ者ノ武器ヲ無視スル者ハ
シカト心ニ留メヨ、神々ハ確カニ善行ト悪行ヲ記憶シテイル」

――ウェルギリウス『アエネーイス』

「パリ風哲学の信奉者たちに向けて書いているのでないことは前提として、畏怖すべき造物主が存在の秩序の中に私たちの場所を設けているのだ、と思う。私たちは神の思し召しによって配置配剤されているのであり、それは私たちの意志によるのではなく、神の意志によるものである。私たちはこうした天の配剤によって、与えられた役割をまっとうすべく定められているのである。確かに私たちは全人類に対して義務を負っているのだが、それは特別な自発的契約の結果ではなく、人間対人間の関係、神対人間の関係によって生じたものである。この関係には選択の余地がない。(中略)結婚をするという選択は確かに自発的なものだが、そこに生じる義務については選択の余地はない。(中略)自然の神秘の過程を生成させた本能については、私たちの選択し得る事柄ではないのである。道徳的な義務は物質的な原因から生まれる。物質的な原因について私たちは与り知らないし、おそらく知る由もないであろう。しかし、道徳的な義務を完遂しなければならないということ、その点については十分に理解し得るのである[13]」

これは素晴らしい説教である。神の神秘を前にした人間の理性の無力について、あるいは、「人類という偉大で神秘的な協同体」が存続するために道徳的秩序に喜びをもって従う必要性について、これほど説得力のある主張を展開した論者は他にいない。バークによれば、この短い一生において、神の摂理の目指すところを正確に知ることなど、不可能である。哲学者が超越的なものを合理化すべく不毛な努力を重ねたところで、人間的な領域においては、浅薄で底意地の悪い懐疑主義のごときものを得るに過ぎない。人間にとって確かなものは、古来の常識が教える真実に従うことの中にしかないからである。もし道徳に対して超人間的な権威づけがなされないのであれば、「理性」「啓蒙」「憐憫」などは夢想の絵空事に過ぎない。というのも、正義も合目的性もない世界では、知や善のような発想を忘れてしまうのが関の山だからである。J・H・マカンはバークの信仰について、こう書いている。「過去の争いに光を当て、現在における責任に尊厳を与えて強固なものとし、退廃と敗北に抗するような未来を保証する（さまざまな人間の意志が荒れ狂う世界においては、未来は絶えざる退廃と敗北の脅威にさらされている）ためには、国民の生によって演じられる壮大な劇は、究極的に神の力によって秩序づけられているのだという敬虔な認識こそが、真の政治信条を得るための最後の頼みの綱であるようにバークには思われた。この神の力にとっては、過去・現在・未来も、神の一つの意図の中に有機的に織り込まれた諸段階に過ぎないのである」[14]。バーク自身、「物事をその本来の場所にしっかりと留めておく秩序というものがある」と述べている。保守主義の直観の根源まで射抜いた見解である。「その秩序は私たちのためにつくられており、私たちもまた、その秩序のためにつくられているのである」。

バークが宗教を肯定するのは、それが秩序の防波堤となるからではない。そうではなく、現世の秩序そのものが神の秩序に由来しており、その一部であると言っているのである。宗教は大衆の欲望を制限するための、単なる都合の良い神話ではない。バークは、人間を無秩序の混沌から救うために宗教が古代に発明されたとするポリュビオス説にも、宗教神話を一から創造し、それを原初の定めだと錯覚させることで既成秩序を崇拝させようとするプラトンの試みに対しても、なんら共感を抱いていなかった。バークの見るところでは、政治も倫理も、信仰や懐疑に由来しているのである。自然的なものを維持するために超自然的な物事の実在に納得しようとしても、成功した試しがない。バークの著作の内に暗黙に示されているのは、神の摂理が合目的性を持って働いているということ、全宇宙には大きな知性による方向づけがあるということであり、それはアリストテレスやスコラ学者や英国の神学者も証明しようとしたところである。種《しゅ》を永遠に存続させせんとする普遍的な本能、良心の力、死を越えた永続性の感得、人間がなにか偉大な連続性や本質の一部であると、深いところで感じる意識――これらの証明は彼の著作に終始一貫して流れているものだが、バーク自身が奇抜な新証明を試みたわけではない。神学については学者の手に委ねた。バークはいつも多忙で、奇弁を弄するような時間はなかったのであり、ジョンソン博士と同じく、直観的にわかる真実について不毛な言い争いをすることに対しては、苛立ちを隠さなかった。ジョンソン博士が「自由意志が存在するのは『わかる』、それで十分だ！」と叫んだのは、直観知に対する信頼があればこそである。このような宗教的洞察の源泉を否定する傲慢さを持っているのは、腰が据わらず浅薄で自己陶酔的な無神論者だけだ。無神論者は自己を超えた大いなるものの存在を認めようとしないのである。私たちの世界は巨大な精神的ヒエラルキーの一部に過ぎない。そのことを裏づける証明であり、かつまた直接的証拠ともなっているのが、謙虚でありつつも縦横無尽なバークの圧巻たる知性、キリスト教教父の見解を裏づけるその博識、宗教的伝統の規律に従いつつも慎重で現実的、進取の気性に富んだその精神である。それは、キリスト教的・古典主義的な英知を深く知る者の信仰だ。国家の成り立ちは神の定めによるというバークの言明には、ギリシャ的な敬虔さに満ちており、ほとんどプラトン的格調がある。「私たちの本性が美徳によって完成されるよう働きかけたのは神であり、神がそのような完成のために必要な手段も与えてくれた――すなわち神は国家をのぞみたもうた。神は、すべての成就の起源にして原型たるものと国家を結びつけたのである」[15]。

　人間の共感は誰に対しても惜しみなく注がれている、憐憫もいたるところに広がっている、と感傷的に唱えてみたところで、神の定めを否定するような社会を救うことはできない（「私は、哲学者たちが、若者たちの心中に堕落した無神論を植え付けようとして、自然な情熱も不自然な情熱も、とにかくありとあらゆる若者の情熱を計画的に煽動するさまを見てきました。この手の哲学者は、欲望を抑制するたぐいの美徳を破壊するか、忌避すべきものに仕立てあげてしまいます。十の美徳があれば、そのうち九つまでは抑制的な美徳です。それにもかかわらず、哲学者たちは代わりに人間性や善意と呼ぶ美徳を持ち出してきます。こういうわけで、彼らの道徳性というのは、その中に抑制という発想を含んでいません。明瞭かつ確固たるいかなる原則も、発想として持ち合わせていません。このような哲学者の弟子が野に放たれ、自由気ままに行動するようになれば、善悪の判断について彼らを頼みにすることなど、もはや不可能です。ある日は最悪の犯罪者を裁きからはずしたと思えば、その翌日には無罪潔白の人を殺すという具合になるでしょう」――バークがリヴァロール伯爵〔1753－1801、フランスの作家〕に宛てた手紙、1791年、Wentworth Woodhouse Papers, Book 1, 623)。

すべての国家は神の摂理の創造物である。その宗教がキリスト教であるか否かは問わない。キリスト教は確かにもっとも高次の宗教だ。しかし、すべての誠実なる信仰は、この世に神の目的が存在することを認めている、すべての現世の秩序は、ある社会が父祖から引き継いだ宗教的信仰に対する敬意の上に立脚している。このような確信が、バークのヘイスティングスへの憎悪を倍加させたのである。ヘイスティングスは、インド総督として現地の宗教的伝統およびその儀礼を蹂躙したからだ。

敬虔の精神なしに維持可能な社会秩序など、バークにとっては思いもよらなかった。政治家は主教と同じく、神聖なる職務を遂行しているのである。「このように政治家の地位が聖別されたからには、人間の統治に携わるすべての者は神の代理となり、みずからの職務と目的について高邁な理念を持っていなければならない。統治者の望みは不朽の名声を得ることであるべきだ。統治者は一時のはした金や、はかない大衆の称賛を求めるべきではない。統治者は永続的なる自然の中にあって、確固とした永遠な存在を求めるべきであり、この世界に豊かな遺産として模範を残すかたちで、永続的な名声や栄光を追求しなければならない」[16]。民主政府の場合は、王政や貴族政にもましてそのような神聖さが必要である。というのも、民主政においては人民が権力の一部を共有するからであり、権力に伴う責任を理解しなくてはならないからである。「いなかる割合であれ、権力にあずかる人間は皆、信頼に基づいて行動するよう肝に銘じるべきである。そして、このような信頼を元にした行為について、唯一無二の偉大な造物主にして社会の創始者である神に対し、申し開きしなければならない」。

このような聡明英毅なる敬虔さを「蒙昧主義」「神秘主義」などと評するのは、哲学用語のひどい乱用であり、言葉遣いにおいて二十世紀がいかに暗黒時代に突入しつつあるかを示している。バークの信仰は高邁なものである。しかし、その信仰は同時に実際的でもあり、名誉や責任といった発想と結びついている。公正なる神がこの世を統《す》べていること、歴史の流れが忖度しがたい神の摂理によって決定されていること、個人が生きていくうえでの身分は、「神のたくらみ」によって割り当てられていること、原罪も善行への熱意も神の企図されたことの一部であること、改革者はまず神の摂理による秩序の輪郭を見定め、その後に、政治的制度改変を自然的正義の命ずるところに従わせるべきであること——懐疑派は、このような信念を公言する者が間違っていると考えるかもしれない。しかし、バークのことを「神秘主義者」と呼ぶならば、それは懐疑派が混乱をきたしているからである。このような宗教信条は、現実の経験の世界に深い親和性を持っている人のものだ。バークの信仰は、私生活にも政治家としての生活にも及んでいる。もしこの世界の秩序が神の構想に基づいているのならば、社会構造に手を加えるにあたり、慎重になる必要がある。なぜなら、私たちに変革を託しているのは神の意志なのかもしれないが、まずは秩序が神の構想であることに関して意識をはっきりとさせておく必要があるからだ。繰り返すが、バークの考えによれば、確かに人間はあまねく平等であるが、それはあくまでキリスト教の平等であり、倫理的平等であり、より正確には、神の最終審判を前にしての平等なのである。これ以外の平等を求めるのは馬鹿げており、不敬虔のそしりを免れない。人文主義者の中でも群を抜いて賢明であったレオナード・ウルフ〔1880－1969、英著述家、ヴァージニア・ウルフの夫〕は、キリスト教と社会保守主義のあいだのこの繋がりを認識していた。「キリスト教が構想する人間社会の枠組において、現世の悲惨さはその存在を認められ、永続的で名誉ある地位を与えられている。現世の悲惨さは、神によって与えられた試練であり、鍛錬である。その限りにおいて、現世の境遇に不平不満をこぼすのは、敬虔さを欠いた行為である」[17]。バークはこの弾劾を受け入れたであろう。

バークは、人間が完全無欠の存在たりえるという発想を軽蔑していた。バークの人間心理への洞察は、罪と試練に関するこのウルフのようなキリスト教の視点に沿ったものである。実際、貧困・残虐・不幸は、存在の永遠の秩序の一部なのである。罪は恐るべき現実であり、紛うかたなき事実であり、堕罪の結果であって、あやまてる制度の帰結ではない。宗教こそがこういった罪悪のもたらす結果を癒し、立法や革命ではその害悪を取り除くことはできない。実存を耐えうるものにしているのは信仰であり、敬虔な自制心を欠いた野望は失敗に終わるしかない。ときに、その野望の末の廃墟に残るのが、美しい信仰である。人はそうした信仰によって、無名の貧しい運命の中に慰めを得るのだ。

このような畏敬の念を人々に植えつけ、公職を神聖なものとするためにも、教会は国民社会と密接に結びつけられる必要がある。バークの構想する教会は英国国教会を理想化したものだが、それ以上の要素もある。そこにはなにか古典主義的な側面があり、カトリック的な側面もあるので、ニューカッスル公のような頑固者などは、バークは〔英国カトリック教徒のための最高学府である〕仏サントメール神学校で教育を受けたのではないか、と噂していたものだ。バークはこのように書いている。「宗教は、キリスト教徒である治安判事の職務領域外になることは決してない、というのが私の見解だ」「従って、治安判事は単に宗教を保護するだけではなく、特に重点的に守らなければならない。宗教が目指すのは至高の善であり、人間にとっての究極の手段かつ目的となることである」[18]。といっても、これは完全に中世的な教会構想ではない。アルフレッド・コバン〔1901-68、英国のフランス史家〕がバークについて正しく指摘したように、「彼の理想はプロテスタント的な国家主導主義でもカトリック的な神権政治でもない。それよりも、地上における神の王国に似ているのである」[19]。

国家と教会は別々の存在であるはずもないが、といって真の宗教が国家精神の発現に過ぎないかといえば、それも違う。実際、宗教は地上の法をはるかに超えて、すべての法の源泉となっている。キケロやフィロンと同じくバークが説いているのは、自然法の教義であり、宇宙の法則であり、すなわち神の英知がつくりたもうたものである。人間界の法はその不完全な顕現に過ぎない。「人間の作る法律は、厳密にいって、すべて（根源的なものについて）説明しているに過ぎない。したがって、法律の形式や適用範囲を変えることはできる。しかし、原初的正義の本質については、法律はいかなる影響力も及ぼさない」[20]。気のおもむくままに法律を変える権利は人間にない。いかなる政治共同体といえども、高次の法を改正するほどの力を持っていないのである。

従って、私たちの社会秩序は道徳的秩序であり、その法は不滅の道徳的法則に由来している。バークによれば、より高次の幸福とは道徳的幸福であり、苦痛の原因とは道徳的な悪である。高慢・野望・強欲・因縁・色欲・扇動・偽善・制御不能な熱狂・闇雲な欲望――こうした悪徳こそが、人生を揺るがす嵐の元凶である。「宗教・道徳・法律・国王大権・特権・自由・人権、これらはすべて革命の『口実』として、感傷的な人道主義者や悪意を持った扇動家によって使われているだけなのである。彼らは既成秩序こそがあらゆる苦難の元凶であると考える。しかし、現実には、人間の心こそが諸悪の根源だ。「国王・大臣・聖職者・法律家・軍司令官さらには評議委員会……などを廃止したところで、悪を根絶することはできない。賢者は表面的な名称ではなく、悪徳そのものを治癒しようとするのである」[21]。

この道徳的秩序は、古来の秩序を破壊してみても改善は望めないし、頭数を数えるという民主的過程を踏んでみても変えることはできない。「多数派の意見が公正の尺度だとして、そのような意見に良心を従わせるのに、私はやぶさかではない。しかし、全能の神が善悪の構成そのものを変える力を持つことまで疑問に付されるとしたら、話は別だ。断言してもよいが、私自身ののも含めた『多数派の意見』がそれほどの力を持つことなど、決してない」[22]。バークは慎慮と謙虚という二つの美徳をたびたび礼賛している。これらは私的な安らぎと公共の平穏の鍵となる美徳である。慎慮は古典哲学の達成であり、謙虚はキリスト教的規律の勝利であるといえるだろう。この二つの美徳なくしては、人間は惨めなままである。そして敬虔さを欠いては、こういった神聖にして稀少な美徳を感じ取ることもできないだろう。

精神的な平穏を求める孤独な人間にとっても、永続的な秩序を求める社会にとっても、神の摂理が与えてくれる手がかりによって、精神世界を理解することができるのである。加えて、伝統と古来常識とされてきたものが、市民社会に生きる人間の導きの灯となる。こうして、十八世紀以前には深い考えもなしに受け入れていた慣習や習俗が、バークの手により威信のある社会原則にまで高められたのである。

## 4、「古来の常識」と「古くからの定め」

「私たちが第一にもっとも偉大なものを崇め、第二にもっとも古いものを敬うのは、前者が神の無限の実体に、後者がその無限の継続に、もっとも近いからである」[23]。バークはこのフッカーの文章をそらで暗じることができた。古来の常識に関する二人の哲学の核心を表現する一節だ。

バークは「理性の時代」において、生の永続的な秩序を信仰する者にとって前提となるものを、あらためて明記する必要に迫られていた。道徳や政治の基礎となるものは何か。個別の行為が慎慮や正義に則《のっと》っているか、いかなる基準によって判断すればよいのか。啓示に頼るといっても、それでは平凡な人生を送る人には十分でないだろう。超自然的な宇宙が、自然世界における日常的な概念までをも統御すると期待するには無理がある。バークの答えはこうだ――人間は神の摂理に導かれ、数千年にもおよぶ経験と省察をつうじて、集団として英知を手にしたのである。その英知とは、臨機応変に調整して用いられる伝統のことだ。意志決定の必要に直面した際には、人類の慣習に対する相応の尊敬の念をもって対処しなければならない。そして、そのような慣習や原則を特定の状況に当てはめるにあたって、機をみて慎重に適用しなければならない。バークは抽象的な空理空論を批判したが、一般的な原理原則まで否定していたわけではない。神が創った世界の合目的性を信じていたのであり、この点において、バーク流の「適切さ」とマキアヴェッリ的な御都合主義のあいだには、大きな隔たりがある。さらにいえば、モンテスキューとその徒であるテーヌの地理的・歴史的決定論からも遠く離れている。個々は愚かだが、種全体としては賢い、というのがバークの立場である。そして古来の常識や定めとされる決まりごと、あえて理由を要しない前提は、みずからの情念と欲望に対する防波堤として、種が援用する手段である。バークの論理はときに、人間が集合的な知性を持つという理論と紙一重のところまで来ている。集合的な知性というのは、なかば本能的なかば意識的なものであり、生得の権利や自己防衛の手段として個々人に受け継がれるものである。バークは人間存在の神秘に敏感であったし、観念連合の理論によっては説明がつかない複雑な心理的衝動にも興味を抱いていた。性格や想像力の個性化を説明するのに、生まれた時には人間の心は白紙状態だとするロックの「タブラ・ラサ」概念では不十分だとして、暗にこれを否定してもいた。バークの言によれば、人間は、無数の祖先によって蓄積されてきた経験に参与しているのである。この経験のうち忘れ去られたのはごく一部に過ぎないのだが、文献や講義の中に意識的に定式化された知識というのも少ない。大部分の知恵は、本能・俗習・常識・古来の慣習のうちに埋め込まれている。種のうちに蓄積されてきた巨大な知識を無視し、これを無闇にいじろうとしても、感情と野心が渦巻く海に投げ出され、打ちひしがれたまま波間を漂うしかない。後に残って支えとなるのは、わずかばかりの形式化された教育で得たものと、個人の理性という心許ない拠りどころである。そもそも古来の決まり事や慣習というのは、その意味が気づかれずに終わることが多い。どれほど知的な人物であろうと、伝統的な道徳や社会の仕組みの秘密すべてを理解することなど、望むべくもないのである。しかし、確かなのは、神の摂理が人間の試行錯誤の歴史をつうじて機能しており、ちょっとした大切なことについてはすべて、さまざまな古い慣習をつくりあげてきている、ということである。もっとも慎重になる必要があるのは、このようにして蓄積された知識の山を、新しい時代の要請に合わせようとする時である。古来の常識は、頑迷さや迷信とは異なっている。ただし、そうした常識がときに堕落し、頑迷さや迷信に成り下がることもある。古来の常識とは、すでにして判断がなされているということである。時間も足りなければ知識も間にあわず、純粋に理性に基づいた意志決定が下せない時に、直観や祖先の合意から成る答えを与えてくれるのが、古来の常識なのである。

二十世紀になり、思弁的な心理学者が、人間や動物における集合的知性についてますます真剣に探求するようになってきた。バークによるこうした先駆的な見解は、社会が存続していくうえで慣習が重要であり、日々の生活においては理性よりも習慣的で直観的な動機の方が優先される、と彼が強調したことと相まって、すでに大きな影響力を誇っている。その影響は、コールリッジ、メイン、バジョット、グラハム・ウォーラス、A・N・ホワイトヘッドその他の十人は下らない重要な思想家のうちにたどることができる。もちろん、現代に教育を受けたのであれば、たとえばコンディアック〔1714―80、聖職者・哲学者〕が信じていたように人間の本質が単純であるなどとは、ゆめ主張しないだろう。バークは消滅しつつある迷信の擁護者であるどころか、

「理性の時代」の仮面を突きやぶり、人間存在の複雑な闇を見定めていたのである。だからこそ、同時代の急進主義の論敵たちの名前が思想史の片隅に追いやられるなか、バークはいまだ鮮烈な影響力を保持しているのである。

ロマン主義者はこの点についてバークに追従したが、十九世紀においてバークが多くの著述家に称賛されたのは、ある種の功利主義者としてである。その心理分析がロックの単純な手法に基づいている、と誤解されたのだった。バークの立脚点に関してこれほど浅はかな思い込みも他にない。近代人の外見の下には野蛮で残忍な悪魔がうごめいているのを、バークはよく知っていた。何千年にもおよぶ苦い体験をへて、人間はその粗暴な本性をぎりぎりのところで抑制する術《すべ》を学んだ。キリスト教会もこの真実を常に感知していた――ラフカディオ・ハーンに関するエッセイにおいて、ポール・エルマー・モア〔1864－1937、米の批評家〕が深い尊敬の念をこめて述べているとおりである。科学的合理主義の進展が教会によって猜疑の視線で見られてきたのは、科学が人間の起源にあった野蛮さのおぞましい秘密を近代人にさらけだすかもしれないからだった。

もっとも、バークが経験主義やプラグマティズムの先駆者であるという誤解を受けてきたのには、別の理由がある。抽象概念ではなく具体的な状況に立ち向かうという決意を表明していたせいである。このように誤解されたバークの側面について、バックルは熱のこもった筆致で綴っている。バークは自ら行った一般化にさえ依拠しないように抗してきたと述べ、さらにこう書いている。「バークは物事の成り行きに合わせる形で持論を展開したのであり、そこで政府の目標として認識されていたのは、個別の制度の保全ではなく、広く民衆一般の幸福であった。(中略)バークは、ある慣習の下で国家が繁栄した、従ってその慣習も良いものである、というような俗説を攻撃して倦むことを知らなかった」[24]。

バックルの論理展開はここで倒錯してしまっている。バークの例外を原則にしてしまっているのである。最大多数の最大幸福を判断基準とし、あらゆる慣習をその直接的な利益に照らして評価するというのは、世捨て人ベンサムの特性であり、政治家バークのものではない。なにより、「原則」と「古来の常識」からなるバークの哲学は、その著作にしかと刻印されている。バークが攻撃したのは抽象的な空理空論であり、原則や常識ではなかった。「私は抽象概念を完全に放棄するわけではない。その場合は原理原則そのものを捨てなければならないはずだ。いかなる政治的立論といえども、原理原則なくしては、理論的にも実務的にもなんら結論を引き出すことができず、些事に拘泥して混乱するばかりだ。いかなる分野でも、同じことが言えよう」[25]。

原則というのは不変の形式のうちに表現された正しい理性のことであり、それが腐敗したのが抽象である。機知というのは、一般的な知識を個別具体的な状況に当てはめることであり、それが堕落したのが機会主義だ。神の摂理の顕現たる自然と歴史の理解をつうじて原則に至るのである。粘り強い観察と慎重な調査を重ねたうえで獲得されるのが慎慮であり、慎慮はすべての美徳の指揮者、調整者、規範となるのである。機知によって原理原則は実行に移されるが、機知は原理原則に取ってかわるものではない。というのも、原理原則とは、神の摂理の認識が表現されたものだからだ。

歴史とは（歴史についてのバークの博識は、ギボンにもヒュームにも尊敬されていた）、神の至高の企図が徐々に明らかにされていくものである——私たちの閉じかけた目にはそのかたちが捉えきれないが、歴史は繊細で柔和で慈悲深いものなのである。神は人間という代理人をつうじて歴史を作った。そこには、ヘーゲル流の定言命令のような決定論の色彩はない。バークはキリスト教的な自由意志の教義に忠実であったし、歴史を動かしているのは恣意的で闇雲な衝動ではなく、人間の性格や行動であると述べている。神の摂理は自然なかたちで働く。その方向性を見通すことができるのだから、神の大いなる企図にあえて反逆するのは、不敬な試みである。もっとも、神の目的の完全なる理解は、私たちの力が及ぶところではない。政治家や哲学者は歴史を知るだけでは十分でないのである。自然を知らなければならない。バークのいう「自然」とは、人間の自然すなわち本質のことである。それこそが文明人にとって共通の行動の源泉であり、ロマン主義的な疑似汎神論の自然ではない。「自然状態」というのは、バークの正確な知性にとっては、苛立たしいフレーズであった。ルソーやペインが主張する「自然権」は否定された。バークのいう「自然」は、キケロが使った「自然」の語法に近かった。歴史に加えて自然を知ることにより、謙虚な気持ちで天の配剤を理解しようとすることができるのである。

といっても、歴史や人間性をどれだけ研究したところで、人の英知の大部分を包含できるはずもない。人間の種としての経験は、主に伝統や古来の定めや常識のなかに蓄積されている――大多数の人間にとって、もしかしたらすべての人間にとって、これらの方が、書物や無闇な思索よりも確かな行動指針であり良き判断の拠りどころなのである。習慣や習俗は無教養な人間の知恵だと思うかもしれない。しかし、習俗や慣習は、人類古来の健全な核心部に由来しているのである。どれほど賢い人物であろうと、理性のみによって生きることはできない。純粋理性が傲慢になり、常識の主張（良心の主張でもある）を退けるようになると、その先に待つのは荒野である。希望は打ち砕かれ孤独にむせぶ、神からも人間からも見放された荒野だ。伝統も直観も欠いた知的虚栄心の原野は、サタンがキリストを誘惑した荒野にも劣らず、荒涼としている。この荒野において、近代人はいわば、みずからの傲慢さによって誘惑されているのである。

「個々人が理性という蓄えを頼りに生き、商売を営むようにするのでは、どうも心許ない。この理性の蓄えはごく少額だからだ。銀行を利用し、さまざまな国や時代に蓄積された資本を活用したほうが、個々人にとっても良いだろう。この時代に思索を営む人々の多くは、古来の常識を論破しようとするより、その知恵を振り絞って常識に内在する英知を見いだそうとしている。そのような人々が求めるところを見いだし、誤ることが少ないのだとすれば、それは、常識を打ち捨ててむき出しの理性だけを持つより、理性と合わせて常識も引きつぐほうが賢明だと考えるからだ。常識が理性と組み合わされると、常識は理性を活性化させる誘因となり、その良き影響力によって理性に永続性を与えるのである」[26]

ちなみに、このように慣習と習俗を敬うあたりが、バークとロマン派の主たる相違点である。アーヴィング・バビット〔1865－1933、米国の文芸評論家〕が書くように、ロマン主義は総じて「習慣の行きつく先は画一化された世界、鮮烈さも驚きもない世界でしかないと考え、習慣に対して明確な敵意を抱いていた」（時に自らの一貫性を捨てても、バークの直接の影響を受けたロマン派は別である）。バークは猖獗を極める個人主義に恐れを抱いていた。習慣と常識によって社会存続の鍵となる調和をもたらそう、と考えたのである。新奇さを求めるあまり精神の放縦を促すのは、人間の行いとして考えうるかぎり、もっとも危険な行為である、とも。

「古来の常識」――半ば直観的な知であり、論理を弄ぶことなく人生の問題に対処することを可能にする。「古来の定め」――慣習的な権利で、何世代にもわたる契約や協定の積み重ねから生まれる。「理由を要しない前提」――人間に共通の経験にのっとった推定。こういった道具を用いることで、人間はある程度まで親和的に共存共栄することができるようになる。英国憲法は古来の定めの憲法であり、「その権威の唯一の源泉は、はるか昔から存在してきたという事実である。王侯貴族も大小の陪審も、すべてははるか昔から定められてきた存在である」。個人の良心や立法府の議員の指針としては、古来の常識や定め、理由を要しない前提があれば十分だ。これら無くしては、社会を破滅から救うのは、ただ権力者の力のみになってしまう。「どこかで意志と欲望に対する歯止めをかけなければならない。もし内側から歯止めをかけることが無理ならば、外側から抑制しなければならない」。こうした抑制機能がなくなってしまえば、人間は原始状態に回帰するほかない。人間は原始状態から這い上がるために何千年にわたって苦闘してきた。ホッブズには異論を唱えることが多かったバークでさえ、原始状態を評して、「貧しく卑しく、野蛮でごく短い」と述べていたのである。抑制機能がきかなくなった場合、原始状態への回帰を防ぐ手段として唯一残されているのは、ただ合理性のみである。十八世紀の啓蒙主義者らが好んだ「理性」は、バークからすると、そうした手段としてはとしては頼りにならず、しばしば信頼を裏切るものであった。ふつうの人間が真の意味で理性を用いる場面など滅多になく、そもそも用いることもできない。バークはそう見ていた。伝承によって受け継がれてきた民衆の知恵と法（これこそ古来の常識であり定めである）がなければ、人々はデマゴーグを礼賛し、詐欺師を富ませ、独裁者に追随するしかなくなる。大衆が無知なわけではない。しかし、大衆の知識はある種の集合知とでも言うべきものであり、幾世代にもわたって少しずつ蓄積してきた総和である。これが失われてしまえば、個人の理性という私財に頼る他なくなる。難破にも等しい結末だ。個人としてどれだけ聡明であろうと、何世紀にわたってできあがった総意に自分の理性を対置しようとすれば、うぬぼれのそしりを免れない。もちろん、バークも認めるように、時代の変化により過去の経験の一部が無効になって、改革者が正しくなる局面もありえる。しかし、古くからの常識の教えるところによれば、通常は逆である。いずれにせよ、古い慣習を継続する方が賢いやり方であることも多い。たとえそれが錯誤の産物であったとしても、数学的な厳密さや政府報告のような画一性を教条的に信奉するあまり、過去と完全に決別し、社会組織を毒で侵すリスクを負うことになるよりは良いだろう。「この啓蒙の時代にあえて告白しますが、私たちは無教養な感情で動く人間です。私たちは古い常識を捨て去るどころか、その常識を大いに愛しています。臆面もない言い方をすれば、それが古い常識だからこそ愛しているのです。常識が古くなればなるほど、幅広く浸透していれば、より一層のこと古い常識を愛することになります」。

バークのように古い常識と定めを愛するのは、英国思想において新しいことではない。チェスターフィールド（1694－1773、英国の政治家、文人）はこう書いていた。「（一般に考えられているのとは異なり）古来の常識は錯誤ではない。それどころか、疑問の余地のない真実である。もっとも、常識がなんら確かめもされずに信頼され、習慣のなすがままに踏襲される場合もあるが、（中略）大多数の人間には、正しく理性を働かせるだけの時間も知識もないのである。ではそもそも、なぜ理性を働かせるように教えられているのか。中途半端に理性を駆使するくらいならば、素朴な直感の支持するまま、健全な常識の導きに従った方が良いのではないだろうか」[27]。

これこそまさに、バークが意図したところである。（カール・ベッカーが著書『一八世紀哲学者の楽園』で指摘するように）ヒュームもまた、古来の常識とその社会的効用に対して、多大な敬意を払っていたのだが、道徳の起源に関して思索を追究していくうちにみずから危惧の念を抱き、「このような発想は『有用』だろうか」と問うた末、ノートを引き出しにしまい込んでしまったのだった。しかし、バークが理性の流行に対して批判を加えたのは、『百科全書』派のような当時の知的潮流の大勢に逆らってのことである。そんな時代にあって古来の常識を擁護するのは、勇気を要した。バークほどの人物でもなければ、知識階層に軽蔑されて終わっただろう。しかし、バークのことを嘲笑するわけにはいかなかった。というのも、英国においてバークほどに理性的な人もいなかったからである。バークはその鋭敏かつ広大な知性により、天才個人の虚栄の発露に抗して種全体としての直観を擁護した。それは、キリスト者としてのバークの謙虚な姿勢がいかに強靱なものであったかを示している。

バークも知っていたように、人間の欲望というのは飽くことを知らず、また残忍なものである。しかし、その欲望は、常識・伝統・慣習道徳と名づけうる集団としての、はるか昔からある英知によって抑制されている。理性だけでは、欲望を義務感で縛りつけておくことはできない。古来の常識や定めの殻にひとたび亀裂が走ると、内側から炎がほとばしる。亀裂が広がり、文明の崩壊にまで至る危険が迫ってくるのである。古来の習俗への尊敬の念が失われてしまえば、人は世界を自分の私有財産であるかのように扱い出し、世俗の欲を満足させるために消費することになるだろう。欲望のうちに、財産を失ってしまうのである。その財産は未来の世代のものであり、同時代人皆のものであり、まさに自身の資産でもある。

「わが国とその法が基づいているもっとも重要な原則の一つに、次のようなものがある。すなわち、今日の世代は、一時的に財産を保有し、仮の生を享受しているに過ぎない。今日の世代がまるで万物の主であるかのごとく振る舞い、祖先から受け継いだ物を無下にしたり、後続世代に引きつがれるべき物をおろそかにしたりすることは許されないのである。今日の世代が後継者への相続を断ち切り、祖先の遺産を浪費してはならない。気の向くままに伝統社会の姿を台無しにすればそのような事態を招来する。すなわち、住居の代わりに廃墟を後続世代に残すような危険を冒したり、自分が父祖の制度をまるで尊敬しなかったからといって、同じように後継者にもみずから築きあげたものを伝えなかったりすれば、そうなるのである。このように、一時の思いつきや流行に従い、頻繁多様かつ大規模なやり方で、なんの原則もなく手軽に国家体制を変更してしまえば、国家の持続性はすべてが断たれてしまう。そうなれば、世代間のつながりも寸断されてしまう。そうなれば、人間は夏の蠅にも等しい存在になりさがってしまう[28]」

森林伐採、土地浸食、石油浪費、鉱山の乱掘、支払い不能になるまで膨れ上がる国家負債、実定法の絶え間ない改定。こうした現象は、畏敬の念を失った時代が後続世代も巻き込みどうなるのか、その証左である。コンドルセやマブリー〔1709－85、フランスの哲学者〕がみずからの幻想の内部にバラ色の虚飾を見いだし、それを予言者の霊感と誤解していたのとは対照的に、バークは正しく未来を見通していたのだ。

古来の常識や定めは、長い年月を生き延びてきたにもかかわらず――あるいはそれゆえに――繊細な生物である。成長するのが遅く、傷つきやすく、再生するのは不可能に近い。抽象論を振り回す形而上学者や狂信的な改革者は、社会を浄化しようとした結果、実は社会そのものを拭い去って消滅させてしまったことに気づくのである。「無知な人間が時計を改造しようなどとは思わないのに、対象が精神となると、その機械を思いのままに分解して組み立て直すことができると錯覚してしまう。精神の機械はまるで異なっており、時計よりもはるかに精巧で重要であり、多様な歯車やバネ、てん輪から成り、諸力の反作用や協調の具合もさまざまである。（中略）改革者が善意のつもりだといっても、それは錯覚に過ぎず、傲慢な言動の口実にはならない」[29]。

それでは、古来の常識や定めに従うと、祖先の足跡をたどるだけに終始してしまうのだろうか。バークは、人間が社会変動と無縁でいられるなどという期待は持っておらず、社会形態が不変不動であることを望ましいとも思っていなかった。社会の変化は不可避であり、その変化も、より大きな意味での社会の保持のために神によって意図されているのである、とバークは述べている。適切な方向に導かれさえすれば、変化は再生へのプロセスとなる。しかし、変化が重箱の隅をつつくような抽象論の産物であってはならず、変化の必要性が広く感じられていなければならない。そこでの私たちの役割は、物事の古い秩序を修繕することであり、深く緩やかで自然な変革と、一時の酔狂とを区別することである。一般的にいって、良い変化とは、人間の意識的な努力から独立したプロセスである。理性や思索は、敬虔な心持ちで用いられ、その誤謬の可能性に自覚的でありさえすれば、古い秩序を新しい状況に適応させる助けとなる。確かに、実証的知識が発展するにつれ、古来の常識や定めが尻込みせざるをえないこともある。しかし、ジャコバン的な心性の持ち主は、ほんのわずかな不都合と実際の制度の老朽化を区別することができないのである。鋭敏な改革者は、改革を実行する能力と、伝統を保持しようとする気質とを併せ持っている。変化それ自体を欲望し愛するような人間は、変革を担う資格を欠いているのである。

　抽象的理性に抗して伝統を擁護するのに、バークほど巧みな表現を用いた人は、それ以前にはいなかった。しかし、バークでさえ、誰もが持論を展開するという時代の趨勢を食い止めることはできなかった。当時は、一過性の状況や不完全な知識に基づいて、皆が自前の意見を持とうとしたのである。識字率の向上、低価格な書籍や新聞の普及、個人主義の教義が自ずと大衆を誘惑する力――これらの現象の持つ影響力には、バークの言論の説得力をもってしても対抗しようがなかった。グラハム・ウォーラス〔１８５８―１９３２、英の社会学者〕は、人は自分一人の推論に基づくだけでは賢明に行動できないというバークの確信を良く理解していた。「だが、あえて古来の定めを遵守せよというバークの勧めは、過去に対して盲目的な忠誠を誓うこととは異なるのである。古い定めに従うというのは選択の結果だからだ。エデンの知恵の実を食べるという過ちをおかしたからには、その過去を忘れることなどできない」[30]。もっとも、アーヴィング・バビットは、古来の定めや常識を擁護する戦いで敗北に終わったと思っているようだ。「個人の省察を超えた知恵」というのはもはや、産業社会に生きる大多数の人々にとって意味をなさない、と彼は考えた。「今となっては、モダニストを短命なうるさい羽虫と見なして追い払うこともできないし、知性の乱用に抗して、堅実さや良い意味での思考の鈍感さ——楢の木陰で反芻する雄牛のような——を対置することもできない」[31]。この批評はいささか一般化が過ぎる。地域の権利・私有財産・生活慣習・古来のまっとうな慣習を擁護する古くからの定め、古くからの良識、家族、宗教的教義などを守る常識、これらは、どれほど都市化され、産業化された国々においても、いまだに大きな力を持っている。そもそも、〔すべてを構成要素で説明しようとする〕知的原子論の浸食に抵抗するために、なにか代替システムを提示するのは難しく、バークによる伝統擁護論の短所を暴き出す方がよほど簡単なのである。個人的判断が伝統的見解に取ってかわるなか、個人の人格も公的な生活も致命的な打撃を受けた。膨大な資金を投じて作られた公教育システムでさえ、その痛手を修復することはできなかったのである。

しかし、次の一点においては、バークが闇雲な革新衝動に打ち勝ったといえる。バークは英国の政治家に、勇気と機知をもって変化に対応する術を教えた。変化のもたらす負の影響を緩和し、革新者にも伝統の名残を受け入れさせることによって、古き良き秩序の最良の要素を保持する術を教えたのである。バークが政界を引退してからというもの、英国において深刻な反乱は一件たりとも起こっていない。小規模な反乱や奇矯な陰謀が幾度かあっただけだ。もしバークのアイルランド政策が施行されていれば、アイルランドの社会情勢もそれほど悪くならなかっただろう。英国では近年、厳しい対立状態にある政党が交代で政権を担っているが、大きな混乱には至っていない。というのも、英国人は、変化が不可避だとしても、平和裏のうちに起きれば、変化の害も少ないと知っているからである。

「私たちは皆、大いなる変化の法則に従わなければならない。それは、もっとも強力な自然界の法則であり、たぶん自然を保全する方法なのだ。私たちにできること、つまり、人間の英知にできることは、変化がそれと気づかぬほど少しずつ進行するように条件を整えることのみである。そうすれば、変化の中にある恩恵は受けつつも、突然変異がもたらす不利益を被《こうむ》らずに済む。この手法によれば、旧体制の側で、『既得権益を一瞬にして破壊』せずに済む。このような破壊は、持っていた影響力と受けていた敬意を一夜にして奪われた人のうちに、鬱屈とした不満を生むものである。他方、改革者の側でも、徐々に改良を進めるべきだ。それまで不遇をかこっていた人が、新たに大きな権力を手にした途端、舞い上がって傲慢になり、それを乱用してしまう危険を防ぐためである[32]」

全体の和解のために普段は否定している変化を潔く受け入れたときにこそ、保守主義はいつにない尊厳を帯びる。そして何よりも、他ならぬ激情の人バーク自身が、変化を受け入れるような原則を確立するため力を尽くしたのだった。

## 5、人の市民社会における権利

十八世紀末の急進主義は、「自然権」という観点で自説を主張した。ペインの『人間の権利』が出版されて以来、不可侵の自然権という発想が大衆にも共有されるようになった。その言葉が、曖昧かつ攻撃的なかたちにおいて使われ、しばしば「権利」と欲望が混同されたのである。この定義の混同は、今日においても社会を蝕んでいる。その最たるものが、国際連合によって起草された「世界人権宣言」だ。三十の条項があり、その中でさらに多くの「権利」が定義されている。無償教育を受ける権利、「芸術を楽しむ」権利、著作権、国際秩序への権利、「人格を十全に発達させる」権利、平等な賃金を受け取る権利、結婚する権利、などである。この他にも多くの権利があるが、実際には権利とも呼べず、単に願望でしかないようなものだ。保守側の言い草では、急進派が唱える「自然権」なるものは、実質的には「怠惰である権利」の宣言でしかないのだが、それは第二十四条にこう表現されている。「すべての人間には休みを取り余暇を持つ権利があり、そこには労働時間の合理的な制限や定期的な有給休暇の取得も含まれる」。このように長々と「権利」を列挙しておきながら、すべての真の権利に付随するはずの二つの本質的条件が無視されている。一つには、その権利なるものを主張し行使する当事者個人の能力であり、二つには、あらゆる権利に付いてまわる義務である。もし男性が結婚する権利を持つのであれば、彼と結婚する義務を持つ女性がいるはずである。もし一人が休息する権利を持つのであれば、その穴を埋める義務を有する人が誰か出てこなければならない。もしこのように権利と欲望が混同されてしまうと、大衆は、生得的な不可侵の権利だと教えられてきたものを手にすることができないのは、なにか巨大な目に見えぬ陰謀が自分の権利取得を妨害しているのではないか、と常に感じる羽目になる。バークは（その後にはコールリッジも）、社会に対していつも遺恨を持ち、失望を感じるばかりになる危険を感じた。それで、真の自然権と自然法を定義しようと試みたのである。

当時は、世界が憲法の製造に夢中になり、シエイエス神父が社会有機体論を本格的に書き上げ、コーヒー・ハウスのいたるところに哲学者がおり、合理的なプランに基づいて国法を改変しようとし、北米大陸では十四もの新憲法が起草され、さらなる制定の動きがあった時代である。このような時代にあって、バークは、人間が法を作るのではない、単に神の法を批准したり曲解したりするだけなのだ、と喝破した。人間はやりたい放題の権利を享受できるわけではなく、自然権とは、人間としての本性から直接的に導き出されたものに限られると主張していた。バークといえど、ホイッグ党の改革者であり、良き意味での便宜主義の提唱者である。そのバークは、英国に対して、確かに不変の法があり、不可侵の権利もあるが、それらは起源においても性質においても、フランス啓蒙思想や平等主義が想定するものと、根本的に異なると説いていた。

表面的な政治的立場においては似た面もあったボリングブルックやヒュームとは異なり、バークは敬虔な人物であった。「バークは人間についてもっとも重要なことについては国教会の教理問答を引いて答えた」[33]。彼はキリスト教的な宇宙を信じていた。神が人間の救済の余地を設けるために、宇宙に道徳的秩序を与えたのである。神が人間に与えたのは法だけではなく、法とともに権利も与えた――これがすべての道徳的・法律的問題を論じるうえでのバークの前提である。しかし、その法も、そこから派生する権利も、近代人によって誤解されてきた。

「確かに『人間』の権利、つまり、人類の自然権は、聖なるものです。もしなんらかの公的な措置によってそうした権利が損なわれてしまうようであれば、その措置を取り消すための対抗手段が講じられなければなりません。たとえ公式な許可が与えられずとも、対抗しなければならないのです。これらの自然権が明示的な契約によってしっかりと肯定され、宣言されるのであれば、また、いかなる詭弁や権力や権威によっても侵害されないよう文書や明示的な誓約によって権利が明確に定義され確保されるのであれば、自然権をめぐる状況は改善するでしょう。そうなれば、自然権は、そのように苦労して獲得された事物として神聖さを帯びるだけでなく、これほど重要な権利を確保することに尽力したという、厳粛な公の信念の表明としての神聖さも帯びるのです。（中略）こういった文書によって、誤解を招きかねない曖昧さをすべて排する形で自然権が確保されるのであれば、それこそ『人類の特権』と呼ばれるのにふさわしい[34]」

バークはフォックスの東インド法案について演説する中で、世界を揺るがそうとしていた自然権の主張に触れて、以上のように述べている。アメリカ独立革命とフランス革命の狭間の時代のことである。自然権のような一般的な問題に取り組むことはバークにとっておそらく不本意なことだったようで、演説の中にも幾らか消極的なところがある。バークは抽象的で曖昧な権利に対しては懐疑的であり、古来の定めや勅許によって保証された特権の方を大切にする姿勢を見せているのである。バークはやがて、こうした権利の区別をより一層明確にせざるをえなくなった。

バークによれば、おぼろげにでも歴史に目的が見いだされるかぎり、神の権威が永遠の法として施行されていることになる。私たちは歴史の研究と人間性の観察をつうじて、この神の法を理解しようとするのである。権利は法の産物であるから、人間の権利は神の法に従う限りにおいて存在する。こうした発想はすべて、ロックの「自然権」とは大きく異なるものであったが、バークもロックの語彙を使うことはあった。ただ、バークの自然権概念はルソーのそれとはまるで異なる地点に端を発しているのは歴然としている。ルソーは神話的な原始状態の自由から自然権を引き出しており、その考え方は主にロックに依拠している。バークのいう自然権はキケロ的な自然法（*jus naturale*）に基づいており、それがキリスト教の教義や英国コモン・ローの理論によって強固になったものである。なお、ヒュームはまた別な観点から自然権とは慣習の問題であると主張し、ベンサムはさらに別の観点から自然権とは幻想に名称をつけただけであると論じた。バークはこれら二人の合理主義者をいずれも嫌悪しており、自然権とはつまるところ、人間の習俗が神の意図に適合したものだ、と述べているのである。

バークは、自然権を政治的な論戦に適した武器と見なしているわけではない。そのような見方をするには、バークは自然権の起源に対してあまりに大きな尊敬の念を抱いていた。改革者としての立場であれ、保持者としての立場であれ、政敵の施策を退けたり、自説を擁護したりするために、バークが自然権を持ち出したことは、滅多にない。自然権を細かく定義することも嫌っていた。自然権とは、ただ神の知力によってのみ理解されうる大文字ではじまる理念（Idea）である。自然権がどこに始まりどこで終わるかについて、私たちは判断する立場にない。人間の立法によるお墨付きがないと神の法が機能しえないと考えるのは、傲慢だろう。バークが示唆するのは、自然的正義の輪郭をたどることさえできれば、人類の経験が神の法に関する知見をもたらしてくれる、ということだ。そして種としての経験は、歴史だけではなく、神話・寓話・習俗・常識などをつうじて私たちに伝えられるのである。

政治家・著述家としての生涯の初めから終わりに至るまで、バークは一貫して社会に関する牧歌的な幻想を批判してきた。ルソーによって流布された、自由かつ幸福で法律もなければ財産もない自然状態という幻想である。歴史や伝統をみても、このような原始状態の発想を支持することはできない、とバークは声を大にして言う。ルソー流にいえば、原始状態においては、人間は現世の慣習の鎖に囚われることなく、自然権という安易な衝動に身を任せて安逸を貪って生きているということになる。自然権は本来、社会の古くからの定めや成文法のうちに体現されている限りにおいて、私たちに認知されるのである。その他の部分については、ページが閉ざされたままだ。私たちが神の法を知ることができるのは、ただ人間の法をつうじてのみであり、その人間の法は神の法を写し取ったものなのである。神は安直な契約や、ユートピア的な憲法を与えたりはしない。キケロが明らかにしたように、人間の法はそれだけでは十分ではない。私たちの不完全な法律は、永遠なる正義に向けて努力しながら少しずつ歩み寄っていくに過ぎない。ただ、神がその意図を壁面に書き残して、誰にも分かるようにするなど滅多にない。私たちは、古来の不完全な自然の状態より始めて、神の正義を目標に、手探りで遅々たる前進をする他ないのである。

人間が社会的な法律の持つ決定的な力に拠らずして、自然法に従っていけると考えるのは、いかにも愚かである。同様に、成文法内で自然法全体をすべて定義しようとするのも傲慢だろう、とバークは言おうとしているのだ。フランスの啓蒙思想家らは、ある段階で両方の誤りを犯した。確かに、神と神が創った自然（God's nature。バークはジェファソンが独立宣言で使った台詞 nature's God を転倒させた）は、正義の理解へと私たちを導いてくれる。しかし、覚えておく必要があるのは、神は導く側であって導かれる側ではない、ということだ。人が自前の抽象体系から編纂された地図をたずさえ、虚栄心で先導者の役割を担ったところで、社会を破滅に導くだけである。バークの名を最初に世に知らしめた著作は、『自然社会弁護論』だった。合理主義と牧歌的幻想の両者を風刺した作品である。そしてバーク晩年の才覚がまばゆい輝きを放つ『国王弑逆者との講和〔に反対する〕』においては、人間の真の権利と、詐称されたものでしかない権利とを区別するのに、情熱が注がれている。バークは、自然法に関して、曖昧すぎる概念と緻密すぎる概念の、どちらの危険に対しても警戒を怠らなかった。

ジョンソン博士と同様に、バークも、手を加えられていない自然という発想を嫌っていた。「技術とは人間の自然そのものである」と書いている。バークの見解によれば、人間の自然状態というのは、人間のもっとも単純なあり方ではなく、むしろ、もっとも高次のあり方なのである。「『自然』と『英知』が意見を違《たが》えるなどということは、ありえない。高揚の感覚それ自体が、大仰で不自然なわけでもない。自然がその本質を露わにするのは、そのもっとも高次の形式においてである。（中略）ベルヴェデァのアポロ像もまた（時の流れのうちに摩滅しないままベルヴェディアが残っていればだが）、レンブラントの絵筆によって表現された人物や、農村の祝祭を描いたテニールスの画中に登場する道化と同じく、自然なのである[35]」。

バークが憂いていたのは、「自然な」人間ではなく、あくまで文明人だった。もし社会が未開人なるものを想定して、その未開人が所有する「自然権」を、英国人の持つ実体的であり、かつ貴重な特権に当てはめようとすれば——まさに、罰として大きな危険を背負うことになる。「形而上的な権利が平凡な生活に入り込んでくるが、あたかも濃密な媒体を光が通り抜けるように、自然法則によって、直線から逸《そ》れて屈折していくのである。人間の情熱や利害といった雑駁かつ複雑な塊の中に入ると、原初的な権利はさまざまに屈折し反射する。従って、こうした権利が当初の方向性のまま一直線に延びているかのごとく語るのは、まったく馬鹿げているのである[36]」。

人間の自然（本質）は複雑であり、社会もあまりに錯綜している。原始状態の単純さをそのまま大国の情勢に当てはめれば、目も当てられない結果になるのだ。「新たな政体において人為的な単純さが目標とされ、またそのことを吹聴するのを聞くにつけ、私は即座に、その政体の構想者が政治について無知極まりない人物で、義務をまるで怠っている、と判断することになる」。死後出版された『財産法に関する小冊子』においても、バークは社会を空想的な原始状態から解き明かそうという考え方を攻撃している。市民社会の目的とは、「自然権を保持し、安心してこれを享受することである」。空想的な人権を樹立しようという狂信的な構想を目的とし、あるいは権利をより強固に守るためという口実で、真の自然権を廃止したり停止したりするのは「考えるだけでも悲惨なる本末転倒であり、結果においても残酷な圧政である」[37]。

平等主義的な提案が、爵位貴族と自然的貴族を両方とも廃止し、平等という「自然権」なるものを復活させようとするのは、そうした残酷で誤った側面をのぞかせている。「こうした貴族政を不可避的に生み出す市民社会もまた、ある種の自然状態である。未開で混乱した生活様式よりはるかに自然だ。というのも、人間は自然状態において理性的だからである。理性がもっともよく涵養され、理性がもっとも優位になる状況になってはじめて、人間が完全に自然だといえる。（中略）成人であっても、未熟で無力だった幼年期と同程度に自然状態にいるのである」[38]。ここでバークはいつものように、自然状態を積極的に定義するのではなく、何が自然法則で「ない」か、否定的に述べている。自然状態の正確な定義を試みる気がないことを、隠すつもりもない。バークは論敵である平等主義の文人らについて、こう書いている。

「これらの理論家のいわゆる権利なるものは、すべて極論である。形而上的な水準における正しさを極めれば極めるほど、道徳的・政治的には誤った方向に向かってしまう。人権はいわば『中間』であり、定義は不可能だが、見分けることはできる。政体内における人権とは、相対的なものであり、しばしば、善悪の中間でバランスをとることになる。時には、悪と悪の中間であることもある。（中略）合理的でないもの、みずからの利益にならないものに関しては、人間は権利を持たない」[39]

そしてバークは、自然権は人民の力であるとは言えない、と説明を続ける。もし自然権が正義と合致しないようであれば、もはやそれは権利ではない、と言う。というのも、正義を実際に具現する制度は社会的な慣習の産物であり、人々の役に立つための人為的な仕掛けだからである（ただし正義それ自体は、単なる人為的な仕掛けではなく高次の起源を持つ）。社会契約の主目的とは、正義の具現を円滑に行うことである。この目的を達成するために、「自然人」はその昔、正義と合致しない無秩序な自由を放棄した（暗黙の了解によって、今でも放棄し続けている）。このような社会契約こそ、バークにとって実体的であった――歴史上のある時点で起きた契約ではなく、単なる株式会社としての合意でもなく、ただの法律的な概念でもない。むしろ、各世代において毎年のように、他者を信頼する者すべてによって再確認されていく契約である。私たちの祖先は過去において、私たち自身も現在、そして将来は子孫が、公共の福祉のために、なんら利点のない自然状態の自由を放棄してきたし、そうし続けると決めている。現世の正義によって支えられる信頼の恩恵にあずかるためである。従って、いかなる自然権を持っていたとしても、正義を具現する制度に従わずに済むようなことはない。「市民社会を作る動機の一つであり、市民社会の根本的な規則の一つは、『何ぴとたりとも、みずからの大義を自分で裁くことはできない』という点である。これにより、各人はまず社会契約を交わす前の人間が持つ根本的な権利を失う。失われる権利というのは、みずから裁き、自分の大義を強硬に主張する権利である。自分自身の統治者になるという権利をすべて放棄し、自然の第一法則である自己防衛の権利の大部分を明け渡すのである。(中略)一定の自由を確保するために、信頼して、そうした自由を全面的に放棄するのである」[40]。

ただ、「信頼して」放棄する、という部分には注意が必要である。人間は、市民としての権利と市民以前の権利を同時に享受することはできない。無政府状態を捨て去り、そのかわりに正義を保証されるのである。この信頼が損なわれるようであれば抵抗も正当化されるが、それ以外の場合は抵抗は許されない。正義の命ずるところに従えば人間は相互依存の状態を逃れることはできない。一般道徳の教えもまた、人の相互依存が前提である。未開人も文明人も、隣人を押しのけることはできない。押しのけられないということは、人間の「自然な」自由は、ある程度まで制限される必要がある。そうでないと、他者の権利を侵害することになってしまう。「絶対的自由」へのフランス人の信仰は、歴史的にも社会的にもナンセンスである（ラマルティーヌ〔1790－1869、フランスの詩人・政治家〕は、バークの著述後、半世紀たってもまだ、無条件の絶対的自由を要求していた）。「いかなる道徳的制約もなく、すべての場所で思い通りに行動できるという権利について言えば、そのような権利は存在しない。相互依存せず完全に自立するなどという状態は、人間にはありえず、人間の本性に反することである。人間が他者に影響を及ぼさずにまっとうな行動ができるなどということも、考えがたい。人間の行動には必ず、ある程度の責任が伴なってくるのである[41]」。

自然権が具体的な状況と無関係に存在するはずもない。ある特定の人と状況にとって権利であったものが、異なる状況と別の人に対しては、不公正な戯言と感じられることもあるだろう。慎慮こそ、そうした実際上の権利を評価する試金石となる。権利を行使するには不適切な人物ということで、社会から特権を剝奪されることもあるかもしれない。「しかし、その剝奪が賢い選択であるか馬鹿げているか、公正であるか否か、慎重であるか臆病であるか、これらはすべて、人間の置かれた状況に依存しているのである[42]」。

自然権は、これらのいずれでもない。それでは、自然権は何によって構成されているのか。バークが宣言するところでは、現実的かつ不可欠な利益によって、である。こうした利益を保持することが、現世の秩序の主な目的である。真の自然権に関するバーク最良の記述は、『省察』の中に現れる。

「『真の』人権を付与するのを理論的に否定したり、権利を実践的に剝奪したりするつもりは、私には毛頭ない（権利を付与し剝奪する力が私にあれば、の話だが）。偽りの権利を主張することを否定したからといって、真の権利まで損なうつもりもない。権利と詐称されているものによって徹底的に剝奪してしまうような、真の権利を損なうつもりなどないのである。市民社会が人間の利益になるようつくられているのであれば、そのすべての利益が人間の権利となるはずだ。社会とは恩恵を施すためにつくられた制度であり、法律というのは、規則に基づいてその恩恵が働いているに過ぎない。人間にはこの規則に沿って生きる権利がある。人間にはさらに、仲間の間で正義を実現する権利もある。公職に就いているのであれ、普通の職業を持っているのであれ、仲間であることには変わりない。人間には、労働の果実を受け取る権利もあり、労働を実りあるものとするための手段を手にする権利もある。両親が得たものを相続する権利もあれば、子孫を育成し、その生活を向上させる権利もある。生の指針を受け、死の慰めを得る権利もある。一人で何をしようと、他者の領域に踏み込まなければ、自由に行動して良いという権利もある。社会が総力を結集して支援してくれる場合には、すべての援助を受ける権利もある。このつながりの中では、あらゆる人間が等しい権利を持っている。しかしそれは、誰もが同量のものを得る権利を有するという意味ではない。合名会社で五シリングしか出資しない人にはその分しかもらう権利がなく、五百ポンドを出資した人は相応の大金を受け取る権利がある。会社に共同出資した場合、誰もが平等に配当金をもらう権利はない。権力、権威、指導的地位など、国家の運営にどれだけ関わるべきかについては、市民社会で生活することから直接派生する権利にそこまで含まれるとは思わない。私が念頭に置いているのは、ただ市民社会に生きる人のみだからだ。これは慣習によって決着をつけるべき問題である[43]」

バークの全著作の中でも、上記の一節は政治思想へのもっとも重要な貢献だろう。確かに、平等なる正義は自然権である。しかし、配当の平等は権利でもなんでもない。自然の法則――その自然とは、文明のなかで人間が獲得するものである――は、個人の活力や能力と無関係に財産を共有するというような規定はない。政治権力がその本性において平等であるわけでもない。経済的、政治的平等化をどこまで押し進めれば良いかは、慎慮に訴えることによって解決されるべき問題である。不法侵入から身を守ることは、確かに自然権である。ひるがえって、他人の領域に無断侵入するのは、自然権ではない。公正な統治を確保し、社会的なつながりの中における各人の公正な取り分を守るために政府は樹立されている。政府は実務的なことを見据えてつくられたのであり、実務的な考慮に基づいて運営されている。バークは神によって定められたものである

「国家」または社会的実体と、慣習の産物である「政府」または政治行政機構とを、区別している。政府の基礎は「仮想上の権利に基づいて築かれるのではなく（その場合は、好意的にみても、司法原理と市民社会原理を混同してしまっている）、政治的な便宜や人間の自然の本性に基づいて打ち立てられるものである。その自然の本性は普遍的なものとされるか、それとも、地域社会の慣習に適合させられているか、どちらかである」。政府は私たちに欠けたものを埋め合わせ、義務を履行させるために樹立されている。虚栄心や野心のおもむくままに弄んでよい玩具ではない[44]。

統治の実務的な諸課題に対処するにあたって自然権ばかりふりかざせば、ついには無政府状態に陥り、ひどく不寛容な個人主義が跋扈《ばっこ》する結果になる。自然権を教条的に振り回す空想屋がはびこるようになると、議会でさえ存続できない。いかなるかたちであれ代表制統治制度は一定程度まで「絶対的自由」を侵害するものだからである。このようにしてバークは、ルソーの曖昧模糊とした「一般意志」のヴィジョンを攻撃している。ルソーのヴィジョンによれば、議会のような制度の仲介を経ることなく、誰もが直接的に一般意志に参与するというのである。「絶対的権利を主張する者は、個々人それぞれが代表してもらわないことには、満足できない。すべての『自然』権は、個人の権利だからである。政治的人格、あるいは協同組合的人格なる集合的な人格は存在しない。こうした概念は法律上の虚構でしかなく、自発的制度の産物である。人間は本来、どこまでいっても個人であるより他ない」。しかし、それなりの規模を持った近代国家にあって、政府のすべての関心事に個人として参加する、あるいは個人の代理人を送る、などというのは、愚の骨頂である。統治の複雑なあれこれに直接的に参加しようなどという狂信的な決意は、その熱狂の対象である「自然権」そのものを解体してしまうだろう。このように政府を運営すれば、遅かれ早かれ無秩序状態に陥ってしまい、いかなる権利も姿をとどめなくなってしまう。偽のいわゆる権利と真の権利を混同した先に必ずあるのは破局状態である。

従って、真の自然権というのは、均しく正義を享受し、労働への対価と財産権は守られ、文明の諸制度と秩序ある社会の恩恵にあずかることである。このような目的のために神は国家を定めたのであり、こうした権利こそ「真の」自然人が欲する権利であるというのは、歴史も証明するところだ。バークは、本物の権利（それを与えられなければ政府は簒奪者《さんだつしゃ》に過ぎない）と、ドーバー海峡の向こうで渇望されていた空想的かつ漠とした「自然権」とを、対照的に描き出している。大陸流の「権利」とは、実際には正義の否定である。現実にはありえないような偶発的な事態によって、もし本当に狂信者が望むような「権利」が得られるようなことがあれば、お互いの権利が衝突して、道徳も市民社会も混沌に落ち込んでしまうだろう。「絶対的自由」や「絶対的平等」（とそれに類する構想）というのは、自然権どころか、――あえてルソー的な意味で「自然」という言葉を使えば――明らかに不自然な状況を生んでいる。というのも、絶対的自由や絶対的平等がたとえ一時的にでも存在するとすれば、それは高度に文明化された社会においてでしかないからである。啓蒙主義の哲学者やルソーの信奉者は、社会的利便性や慣習の問題と、神の手になる精巧で定義しがたい自然秩序とを、まるで混同してしまった。この混同があるため、人為的な制度を解体して社会に脅威を与える結果となっているのである。

こういうわけでバークは、ロック学派であろうとルソー流であろうと、形而上学者の言う恣意的かつ抽象的な「自然権」を冷ややかに拒絶したのである。しかし、人間が情念の虜となるのを防ごうとすれば、社会はなんらかの自然原則を持たねばならない。社会において自然な道徳秩序を実現するためには、自然権の他にどのような基礎が存在するだろうか。ヴォルテールであれば「理性だ」と答えただろう。ベンサムであれば「功利精神」だと述べたはずだ。その六十年後にマルクス主義者らが出した答えは「大衆の物質的充足」であった。バーク自身は、「理性」を脆弱な支えとしか考えておらず、大多数の人間にとって不十分なものであると見なしていた。「功利精神」はというと、バークにとって、目的というより手段を見定める基準であった。「物質的充足」はあまりに低次の欲求だと思われた。社会原則の基礎としてバーク自身が提示したのは、「神の企図に従うこと」であった。バーク流の自然秩序への従い方を換言すれば、そう言えるだろう。古来の常識と古くからの定めを正しく念頭に置くことによって、恭順という方法を見いだすことができる。集合体である種全体が持つ英知や、人類がふるいにかけて残してきた経験を踏まえれば、「人権」が跋扈する無秩序状態や、「理性」の傲慢から、身を守ることができるのである。

自然の命ずるところに真に従うためには、過去への尊敬の念と、未来への憂慮が必要である。「自然」というのは、単なる一時の感覚ではない。自然は永遠に続くのだが、私たちのように儚い存在からすると、その断片を経験することしかできないのだ。そんな私たちが不遜にも人類の遺産を弄び、後代の幸福を危険にさらすような権利はない。抽象的「自然権」の信奉者は、真の自然法の働きを妨害しているのである。

「国民というのは、地域的な規模にとどまる概念ではない。個人の一時的な集まりのことを言うのでもない。国民とは連続性の概念であり、数量的・空間的な広がりを持つだけでなく、時間的にも広がりを持つ。一日だけ、あるいは、ひとまとまりの人々だけを無秩序かつ軽薄に選び出して国民とするわけにはいかないのだ。むしろ、各年代、各時代にまたがって熟慮した結果、選ばれたものなのである。それは単なる選択ではなく、それよりはるかに優れた方法でできた構成物なのである。国民は、個々の状況・時宜・気質・性向、さらに長い時間をかけてかたちづくられた人々の道徳的・市民的・社会的な慣習によって形成された。統治に関わる古来の定めは、盲目的で無意味な古い偏見に基づいて形成されたわけでもない――というのも、人間はもっとも愚かな存在でもあり、もっとも賢明な存在でもあるからだ。個人は愚かだ。短期間でみれば大衆も愚かで、熟慮することなしに行動する。しかし種全体というのは賢明なものであり、時間さえ与えられれば、種として必ず正しい行動を取るのである」[45]

バークが、個別特殊的な現実の問題から離れて、一般的な原理原則を開陳することは、滅多にない。このように一般的な見解を表明しているのも、当時、猛威をふるった平等主義運動に密接に関連して、そこに適用するためであった。バークの明かすところによれば、社会的・政治的平等というのは、「真の」人権の範疇には入らない。それどころか、反対に、階級制度と貴族政というのは、唯一の自然な人間生活の枠組みの原型である。その影響力に修正を加えようとするならば、慎慮と慣習を基礎として行うべきだ。「自然権」にしたがって修正するのではない。バークが自然的貴族を礼賛し、平等化運動を痛罵した背景には、このような前提があったのである。

## 6、平等と貴族制

いかなる平等であれ、神から与えられた自然に由来する平等など、あるだろうか。バークの答えは、ただ一つだけ、道徳的平等だけは神から与えられた、とするものだ。神の慈悲が私たちを裁く際には、世俗の地位ではなく、人間性が善か否かで判断しているのである。そして、道徳的平等は最終的には、俗世の政治的平等をはるかに超越するものだ。バークは、フランス人をたしなめつつ、彼一流の熱のこもった文章で次のような意見を表明している。

「〔貴方たちフランス人は〕保護され満ち足りていて勤勉でしかも従順な民衆を持っていたは

ずだ。どのような境遇に置かれても、美徳によって見出される幸福を求め知るよう教えられている民衆である。実際、人類の真の道徳的平等とはこの美徳の中にあるのであって、なにか怪しげな虚構の中にはない。それにもかかわらず、その怪しげな虚構が、日の当たらないところで地道に働くよう運命づけられた人々に、誤った考えと無益な期待とを吹き込み、現実の不平等を増大させ、より耐え難いものにしてしまう。虚構によって不平等を解消することは決してできない。不平等は実のところ、市民生活の秩序によって定められたものであり、卑賤な境遇に留まらねばならない人々に対しても、輝かしい境遇に上昇可能な人々（上昇したからといって、より幸福になるわけではない）に対しても、等しく資するのである[46]」

自然な姿においては、明らかに人間は平等ではない。精神においても、身体においても、活力においても、あらゆる物質的状況においても、平等ではない。文明化されていない社会では、その分、意志と欲望が抑制されずに暴走し、個々人の地位も平等ではなくなる。平等というのは、自然ではなく人為の産物である。社会的な水平化が極端に押し進められると、身分秩序と階級を消滅させ、人間を「第七一号区に属する栄光」［人工的に区切られた街の番地を故郷とすることへの皮肉］しか持てない存在にしてしまう。人に真の自然を与えるはずの神の意図が人為により汚されてしまうのだ。バークは、多様性や個別性を剝ぎ取られ、無味乾燥となってしまった社会の単調さを嫌っていた。そして、そのような社会が、やがて新たな不平等状態の中に陥るであろうことを予測していたのである――一人あるいは一握りの支配者と、奴隷と化した民衆という不平等状態である。

多数者の支配というのも、平等の場合と同じく、自然権ではない。私たちが政治における多数者の原理を受け入れるとすれば、それは慎慮の美徳を働かせて政治的時宜を見はからった結果であり、抽象的な道徳に命じられてのことではない。選挙権の保有、公務への就任、大衆への権力の委任――これらは、実際的な問題を考慮して解決されるべきであり、解決策は時と場合や国民の気質に応じて変化するのである。民主主義は完全に悪かもしれないし、ある種の留保をつければ許容されうるかもしれないし、あるいは、全くもって望ましいかもしれない。それは国や時代、民主主義が採用される際の条件によっても変わってくる。バークはこのような立場を擁護するのに、モンテスキューを引いている。さらに、もし私たちが物事の自然な秩序に訴えるのであれば、おのずと多数者の支配を破棄することになる。というのも、こうした意志決定の様式は、きわめて巧妙に、人為的に構築されるものだからである。「市民社会の外に一歩でも出れば、自然はこうした決定について、なにひとつ知らない。人間もまた、長い訓練を経た後でなければ、たとえ市民社会秩序による掟であろうとも、決定に従わせることはできない。（中略）こうした意志決定の様式においては、各人の意欲はそれほど変わらないかもしれないが、少数派の方が力に勝ったり、片方の陣営にすべての理があり対立陣営は強欲だけだったりする。結局は個別具体的な取り決めによって決着し、社会が長く維持してきた服従の習慣や規律、不変の永続的な権力を持つ人物の手によって決着したことがしっかりと守られ、前向きな一般意志を実行するに至るのである」[47]。

バークは議会の自由をもっとも雄弁に掲げた人であり、適切に解釈された多数者の支配を信じてもいた。しかし状況が違えば、いつでも疑問がわいてくる。真の多数者を構成するのは何か。バークは、政治権力を行使する「自然権」が人間にそなわっているという発想を、歴史的・実体的・道徳的な基礎づけを欠いた虚構として否定していた。バークの主張では、正当な多数者とは、伝統・地位・教育・財産・道徳的資質などにより、政治的機能を担うことができると認定された集団から抽出される他ないのである。英国では、この条件を満たした集団こそが「人民」であり、四十万人ほどであった。適切な多数者とは、これらの人々からなる多数者であり、単に全国民から無作為に選ばれるのとは異なる。政治権力に参与するというのは、不易の権利ではなく、人々の知性や人格に応じて参与の度合いが変わる、ある種の特権である。「頭数によって多数者となった人々が人民と見なされ、この多数者の意志が法律となるという原則を定めることに、なんの政策も効用も、いわんや、なんの正当性も見いだすことはできない」[48]。ここで自然権を持ち出せば、人間は、分不相応に、かつ百害あって一利なしといった恰好で政治権力に関わるのを「自重する」自然権を持っているということになる。私たちが受け継ぐ自然というのは、単に気の向くまま放恣に振る舞う自然のことではない。そこには自己を律するという自然も含まれる。本当の意味での自然権が、すべて人間にとって心地良いわけでもない。むしろ、自然により制約されることは、私たちの自己防衛になるのである。この古き保守主義の原則（バークが誰よりも巧みに表現した原則でもある）を反映するかのように、ドリンクウォーター（1882－1937、英国の史劇作家）の戯曲『手の中の小鳥（*The Bird in Hand*）』に登場する、厳格なトーリー支持者のパブの老主人が、国家の目的とは自己を統治できない者を統治することだ、とこぼしている。

「政府とは、人間の『欠陥』を埋め合わせるために英知をしぼって考案された、人為的な機構である」。バークはこう述べてさらに、「人間には、そうした英知によって欠陥を埋めてもらう権利がある。欠陥の一つは、市民社会の外に置かれると情念を十分に抑制できないという欠陥である。社会が要求するのは、個人の情念を抑制することだけではない。個人のみならず集団においても、人々がしばしば陥りがちな性向に歯止めをかけ、その意志を制御し、その情念を抑制しなければならない。情念が馴致抑制されるのは、ただ『自分自身の外側にある権力によって』のみだ。権力が職務を遂行するにあたっては、その権力もまた、みずからが抑制して鎮静するはずの当の意志や欲望に身を委ねてしまう羽目にならぬようにしなければならない。この意味において、人間に対する諸々の抑制もまた、人間の自由と同じく、自然権に含まれなければならない」[49]と続ける。この制約の程度は、文明化の度合いや、社会の中での宗教に対する畏敬の念いかんに応じて変わってくるだろう。抽象的な規則に依拠するだけで事足れりとするわけにはいかない。

バークの批判の舌鋒がもっとも鋭くなり、すべてに万能な多数者（過剰に権力が集中するため多数者は自己抑制できない）という理論や、民主主義の一人一票の原則を厳しく否定するのは、『省察』前半部の一節においてである。「二千四百万人は二十万人に優越すべきだ、と言う人もいる。ある王国の政体というのが算数の問題なのであれば、もっともな見解だ。この種の言説は、（革命で絞首刑に使った）街灯柱を賛同者とするような主張ならば、それはそれで結構だろう。しかし、『いささかなりとも』冷静に理性を働かせることができる者にとっては、笑止千万である。多数者の意志と、その『利益』とは、しばしば食い違うのが常である。そした、多数者が誤った選択をした場合には、食い違いもさらに大きくなる」[50]。

私たちの時代において、功利主義や平等主義の流行を前に、バークの政治原則は大きく後塵を拝してしまっている。しかし、当時のバークは、自然権の概念によって民主的な政治権力を捉えることに対し痛烈な批判を浴びせ、論敵の抽象論を完全に打ち負かしたのである。二十世紀における民主主義を知性を持って支持する者たちは、自然法の平等を理由にして政治権力を広く分散しているのではない。分散させたほうが都合がいいという理由からだ。政治思想史家デイヴィッド・トムソンは、今や優勢となりつつある次のような見解を述べている。バークとディズレーリによって政治思想に刻み込まれた見解だ。「普通選挙権や政治的平等を求めるのは、選挙権さえ手にすれば誰でも同じように賢明で知的になる、などという迷信を信じているからではない。歴史的に、また政治哲学的に考えて、もし共同体の一部が投票権を剝奪されれば、その一部の利益がなおざりにされた結果、さまざまな不平不満の溜まり場が生まれることになり、国家の政治に良からぬ影響を及ぼすと信じられているからだ[51]」。

従って、バークの結論によれば、政治的平等というのは、ある意味で不自然なのである。逆に貴族制のほうが、ある種、自然といえる。ホイッグ党の指導的立場にあったバークは、確かに貴族政を賞賛してはいたが、数々の留保が付されていた。「私は貴族政の友ではない。少なくとも、貴族政という言葉が通常理解されている意味においては」とも書いている。[52] 制約されないままであれば、貴族政は「厳しく傲慢な支配になってしまう」とバークは言い、「貴族政が極限まで押し進められ、血筋の良さを争うようなことになれば、ああ神よ、そんなことが許されるのか！私の立場は決まった。貧しい者、身分の低い者、弱い者、こうした人々と運命をともにするのだ」とも述べている。[53] しかし、自然は貴族政をつくるための素材を社会に提供してきた。賢明に運営された国家であれば、この貴族政の存在を認め、尊ぶだろう——もっとも、貴族の野心を抑えるため常に平衡をとる力を用意しておかなければならないが。大衆は政治権力を行使するのに適していないというのが自然の事実であるならば、逆に、さまざまな理由により、知的・身体的・精神的な面で、ごく少数の人間のみが社会の指導者たる資質を備えていることもまた、この世界の変わりようもない仕組みとなっているのも事実なのである。そうした指導者の献身を拒否する社会には、停滞か破滅の運命が待ち受けている。これらの貴族は、一部は「より賢く、より専門性に長じており、より富める者だ」。そして、貴族が「弱い者、知識が足りない者、財産に恵まれていない者」を導き、啓蒙し、守るのである。[54] 確かにバークは、生まれの良さに敬意を払っている。しかし、バークがより具体的に言及しているのは、僧侶であり、治安判事であり、教師であり、商人だ。生まれという偶然ではなく、人としての本性こそが、こうした人々を貴族とするのである。このような人々が平凡な市民よりもはるかに優れた社会的影響力を行使するのは、賢明かつ正当なことであり、自然の真の法則にもかなっている。「真の自然的貴族とは、国家からかけ離れたところにいる利益集団ではなく、国家と不可分の関係にある。どれほど大集団であろうと、それが正しく構想されていれば、いかに大きな政体であっても、自然的貴族がその中で欠かすことのできない部分を担っているはずだ。自然的貴族は、正当な確信を持つ階級から出た人々で構成されており、彼らの確信は、全体としてみれば、実体ある真理として認められるべきである」。この自然的貴族があらゆる文明社会の組成と密接に絡み合い入り組んでいるさまを論じた記述は、バークの著作のなかでもとりわけ記憶に残る文章の一つだ。この一節は、英国と米国の立憲政治を維持するうえで一定の役割を果たした。

「名高い家庭に生まれること。幼い頃から下卑たものや汚いものを何一つ見ずに育つこと。自己を肯定するように教えられること。難癖をつけようという公衆の詮索に慣れきっていること。早い時期から世論を目のあたりにして過ごすこと。高みに立ち、そこから人の世を睥《へい》睨《げい》し、大きな社会において人々と世事が織りなす広範で無限に多様性のある組み合わせを大きく俯瞰すること。読書し、思索し、会話を楽しむ閑暇に恵まれること。行く先々で、才気煥発で学識豊かな人々の拝謁を受け注目を集めること。名誉と義務を追い求めることに慣れ親しむこと。いかなる誤りも必ず罰を受け、ほんのわずかなミスが命取りとなる状況下においても、最大限の警戒心・洞察力・慎重さを発揮するべく経験を積んでいること。同胞市民から最大の心配事も相談できる指南役と見なされ、また、神と人間のあいだを仲介する存在であるという役目の意識から、隙のない規律のとれた行動を取るようになること。法と正義の執行者として雇われ、それにより率先して人々に大きな恩恵を施すようになること。高等科学や古典学芸を教えられる人物になること。裕福な商人の仲間となり、その成功から鋭く活力に満ちた理解力を有しているとされ、勤勉、秩序、忠誠、規則性の徳を身につけていること。さらに、互いに公正であることを常に気遣う気持ちを涵養すること――こういう状況にあるのが、私が『自然的』貴族と呼ぶところを形成する人々である。この自然的貴族なくして、国家は存在しない」[55]

歴史上この賛辞がもっともよく当てはまるのは、おそらく十八世紀から十九世紀にかけての英国の上流階級だろう。一集団として、名誉を重んじ、知的で道徳的かつ精力的な存在であった。バークによれば、こうした階級が支配的地位に上ることこそ、真に自然な状態なのである。凡庸な人物が社会を支配するような状態は、むしろ自然に反している。政治家の役割の一つとは、国家の福祉のために自然的貴族の能力を活用することであり、彼らを大衆の中に埋没させることではない。自然的貴族が埋没してしまえば、社会の安定を脅かすだけである。

能力も生まれの良さも富も兼ね備えた人間が指導者を務めるような状況こそ、文明化された社会のもっとも自然で、もっとも有益な側面である。「自然」とは、文明化された秩序の中で人性が最高度の状態となることである。人権は義務と結びついている。もし人権が歪められて、ある種の自由と平等を声高に主張し、人性の耐えうる限界を超えて世俗的栄達を求めるようになれば、人権は悪徳へと堕してしまう。神の眼で見た平等、法の下における平等、所有物の安全、社会での協同行為や慰安活動に参加すること――これらが真の自然権である。ルソー、コンドルセ、エルヴェシウス〔1715―71、フランスの哲学者〕、ペインといった人々は、不遜にも絶対的自由を要求したが、それに同意を与えた国家など歴史上あったためしはない。絶対的自由は、自然的正義とは正反対の概念なのである。絶対的自由は、敬虔さを欠いているが故に不自然であり、「自己中心的な気質と視野狭窄の見解の産物」である。政治の領域において、絶対的自由の権利を要求することなど笑止千万だ。いかなる権利の行使も、個別具体的な政治情勢に合わせて制限を受け、修正されなければならないからである。

自然法との真の調和を実現するためには、物心両面での「永遠の自然」が提示する範型に社会を適合させる必要がある。原始社会を理想とするような荒唐無稽な主張に基づき急進的な革新を要求して真の調和は得られない。私たちは皆、永遠の自然秩序の一部であり、この秩序により、物事は分相応の場所に納まっているのである。「私たち政治制度は、世界の秩序にぴたりと見合い照応するように位置づけられている。政治制度はまた、移ろいやすい諸部分によって成る永遠の存在の様態にも見合い照応している。そこでは、人類を偉大で神秘に満ちた協同体としてまとめあげている驚くべき英知の意向によって、全体が不変恒常的な状態に保たれている。この全体は、時によって老年であったり中年であったり若年であったりと、年齢を変えることはない。衰微・没落・再生・進歩という様々な行程を絶えずたどっていくが、その実、常に一定である。こうして、自然の方法を国家の中に保持することによって、私たちがいかなる改善を遂げようとも、まっさらな白紙状態となることは、決してないのである」[56]。このような原則に立脚して執行される政治改革や公平な司法は、超越的な道徳秩序に従おうとすれば必ず涵養しなければならない謙譲や慎慮の美徳を体現しているのである。自然と権利に関するこうした定義は、永遠と変化についてのバークの見解と相まって、フランス流改革思想の単純きわまりない諸前提よりもはるか高次元の省察の高みへとバークを押し上げた。そしてバークの思想をして、政治の栄枯盛衰を超越する永続的な高みの境地へと導いたのである。

## 7、秩序の原理

バークは、英国の政体と古来の定めに従う社会を不変のものとすることはできなかった――彼がすべての変化に反対しようとしても、同じ結果だったであろう。実際には、変化を皆無とすることはバークの目的ではなかった。それでもバークの思想が、政治やものの見方を抑制する影響力は、計り知れないほど強力であった。バークは、一七九一年の末頃には、革新の潮流に対抗することに絶望していた。ジャコバン主義がすべてをなぎ倒し、ホイッグ党まで圧倒するのを目の当たりにして、フィッツウィリアム伯にこう書き送っている。当時フィッツウィリアム伯はまだ、バークの慧眼に説得されきってはいなかった。「親愛なるフィッツウィリアム卿、私たちがともに嫌悪している体制がこれ以上伸長するのを防ぐ最良の手段について、立場の違いに立ち入るつもりはありません。あなたと意見を違えるわけにもいきません。というのも、すべての防御策は無駄に終わると思っているのです。最悪の事態が発生しました。原則においても実例としても、そうなってしまったのです。あとは私たちよりも高次の存在の手に委ね、ことが完遂するのを待たねばなりません」[57]。バークはあまりに謙虚だった。英国も米国も真のジャコバン主義の襲来を免れることができたのは、かなりの程度、バークの天賦の保守的才覚のおかげである。バークが最初の防波堤となり、英国の断固たる力をフランスの革命勢力に対して振り向けるのに成功したのだった。そして一七九七年、死の間際ともなるとすでに、畏敬の念と慎慮の概念に基づくバーク流の政治学派が生まれていた。この学派は以来、その才覚をもって革新への欲望に対抗してきた。「私たちは、差しあたって理解できない事柄には畏敬の念を抱くことにしている」。バークは新たな世代に向かってこう語りかけた。神の摂理の企図を伝える祖先の英知に対するバークの敬愛の念は、一貫性を保つすべての保守思想の第一原則となっている。

バークは、経済学と政治学が別個の学知だとは考えていなかった。両者は、道徳という一般的な秩序の異なる顕現であるに過ぎない。バークは自身の偉大な現実的知性を適用し、この秩序原理のきらめく輪郭を捉えようとした。バークの著作は、詩人の想像力と批評家の鋭い洞察力で満ちている。確かにバークは形而上学に安易に手を出すのを嫌悪していたが、近代における秩序と革新の相克が形而上学的・宗教的問題に端を発している点は見逃さなかった。バジル・ウィリー〔1897―1978、ケンブリッジの英文学教授〕も指摘するように、バークは、社会にはびこる悪の元凶が「不遜にも現世における神の神秘の歩みに介入しようとする干渉精神にある」ことを認識していた。「バークはあの触知しがたい世界の重みを常に感じている人々の一人であった。環境の制約に反抗し、これを改革しようとする、私たちの中にある力ではなく、私たちを囲い込み、すべての行動を条件づけるあの複雑精妙な力を強く意識していたのである」[58]。人間が神になることは決してないというのが、バークの確信であった。本当の意味での人間性を獲得するだけでも、すべての意志と美徳が必要になってくるのである。そして、〔アリストテレスも述べたように〕もし完全なる孤立状態で生きることができるならば、それは獣《けだもの》か神のどちらかだろう。急進的な革新は、私たちを過去と断絶させ、世代間をつないできた太古の紐帯を断ち切ってしまう。革新によって、記憶と情熱から疎遠になって孤立してしまうのである。そうなれば私たちは獣の水準まで落ち込むことになるだろう。「私たちは〔おそらく〕十四世紀に思いを馳せるような余裕と気品を失っていない。今のところはまだ、未開人に零落することもない」。しかし、猛烈な勢いで寄せてくる邪悪な波の圧力、節操もなく先走る才気や苛烈な嫉妬の洪水、つまり、いわゆるジャコバン主義から身を守るにはどうしたらいいのだろうか。

知性の錯誤がもたらす害悪に対する防波堤として希望となるのは、正しい見解を頑として墨守することだ。全体としてみると、バークの達成というのは、秩序原理を定義したところにある。その原則を瞥見することで、本章のまとめとしよう。彼の思想体系は、ジャコバン主義を攻撃するだけでなく、功利主義・実証主義・プラグマティズムの登場をあらかじめ見通し、先手を打ってこれらに反論を加えていた。バークは社会の行く末を先読みする比類ない予見の才能を持っていたのである。これによりバークは、フランス革命が単なる政治的動乱でも啓蒙思想の到達点でもなく、社会を蝕む道徳的痙攣の始まりであることを見抜いていた。神の摂理に対する反乱という病が進行し終わるまで、その社会に回復の見込みはないと予想していたのである。病の進行を止めるために、バークはアリストテレス、キケロ、スコラ哲学者たち、フッカーといった面々の思想を取り入れ、敬虔な社会像を抱くことで、近代世界の難題に対処しようとしたのだった。

社会にはある秩序が逃れようもなく存在する。善か悪にかかわらず、また、公正であるか専制的かにかかわらず、いずれにせよ秩序なのである。私たち人間は「神の巧みに導かれ」、真の正義を認識する状態の中で団結している。神聖なものを畏怖し、古くからの定めが持つ叡智に忠実となることで、無秩序から守られてきたのである。さらに古来の常識と階層秩序も人を守ってきた。バークの真価を知るための方法は一つしかない。著作を徹底的に読み込むことである。深遠広大なその著作を簡潔で貧弱な以下のような解釈に置き換えても、神の摂理が成す秩序への恭順という言葉によってバークが何を意味させようとしたのか、大雑把な見取り図を描くことができるだろう。バークのような著作家に対して、それ以上のことを試みるのは――そう、「それ以上は虚栄であり、犯罪である」〔『国王弑逆者との講話（に反対する）』の一節。フランス革命において同胞同士が血を流しあったことを批判して〕。

（1）この世俗の秩序というのは、超越的秩序の一部でしかない。社会の平穏の基礎となるのは、畏敬の念である。畏怖の念を欠いてしまえば、生は簒奪と反逆のあいだの終わりなき争いになってしまう。バークは、神の定めとそれに対する服従を、ジョンソン博士ほど徹底的に提唱したわけではない。しかし、社会の第一のルールが服従であるという点については、とりわけ強調している。自然なる手続きを経て働く、神とその摂理への服従である。「道徳的な義務の数々は、自然な由来がある。その自然な由来については誰も知らないし、知ることもできないだろう。しかし道徳的な義務のほうは、申し分なく理解し得るものであり、必ず遂行しなければならない」。W・サマセット・モームは、バークの文体についての興味深いエッセイの中で、私たち近代人はついに畏敬の念を持ちえない、と述べている。[59] モームは正しいが、正しいのは途中までである。もし社会から畏敬の念が消え去り、社会が沈滞すると、ひとつの循環的なプロセスが始まり、やがて人間は災い、恐怖、畏怖を順々に経験することになる。そして最後には、畏敬の念がまた再生するだろう。畏敬の念というのは、家父長的な社会観の産物である。うわべだけの理性の援用でそうした社会観がいったん根絶されても、私たちは神の摂理によって再び家父長制へと連れ戻されるのである。
（2）神の秩序にならって、精神的・知的な価値の秩序も生まれる。人間が各人で異なっているように、価値観も感情の動きもそれぞれに異なる。自然の階層秩序から学んで、人間は、自分にとって大事な感情と、どうでもよい感情とを区別するようになる。すべてを平等化しようとする急進主義は、すべての感情と感覚を凡庸な水準に同質化してしまい、人間と動物を隔てる道徳的想像力の垣根を取り払ってしまう。「平等化された身分秩序においては、王といえども一人の男でしかなく、女王も単なる女でしかない。そして女は動物でしかなく、それも高等とは言いがたい動物に堕してしまうのである」。バークが、いかに「学識が泥沼の中に打ち捨てられ、豚のような大衆の蹄によって踏み潰されているか」と書いたとき、この一節は、バークの他の言動にもまして、激しい批判を誘発した。ジョン・アダムズまでもが批判に加わった。しかし、バークはもちろん、マタイ福音書第七章第六節を言い換えていたに過ぎない。バークの意図としては、一部の著名な社会評論家たちの間に広まりつつあった恐れを言葉にしたのだった。つまり、適切な知的指導者を失うと、大衆は「生きていく上でまとうべき品性の衣をがさつに破り脱いで」、肉体に関わらないことすべてに無関心になり、敵意まで抱くようになるのではないかという恐れである。
（3）物質的・道徳的な無秩序状態を防ぐには、義務や特権のような社会の特質を人々が認めなければならない。自然的貴族の存在が世に認められなければ、おべっか使いや凶暴な者たちが、顔の見えない「民衆」の名の下に、自然的貴族に代わって権力を行使することだろう。人格の高潔さ、強靱な知性、生まれの良さ、実際的な智恵が社会において重んじられるようになれば、そして、「これらが維持され、ベッドフォード公が安泰である限り、私たちも皆、安心だ。――上層階級は、陰鬱な嫉妬や破壊的な強欲から自由になり、下層階級は、専制支配の抑圧や軽蔑に満ちた拒絶から身を守ることができる」。これこそ、野心的で小賢しい官僚集団とは異なる、真の自然的貴族である。バークは、党派的な狂信性に追随し悪意に満ちた知的教義に熱狂的に従って選出された「エリート」が、革新的な観念を振りまわすのに反対していた。『国王弑逆者との講話（に反対する）』所収の第二の手紙においてこのように書いている。「彼らにとっては、意志も、願望も、欠乏も、自由も、労苦も、無きに等しいのである。彼らの構想する統治からは、個人が抜け落ちている。国家が万能だ。そこでは、すべてが力の生産に関連づけられた後、すべてがその力の利用に委ねられる。国家は、原理においても原則においても、精神においても実際の運用においても、軍隊である。国は対象を独占するために支配し、征服する。改宗を強制して心を支配し、軍事力によって身体を支配するのだ」。ここで標的にされているのはジャコバン主義者だが、記述自体は共産主義者やナチスの「エリート」支配にも当てはまる。これを読めば一瞬にして、バークのいう秩序の原則が何でないか、理解できるだろう。同時に、バークとヘーゲルを隔てる深い溝も感じるはずだ。とはいえ、二十世紀においてより大きな意味を持つのは、狂信的な社会計画や平民支配の民主主義への断罪よりも、バークの建設的な想像力のほうだが。おそらく現行世代もやがて、真の秩序を目指すバークの原則、つまり、畏敬の念と古来の定めに導かれた社会という原則に立ち戻ろうとし始めるだろう。

社会というのは、単なる政治の道具とはまるで異なるものである。バークはこの事実を知っており、生は複雑精妙なものであることと、「人類という神秘的な集合体」を同時代人にしっかり理解させようとしたのだった。社会を数学的な論法に沿って運営されるべき単なる装置として扱うならば――ジャコバン主義者、ベンサム主義者、その他の急進諸派は皆、そのように社会を見なしていた――人間は堕落してしまう。堕落して、死者・生者・まだ生まれていない者のあいだで取り交わされる永遠の契約、つまり神と人間をつなぐ紐帯から脱落し、もはやその絆の一員ではなくなってしまう。現世の秩序は天上の秩序に依存するのである。

今日、ロンドン北西部ビーコンズフィールドを訪れても、バークが住んでいた通称「グレゴリーズ」と呼ばれるカントリー・ハウスを見つけることはできない。はるか昔に焼失してしまった。しかし、美しい古教会の中には小さな碑があり、敷地内のどこかにエドマンド・バークが埋葬されている旨、記されている。正確にどこに埋められているかは、誰も知らない。というのもバークは、ジャコバン主義者が英国でも勝利して、みずからの遺骨を掘り返しにくるだろうと恐れ、遺体を秘密裏に埋葬するよう指示したからである。そのような冒瀆の日はついに来なかった。英国社会は反対に保守的な方向に進むこととなった。バーク自身、そのような動きを先導した中心人物であった。バークとディズレーリの思い出がビーコンズフィールドに魔法をかけたようで、この地では、ほとんど何も変わってない。築四世紀になろうかという古き良き家屋、半ば木造の宿屋、楢の大樹、静かな小道など、バークの時代と変らない姿をとどめている。ただ、郊外に進出してきた人々と新規住宅建設計画の波が、バッキンガムシャーの奥深くまで押し寄せてきた。軽工業も周囲の町を浸食している。わずか数マイル離れたストークポージスの地では、巨大かつ醜悪、救いようもなく単調な団地が、グレイが詩に詠んだ田舎墓地のすぐ側まで来ている。しかし、ビーコンズフィールドの古い町並みはかつての英国の面影を残しており、産業とプロレタリアートがひしめく人間界の海の只中に、孤島のように浮かんでいる。

もっとも、バークの思想は、急進的な思想の海の只中に島を生み出したことに尽きるものではない。バークの保守思想擁護は圧倒的な力をもって今も有効であり、近い将来その力が失われることもないだろう。バークの死後百五十年以上も経過した現在、マシュー・アーノルドが「集中の時代」と呼んだ時が、この世界に再来するのは間近に思われる。革命への衝動と社会の熱狂は、一九一七年のロシアの動乱以来、拡大の一途をたどってきたが、保守主義の精神の前に譲歩を余儀なくされつつある。アーノルドの「集中の時代」における英国、すなわちスコット、コールリッジ、サウジー、ワーズワース、ピット、キャニングが生きた時代の英国は、――その幻滅にもかかわらず――高度な知的水準を達成した社会だった。底流を流れていた革命へのエネルギーは、社会を再建する目的に向かって転化されていった。集中の時代がこれほどの知的活性を呈した理由について、アーノルドはバークの影響力に帰している。バークが啓示を受け、社会を保持していく形で表現した思想の一部に、私たちの時代も手探りで近づこうとしているようだ。そうした思想か、あるいは何らかの真の原理原則なくしては、この新たな集中の時代も、冷笑気味に疲れ果てた無関心と抑圧に陥ってしまいかねない。

# 第3章

# ジョン・アダムズと法の下の自由

「黄金律たる万人のための正義（*Jus cuique*）は、理性ないし常識によって擁護されうる万民の平等である……私の『憲法擁護論』および『ダヴィラ論』は、かのシロアムの塔が倒れかかってくるがごとく、我が身の上に夥しい不評をもたらした。貴君の民主主義の原理の擁護や、フランス革命への変わることなき好意的な見解は、貴君の際限なき人気を盤石なものとした。諸行無常トハマサニコレナリ」

## 1、連邦党と民主共和党

ブレインツリーの農場主の息子であるジョン・アダムズは、政敵の勧めるままに本を書いた。『アメリカ合衆国政府憲法の擁護』がその本で、政敵とはトマス・ジェファソンである——当時は友人だったが、その後、長年の政敵となり、最後にはまた友人となった。ラファイエット、ロシュフコー、コンドルセ、そしてフランクリンの根拠なき空想に呆れ返り、彼らの歴史への無知を弾劾した、この厳格で率直な若きマサチューセッツの弁護士は、自らの人気というものには目もくれることなく、その人生の大半をかけ次のことを言明するのに費やしたのである。すなわち、人間性というものをそのあるべき姿ではなく、あるがままの姿で捉えるような冷静な人々のみが、自由を獲得し、維持することができるのだと。彼はその学識と勇気によって偉大な人物となり、アメリカの真なる保守主義の創始者となった。上に引用した一節は、アダムズが大統領の座から退いて十三年の後、自らを打ち破った男に向けて、何のとげとげしさもなく書いたものである。概して連邦主義者《フェデラリスト》というのは陰鬱な連中で、アダムズもまた、自らの思想と、先例としての自分がアメリカの将来の世代に及ぼす影響を過小評価していた。深刻な欠点にもかかわらず、今日まで合衆国は力強く反映する国であり続け、そこでは財産権と自由がおおよそ保障されている。ジョン・アダムズは、大衆がもつ知恵と美徳について大仰な考えは持たなかったが、この成果にはまあまあ満足したことだろう。いっときの熱情を超えて、彼はほかの誰よりも、適正かつ実効的な法の価値を説いた。またほかの誰よりも、アメリカ政府を、人の統治ではなく、法の統治たらしめた。

おおよそ、アメリカ革命は革新的な蜂起ではなく、植民地特権の保守的な復活であると言っても良いであろう。植民者たちは、初めから自治というものに慣れていて、イングランド人としての権利を相続によって引き継ぎ、植民者特有の権利を古くからの決まり事によって保持していると思っていた。腹黒い国王と遠くの地にある議会が、かつて行使したことのない課税権限と統治を不遜にもアメリカの地に及ぼそうとした時、植民地は古くからの定めとしての自由を守ろうと立ち上がった。妥協の機会を逸してしまうと、彼らは不承不承、半ば怯《おび》えながら独立を宣言した。こうして、本質的には保守的であった人々が、気づいてみると反逆者として勝利をおさめてしまい、自分たちの伝統的な思想と、思いもよらなかった独立によって生じた必要性との間で妥協を図らざるをえなくなった。それは困難を極める課題であった。ジェファソンを頭目とする民主共和党は、すでに存在していた諸概念を援用することでこれを解決しようとして、フランスの平等主義の理論に共感するにいたった。彼らに対立する連邦党は、歴史の教訓とイギリス的自由の伝統、そしてその古くからの定めに基づく国の制度を頼りに、判断しようとした。

この連邦党こそが、独立アメリカにおける最初の保守勢力であり、二つの急進主義によって自らが脅かされていると考えていた。一つはフランス起源の急進主義、すなわちバークが直面したのと同じ巨大な社会的・思想的騒擾である。もう一つは、アメリカ生まれでもあり、イギリス生まれでもある、ジェファソンを代表とする急進主義だった。限嗣相続や長子相続、教会の権威や貴族制の残滓を除くことに熱心で、中央集権や「強い政府」、公債や軍備に反対し、平等志向で農業者中心の共和主義である。連邦党の方は、都市の政党であって、商工業者と債権者の利権の代表たらんとした。他方で農村部と農業、そして債務者の利益を図ろうとしたのが民主共和党であった。シェイズの反乱、そして後のウィスキー税反乱を通して、連邦党は彼らの敵対者の権力への野望について極めて不快に思うようになり、保守の結束を図って地方の急進主義に対抗しようという強い決意を持つにいたったのである。

その農本主義の民主共和党の中心にそびえ立つのが痩身のジェファソンである。彼の理論はその行動よりも常に急進的であったが、フランス人が持っていた自由の観念と比べれば、まだ穏健であった。ジェファソンはあらゆることに手を付け、しばしば成功を収めた。極めて多才だったが故に、その性格において奇妙で時には一貫性のないところを見せた。政治に清廉さと実直さを求めながら、「賄賂のやりとりは数知れない」悪名高いギデオン・グレンジャーを合衆国最高裁裁判官の任用に推薦した。合衆国憲法の厳格な解釈を訴える一方で、ルイジアナ買収をやってのけた。多様性と創意を好んだにもかかわらず、「詭弁家と計算屋」がやりそうなチェス盤のパターンで北西部領土を区画した。それをさらに区切ってつくられた各州の道路パターンは、今もって荒涼として単調で、内部の境界線も恣意的だ。にもかかわらず、さらにフランスの啓蒙思想家らの知己がいて、フランスにも好意を持っていたにもかかわらず、ジェファソンはコーク、ロック、ケイムズを政治的師と仰ぎ、彼らと同じように保守主義者になろうと半ば思っていた。半ばどころではないこともあった。

さりながら、本格的にアメリカ革命が起きたといえるのは、ジェファソン率いる民主共和党による一連の成果が達成されたときであり、その頂点は一八〇〇年であった。ほぼ無血で達成された内部変革である。とはいえ、連邦党側の持っていた最良のものは、一八〇〇年以降、そして今でもなお死に絶えたわけではない。ジョン・アダムズは、その永続化に大きく貢献した。

今日ではジョン・アダムズは読まれなくなってしまった。百年も前に出版されたものだというのに、手元にある彼の膨大な著作集十巻のページをペーパーナイフで開いたのは私が最初だった。

アダムズは生気に満ち機知あふれる文体で、羨ましいほどの正確さをもって書いていたが、今では読まれていない。彼の思想は、意識的に同化していくというより、じわじわと浸透するようにしてアメリカ人の精神の中に入り込んでいった。アメリカ人が建国の父祖たちの中に保守主義者を見つけようとするなら、大体アレグザンダー・ハミルトンに目を向ける――といって、ハミルトンも読んではいない。ハミルトンは際だった個性を持った人物ではあったが、（『フェデラリスト』の一部を書いたということを別とすれば）社会思想と見なせるようなものはほとんど書いていないからである。しかし、財政家にして政党指導者、帝国建設者であるハミルトンは多くのアメリカ人を魅了している。ただ、彼らは貪欲さと保守的性向というものを混同してしまっている。そして公衆に向けては「最初のアメリカ人ビジネスマン」が最初の傑出した保守主義者であるともっともらしく言ってきた。ハミルトンは傑出した保守主義者ではないが、アメリカのその後の時代に大きな意味を持った。彼とフィッシャー・エイムズ、そしてジョン・マーシャルはアダムズとともに本章で扱われる。なぜなら彼らは、反民主的で財産志向があり、中央集権的で近視眼的な連邦主義の典型だからである。アダムズはしばしばその傾向から抜け逃れた。ハミルトンやエイムズやピカリングやドワイトらは旧来のトーリー主義のようなものを信奉していたようである。より広い視野を持ち、鋭く将来の概観を見て取っていたアダムズは、それに代わって自由主義思想と伝統的叡智とを融合させて身につけていた。その融合こそ、バークの門人たちが保守主義と名付けたものだ。ジョン・アダムズに始まる名門アダムズ家は、その堅苦しい郷土愛という点で古代ローマの家門に似ていなくもないが、ジョン・アダムズの分別と高潔を用いて、何世代にもわたりアメリカ社会に文化の芳醇を与えてきた。

常に禁欲的で、時に尊大で、そして意地悪いほどに民衆の熱狂を軽蔑していたのがアダムズであった。そうした表面だけを見ていると、アダムズが大統領になれるほどの人気を得られたというのは驚くばかりである。しかし、大衆の大多数は、自分たちにおもねらないこの人物を尊敬した。まったくの誠実さ、疲れ知らずの勤勉、時代遅れな実直と忠誠への強いこだわりを、人々は見て取った。アテネ人が（スパルタとの和平を実現した政治家）ニキアスを信頼したように人々はアダムズを信頼し、結果的にアテネ人よりも幸運な結果を得た。ハミルトンは、一七九六年と一八〇〇年の選挙に際してアダムズに対して陰謀をめぐらし、このマサチューセッツの辛辣な政治家から党の重鎮の忠誠を引き離すのは容易だろうと見た。しかしハミルトンもその部下たちも、連邦党の有権者の大量離反をもたらすことはできなかった。「民主主義というものはこれまで存在しなかったし、存在し得ない」とアダムズは手厳しく言った。そういう大胆なところがあればこそ、マサチューセッツの農民や漁師、商人らはアダムズを慕い、一七七四年にはフィラデルフィア、一七七七年にはパリ、一七八五年にはロンドン、一七九三年と一七九七年にはワシントンに送り出した。しかし、革命指導者でもあるこの保守主義者の断固たる意見を考察する前に、ハミルトンとエイムズのより正統的な連邦主義について見ておく必要がある。

## 2、アレグザンダー・ハミルトン

「暴君の専横をきっかけにして始まる革命の初期において、大衆の精神が極端な嫉妬心に左右されるというのは当然なことだ」。一七八八年のニューヨーク州の会議で、アレグザンダー・ハミルトンはこのように述べた。「そうした侵食に対抗し、またこの精神を養うことが、われらの公私にわたる制度すべての偉大なる目的である。自由を求める熱意は優勢であり、行き過ぎてさえいた。連邦を作り上げる中で、この熱情だけにわれわれは突き動かされたかに思えた。専制政治からわれらを守るという以外の視点は持ちようもなかったようである……しかし、同じくらい大切な、もう一つの目的がある。熱狂のせいでほとんど目に入らなくなったが、それは、われらの政府を組織する際に強さと安定性を原則とし、その運営においては活力を原理とする、という目的だ」。

保守派としてのハミルトンの強みと弱みの双方が、この短い発言の中に読み取れる。彼の政治的原則は単純なものだ。彼は地方の民衆が抱く強い欲求など嫌い、強力な国家権威を打ち立てることで平等思想の生み出す帰結から逃れることができると信じていた。彼はおそらく「中央政府」という発想を好んだはずだ。ただ、それはアメリカではとうてい受け入れられないと分かっていたから、「連邦政府」で妥協して、最も熱心なそのまとめ役となり喧伝者となったのである。

ハミルトン、およびマディソンとジェイのおかげで合衆国は憲法を採択できた。そのようなハミルトンの英知と業績があって、憲法制定から二〇〇年経った今でも彼は人々の記憶に鮮明に残っている。だが、彼はひどく誤解されている。陸軍少将でもあったハミルトンは予言の能力、すなわちバークと（少し劣ってはいるが）アダムズが持っていた最高の才能を与えられていなかった。ジャコバン派統治下のフランスという事例が目の前にあったというのに、ハミルトンは、統合国家というものは平等志向で革新を続ける国家でもある、という発想には至らなかったようである。また、政府の権力が保守的秩序の維持以外に向けられる可能性についても熟慮していたようには見えない。政治経済においてすらも、彼は経済思想家というよりは実践派の財政家であって、彼が計画していた工業化された国家は、保守的な実業家だけでなく、急進的な工員たちも生み出す可能性を無視していた。工員たちはジェファソンを支持するヴァージニアの自営農たちより際限なく数が多く、また階級と秩序に関するハミルトンの古めかしい思想を敵視した。ハミルトンのアメリカ産業活性化計画は偏狭でも利己的なものでもなかったと言うべきだろう。彼は真に全体のものとなる利益を追求したからだ。「ハミルトンは保護貿易を求めた。それは産業への特権付与や利益増大のためではなく、自由国家の自然な仕事、つまり農業を文化的進歩の流れに乗せるためであった」とC・R・フェイは述べた。[1] それにもかかわらず、彼の素晴らしい実務能力は、ほとんど素朴といっていい伝統的な想定を基礎としていた。そして、彼は、自らの伝統的思考とアメリカの産業活力という万能薬を混ぜあわせるとどんな化合物ができるのかについて思いを馳せることはほとんどなかった。

〔『アメリカ思想の主な潮流』を著した〕ヴァーノン・パリントンは、「トーリー」と「自由主義者」をほとんど区別せず使うという過ちをしばしばおかしたが、ハミルトンはヒュームとホッブズを師と仰いだ、王を持たぬトーリーだと指摘したのは正鵠を射ている。その革命への熱意にもかかわらず、ハミルトンは、普通の植民地人としてイングランド社会を愛した。彼が描いた来たるべきアメリカ国家の姿は、より強く、より豊かな、もう一つの十八世紀イングランドだった。ハミルトンは自分の夢に立ちはだかる困難をあやうく忘れかけていた。強力な（できれば世襲の）最高行政官というハミルトンの提案に対してアメリカ人が見せた反発に、嘆くよりむしろ驚いて、断腸の思いで提案を放棄した。イングランドが単一国家であり、その主権は分割できず、議会は全権を持つのだから、アメリカもそうでなければならない。領土の広さや歴史的起源、地域の持つ大権への配慮を性急なまでにあっさりと無視したが、それらはバークならばまずもって認めて同意したはずである。

「愛着というのは遠く離れ、対象が散漫なものなら、一般にそれだけ弱くなる、というのは人性において自明のことだ」と、この「スコットランド人行商の妾の子」（アダムズがハミルトンに対し使った汚いあだ名）はネイヴィス〔カリブ海の島〕から書いて来たことがある。先祖や生まれに対する局所的な愛着のために、ジョサイア・クインシーやジョン・ランドルフといった指導者たちは、自分たちの出身州（邦）を情熱的に愛した。それに比べナショナリズムへの執着心は弱かった。ハミルトンはそのような州への愛着をまったく持ちあわせなかった。「おおよそ人は自らが属する共同体よりも自らの家族に愛着を持つのと同じ原理で、各州の人々は連邦政府よりも各地方の政府により強い偏向を感じることだろう。連邦政府のほうがずっと良い統治を行って、その原理が崩れるようなことがなければだが」[2]。だが、ハミルトンには異国趣味があったので、郷土愛があっても地元の持つ長所が見えなくなっていた。だからこそ、いくつかの州の統治制度や州への愛着の中に潜む断固たる決意も見過ごしがちだった。上述のハミルトンの発言にもかかわらず、一般的に彼は地域へのこうした強い愛着を一時的な迷いであると誤って認識していた。そういうものは国民政府の強い力——連邦裁判所、連邦議会、関税、中央銀行など国家計画のすべて——によって根こそぎにできると考えていたのである。結局、ハミルトンのつくった制度が分権思想を粉々に打ち砕いたが、それは内戦を招来することによってだった。南北戦争は、ジェファソンの想像さえもはるかに超えて、十八世紀の静謐な貴族社会を消し去った。それはハミルトンの望みどおりだった。ハミルトンは時代の流れ（計画的に遂行される政策の手助けを借りずに、自然と分権でなく統合へ向かう傾向）を誤解していた。また自分に敵対する者らの不屈の勇気も誤解していた。一流の政治思想家なら本来は優れた先見性を持つはずである。

同様にして、ハミルトンはアメリカの産業振興を首尾よく進めたが、この傲慢で力強い新しいタイプの貴族が気付かなかった結果に悩まされた。商業および工業は富裕層を生み、その利害は国家の利害と一致する、と彼は考えていた。おそらく、彼はこれらの社会の柱をイングランドの大商家とそっくりなもの——田舎に地所を買い、余暇と才能と富を保持する安定的な階級を形成し、国のために道徳的、政治的そして知的にリーダーシップを執るような人々——だと思っていた。実際のアメリカの実業家というのは、一般的に言って、そのような人々とは違う種類の人々であると今ではわかっている。三千マイルも海の向こうの英国モデルの社会階級を再生産することは難しいことなのである。ハミルトンは、近代的経営者に驚かされ、近代都市に衝撃を受け、工場労働者の力に戦《おのの》かされたことであろう。なぜなら彼は、社会変動の特質も変わっていくことをうまく理解できなかったからである。実際に社会変動が起きているのを見ると、科学的というより奇跡のようなものであった。〔トーマス・マンの小説〕『ファウストゥス博士』の下男のように、ハミルトンは精霊を呼び出すことができた。しかし新しい産業政策は、ひとたび実現してしまえば、この練達の財務長官のような十八世紀型の達人たちの統制から離れていった。実際、ハミルトンが狙っていたのは、新たな産業政策の創造というよりもむしろ、すでに新しい時代の精神によって消えつつあったヨーロッパの経済制度を再生産することであった。

「自国が黒字となるように貿易収支を維持することは、産業政策の最重要課題である。個々の貪欲のままに交易を進めると、貿易収支に害を及ぼすことがしばしばあるかもしれないから、政府はそれを効果的に防ぐ対抗措置をとるべきだ。一方、新たな富の源が開ける可能性もある。たとえはじめは大きな困難が伴うものであっても、新たな富の源を完璧なものとする苦労と費用は最後には十分に報われるだろう。そうした事業は個人の力と資本ではまかないきれず、国家予算と国の権限による少なからぬ支援が必要になるかもしれない[3]」

これは重商主義である。ハミルトンは注意深くアダム・スミスを読んでいたが、心は十七世紀にあった。彼の考えでは、政府の力というのは、特定の階級や職業を奨励し富ませるために適切に用いうるべきものであった。その当然の帰結は、つまるところ国家全体を利することになるはずだった。ハミルトンの着手したものをアメリカが途中で止めていたら、その産業の成長はより遅くなったことだろうが、もっと着実なものとなっていたはずである。結果も荒削りではなくなっていたかもしれない。しかし、ハミルトンは計画生産の考えに魅了されていた。「人間社会は、どれだけ全体およびあらゆる部分に有益であっても、全体の繁栄のために各々が負担するような仕組みを持っていないことに、われわれは考えが及んでいないようだ。ただし、そうした仕組みは全員が負担するが、多かれ少なかれ、ある部分の利益を他の部分の利益より優遇するだろう。われわれが偏狭な性格を克服し、全般的な流れの中で施策を考えることができない限り、われわれは国民として存続できたとしても、偉大な、あるいは幸福な国民となることは決してないだろう[4]」。バークなら、改革を恐れはしなかったが、制度の変更が、たとえたった一人の乗船税関監視官であっても、その合法的財産や権利が脅かされるようなら、変更を無期限に延期したことだろう。バークはハミルトンのような考え方がイングランドで通用することには極めて懐疑的であった。全体として方向性が善意に基づくことを言い訳にして、現前の不正義を許すことは、保守主義者がはまり込みかねない罠だ。この例で言えば、ハミルトンの主張は彼がいかに原則ではなく特殊性の方を好んだか、ということを示している。

その他の点に関して言えば、ハミルトンはこの重商主義的アメリカがどのように運営されるかについて少々のヒントを残している。彼は（民衆を徹底的に軽蔑していたので）政治的操作、そして法と国家統合の確固とした執行を通して、富裕層や良家の人々はイングランドの大地主と同じように帝国システムに乗っかり続けることができると考えていたようである。このようなことは、短期的視点で考える人が望みそうなことである。七年前、鋭敏な若きジョン・クインシー・アダムズは、ヨーロッパから父親にこう書いた。「ヨーロッパの多くの国の国民が、どうして自分たちが犠牲にされて、自分たちには許されない楽しみをあいつもこいつも得ているのか、と問うことを覚えた時から、ヨーロッパの社会的制度のなかに、内戦の気配が兆した。内戦は封建政体が完全に崩壊するまで終わることのないものだった」[5]。ハミルトンが国家に与えようとしていた権力は、結局のところハミルトンが目指したのとは正反対の方にある目的に向かってしまうことになった。ハミルトンの政策に刺激されて、都市住民は新しい急進主義の促成土壌となった。複雑な性格であったジェファソンの保守的な側面は、人々とその生業に対し、むやみやたらと干渉するようなこの事態に顔をしかめた。やがてランドルフが、後にはカルフーンが、もはやどうしようもない怒りを露わに、新しい産業時代の到来を非難した。彼らの目には、その新時代はかつて植民地時代の状況よりも忌むべきものに見えたのである。いくつかの点で、彼らはハミルトンより健全な保守主義者であった。ハミルトンは明らかに都会人で、石敷きの上では畏敬の念も萎《しぼ》むというものである。「スイカズラが咲いていたところに立つ新しいガソリンスタンドを好きになるのは難しい」とウォルター・リップマンは書いた。しかし、ハミルトンが政治の上っ面の奥深くに潜む前提や畏怖の念の不思議さにまで考えを掘り下げていくことはなかった。

とはいえ、ハミルトンを功利主義者と混同してはならない。彼が間違えたなら、それは思想的な急進主義者の過ちというより、トーリー的な過ちを犯したということである。彼はまさに十八世紀的なキリスト教徒であり、フランス革命の愚劣さについて次のように書いている。「自由を愛する政治家は、それ（フランス革命の惨状）を、大切な自由を飲み込んでしまう深淵として慚愧の念を持って見ている。道徳は打ち捨てられ（宗教が廃れれば道徳も落ちぶれる）、激しい熱情を押さえつけ、人に社会的義務を厳しく守らせるのは専制による恐怖政治しかないと考えるようになる」[6]。バークの予言は、ジョン・アダムズやJ・Q・アダムズ、ランドルフ、およびその他のアメリカ人に影響を与えたように、この時にハミルトンをも突き動かしたが、バークのハミルトンへの影響はそれ以上には深まらなかった。ハミルトンは新時代の預言者ではなく、むしろ時代の落伍者であった。実に奇妙な偶然だが、この古風で尊大なジェントルマンは、功利主義の哲学者ベンサムの友人で弟子でもあったアーロン・バーの凶弾によって斃《たお》れた。

## 3、フィッシャー・エイムズの予言

「動いている物体は、同じ質量の留まっている物体に打ち勝つ、というのは、物理法則であると同様に政治の法則でもある」[7]。雄弁家である下院議員フィッシャー・エイムズは、これが保守主義の永遠の不利な条件だと述べた。合衆国では試合はすでに負けに終わっていると考えていた。

マサチューセッツのデダム出身、歴史家ビヴァレッジに「愉快な反動主義者」と呼ばれたエイムズは、晩年は長く病の床にあった。サミュエル・アダムズを下院議員選挙で打ち負かした若き日に抱いた輝かしい未来の夢を果たせなかったのは、おそらく、病弱な体質のせいだろう。その生まれつきの気難しさと人間性への軽蔑は、国家の熟成期という苦難の時期に成功をもたらすには向いていない形質だったこともある。連邦党の中で最も雄弁だった彼は、偉大な作品を生み出せたかもしれないほどの文体をたちまち会得した。しかし、たまの演説や小冊子、手紙にしか才能を使わなかった。生きている間はジェファソン派の勝利を見続けることになり、月並みな精神と無秩序な社会の到来を予言しながら、絶望の淵に沈んで亡くなった。

連邦党が存在しなくなってからずっと後、ジョン・クインシー・アダムズはその歴史と墓碑銘を短く次のように書き留めた。

「アメリカ合衆国憲法の制定を成し遂げた功績は、連邦党《フェデラリスツ》と呼ばれる政党のものである。連邦の長に権力を集中させることを目指した党だ。このような権力執行が必要とした目的は、主たるところでは財産の保護のためであって、そのため連邦党は共同体のうちの貴族的な人々と同一視されることとなった。こうして連邦主義と貴族制の諸原則は連邦党の政治システムの中で混ぜ合わされ、国中の高学歴の富裕層の大半が彼らのもとに集まった。反連邦党の人々は常に数の上で有利であった。彼らの根本方針は、民主主義の原則であり、常に国民の大多数から支持された。彼らの掲げる主張は、独立革命と親和的であったことから、その政敵を親英派と見なして忌み嫌うようになったのである。革命における新英派の残党は一般的には連邦党の側についたから、連邦党にはますます不利なこととなった。親英派は独立革命や共和主義政府と相容れない意見を連邦党の理念に混ぜ込んだため、親英派の意見に対する悪評に連邦党全体がさらされた。新英派の方針が連邦主義の理念に混ざってしまったことこそが、彼らの大失敗、およびそこから党としての表面的解散にいたるまでの過ちすべての第一の原因であった」[8]

若きアダムズが指摘した連邦党におけるこの貴族的性質の最も有能な代弁者がエイムズであった。彼は厳格な道徳家であり、伝統的な道徳家は、政治に一般人が加わることの利点を、ほぼ例外なく疑うものである。先見の明があったエイムズは、共和主義者に対し劣勢になりはじめてから連邦党の中に広まった、戦線を縮小しようという悲観的傾向を最も説得力を持って代弁していた。ハミルトン、マーシャル、そしてカボットは、経済的・領域的な拡張と積極的ナショナリズムを一貫して主張していた。しかしエイムズは、党内多数派を代弁して、中央政府が持つ潜在的な革新的傾向を強く警戒し始めた──やがて〔1814－15年に連邦党員が集まって米英戦争反対などを話し合った〕ハートフォード会議に至る道筋である。エイムズの唯一の助言は、変化というものに対して死にものぐるいになって抵抗することであった。保守主義は、エルドンやクローカーやウェリントンの思想と同じく、破滅を運命づけられていた。生まれた時から臨終間際の冷笑を顔に浮かべていたのである。しかしエイムズはそのことを、ヴォルテールに引けを取らぬほどの皮肉と洞察力をもって表現した。エイムズが目にした、「才能ある者による貴族制を禁ずる」というあからさまな脅しを伴うジェファソンの民主政の粗野な有り様を振り返ってみれば、エイムズの大げさなほどの陰気な態度も許せるだろう。アメリカの歴史家や批評家の間では、エイムズによるアメリカ的精神の分析の特徴すべてを嘲るのが通例となっている。それでも、エイムズの攻撃に馬耳東風であったことこそが、彼による民主主義への非難が妥当なものであったことをある程度証明している。「我らの国は統一するには大きすぎ、愛国心を抱くにはあさましすぎ、自由を得るには民主的すぎる。どうしてこうなったのか、神のみぞ知るというところだ。愚かさにつけ込み堕落が支配する。これが民主主義の定めだ」[9]。

生前には出版されることのなかったエイムズの著作『アメリカの自由の危険性』は、きわめて緻密に論理立てられた神経質な、アメリカの理想論に対する批判であった。彼は、ほぼ同じ考えを、デダムの農場で失意のうちに暮らしながらも、年々歳々、崇拝者たちに広めていた。政府というのは財産の保護と社会の平穏を目的としていると、彼は言った。だが民主主義はこの必須事項の二つとも満たせない。なぜなら民主主義――エイムズの見るところアメリカが陥りかけているとされる純粋な民主主義――は、牧歌的空想という流砂の上に打ち立てられているからだ。連邦主義すらも誤った前提、すなわち、「十分な政治的美徳と、公衆道徳なるものが、永久かつ権威を持って存在しうる想定」に基づいていた。しかし実態はそれどころではなく、熱情や裏切られた感情、素朴さ（独裁になりかねない素朴さ）に対する破壊的な憧れこそが、人民の特質である。彼らは、自己表現の陶酔と原則の否定を選んで「善良で裕福、育ちの良い」*指導者層を捨ててしまう。「民衆は、全体としては、慎慮などできない」。したがって彼らの欲望はデマゴーグに扇動されることになる。行動したいという民衆の欲望は、扇動者が見せる暴力の展覧会と絶え間なく変化するきらびやかなドラマによって満たされるのである。

「政治家というのは、人というものをそのあるべき姿で捉えてきた。つまり、人の理性はできる限りのことを為すし、その熱情と偏見は矩《のり》を超えない、と考えた。ところが実際は、人の理性は単なる見物人である。熱くなるべきときに、節度を守る。非難すべきときに、しばしば追及に失敗する。つまり口止め料を受け取るような、臆病者か日和見主義者だ。民衆の理性というものはいつだってどうやって正しく行動するかが分からず、分かったところで正しい行動もしない。政治を動かす仲介となるのは民衆の熱情だ。ことの本質に由来することだが、熱情は常に社会の攪乱者に利用される……論理的思考ができる者はまずいない。ただ、感じることは誰にでもできる。そういう主張は、提案されるや否や受け入れられるのだ」

英国の歴史家トマス・フラーの香りがする、こうした文章の中の十七世紀的真髄が、連邦党の小冊子作成者たちの特質だった。彼らは大体においてハリントンやシドニーやホッブズやロックに通じていた人々だった。時がたつにつれ、エイムズの言うことはより苛烈になった。民主主義は続き得ない。なぜなら、「民衆」という名の耐え難い激烈な暴政の後をやがて、軍事独裁が引き継ぐからだ。財産が次から次へと奪われ、平穏が忌まわしくも破壊されるとき、社会は臆病にも、死に絶えてしまうよりはましだと、不道徳な武力による支配に屈する。「人の体を滅ぼす灼きつくす疫病のごとく、誰もその崩壊を生き延びることはできない。害虫ども以外は」。

民主主義の恐怖のうち、最悪のものは道徳習慣の崩壊である。「民主主義社会は道徳というものが競走の障害物となっていることにやがて気づく。思いっきり楽しんでいるときに横で不機嫌そうにしている連れみたいなものだ……要するに、正義なき道徳など存在しない。それなのに、たとえ正義が民主主義を支えることがあるとしても、民主主義が正義を支えることはありえないのだ」。ジョン・アダムズを通して表現は軟らかくなっているが、なじみ深いカルヴァン主義である。

こうした放縦に抑制は効かないのか。報道の自由が「もう一つの太陽のように天に上り、政界に新たな光と喜びをもたらす」と考える人々もいる。これは愚かなことだ。なぜなら実際は、報道は民衆の想像力と熱情に限りない刺激を提供するものだからである。報道は興奮と下品なドラマと絶え間ない不穏を糧にしているのである。「それが無知に厚かましさを吹き込むせいで、理性によって統御されぬ人々はもはや権威に畏怖することもなくなる」。

完全な平等と民衆の奪われることのない権力という教義を抱く人々を制御するには、いかに巧みにつくられた憲法であっても十分ではない。「憲法は単なる紙切れに過ぎない。一方、社会というのは政府の土台なのだ」とエイムズは言う。サミュエル・ジョンソンのように、ニューイングランドの悲観主義者は、政治的品格への鍵を私的道義心にあると見る。「一筆分のインクがあれば憲法に不死の力を与えることができると信じ、砦に新しい城壁を築くがごとくに、二、三枚の羊皮紙がわれわれ自身の憲法に付け加えられるのを誇らしく喜ばしく見てきた多くの人々は、驚くに違いない……われわれが享受している自由は、この暗殺者のナイフを押し付けられて生まれたのであり、今は足を引きずるようにして暗殺者の暴行から逃れているのである」。ほんの薄っぺらな憲章では、堕落が収まることはない。階級制度と古くからの称号に対してかつては持っていた尊敬の念が完全に消えるとき、むき出しの力だけが意味を持ち、憲法など一瞬で引き裂かれてゴミにされてしまうだろう。これがアメリカの状態である。結論として、「暴政を鎮めること、それだけがわれわれわれの希望として残されている」。

エイムズが平等と革新を弾劾したことには、ほとんど目新しいところはない。公平には扱いがたいその毒舌の恐ろしいほどのキレだけが取り柄である。エイムズは笑うことすらできただろうが、それは外道の笑いである。「われわれが抱える病気とは民主主義のことだ。皮膚がただれているのではない――まさにわれわれの骨々がカリエスにかかっているのであり、髄まで壊死して黒ずんでいる。どの悪党が一番か、それはどうでもよいことだ――われわれの共和主義は死なねばならぬ。それには大変申し訳なく思う。しかしなぜわれわれが、自分たちの葬式で誰が寺男をやるのかということまで気にかけなければならないのか。私は何の希望も持たないとはいえ、『自由の女神』家のけんかにはずいぶん楽しませてもらっている。とてもたくさんの自由が彼女とともに奪われたから、彼女はもう娘さん、というか処女ではなかろう。それでも女神ではあろうが[10]」。

エイムズの声も聞こえなくなってきたころ、差し迫る一八一二年の米英戦争がニューイングランドに影を落としていた。この切迫した破局、ジェファソン思想の歯止めのかからない興隆、ナポレオンの勝利、そして連邦国家原理の内部腐敗が一緒になって指し示していたのは、狂信的保守主義者の目で見れば、大いなる淵の源泉が潰れて、そしてアメリカ社会は退廃へと向かう宿命にあるということであった。喫緊の将来に関する限り、エイムズは間違っていた。なぜなら、アメリカの急進主義に対する反動はすでに力を増しつつあったからである。この救いの力は、ジェファソンが代表する農園主らの社会が生来持っていた穏健さと、アダムズ父子が敗れた大義をアメリカの伝統に変えていくという冷静で実際的な対応をとったことの所産であった。しかし、エイムズがこれに気づくことはなかった。一八〇七年、エイムズは諦めの思いで、死に向かいながら、彼の憂鬱な経歴を通じて時々輝きを見せる、人を魅了する勇敢さで、一人の友人に別れを告げた。

「体調はきわめて落ち着いている。暖炉のそばに座ってあたたかさを感じているあいだは、具合も悪くない。大学生からの質問を聞いたことがあるが、私のことを言っているようなところがあった。『命や実存というものなしにただ存在しているというのは、存在しないこととどちらがよいのでしょう』。こんな深遠な問題は私には解けそうもない。だが、君が私を評価してくれる限り、存在することは『存在しないこと』よりもよいことだと思っていられるだろう。

親愛なる君へ
君の友、などなど
フィッシャー・エイムズ[11]」

＊この表現は、エイムズとアダムズの著述に頻繁に出てくるが、アダムズが先に使ったのではない。アダムズは誉めるというより、警戒の意味を込めて使っている。

## 4、心理学者としてのジョン・アダムズ

ハミルトンが持つ中央集権志向で獲得欲の強い原理と、エイムズの突っ張った反抗の間にあるのが、ジョン・アダムズ、すなわち現実的な保守である。「彼は昇華された突飛な想像力の持ち主であった。健全な判断を理路整然と示すのでもなく、計画的な行動計画を粘り強く着々と進めるというのでもなかった」[12]。一八〇〇年のハミルトンのアダムズ評である。「あまりに明白だったので最近まで認識していなかったが、この欠点の他にも残念ながらささいな欠点があって、際限ない虚栄心や、あらゆる対象を退色させる嫉妬心がそれだ」。ハミルトンからこのような判決文が出るのは、面白いことである。一片の真実がどの描写にも含まれている。アダムズ父子の大統領二人は長きにわたる日記と手紙を残したので、歴史家によって、他の著名なアメリカ人よりも徹底的に知られることとなった。ジョン・アダムズは、天才にありがちな欠点もあったが、普通の天才が持たない性質にも恵まれていた——勤勉さ、節操、完璧な実直さ、そして敬虔さである。彼はとても賢い男だったが、しばしば無分別なこともした。「政治的に自らを利するためには、時には真実を口に出さない必要もあったからである」。アダムズは、少しの慎みで少しの人心を買うことを潔しとせず、その不敵さのために自らの経歴を害してしまった。しかし、彼の率直な誠実さは、二つの急進的な幻想がもたらす最悪の帰結から、アメリカを救う一助となった。すな

わち、人間は完全になりうるという幻想と国家統一に利点があるという幻想である。
この純粋なピューリタンの大胆さの例として、一八〇五年にベンジャミン・ウォータハウスに送られた手紙の中で、ペインに対して向けられた呪詛の言葉を取り上げてみよう。

「君がこれを軽薄の時代と呼ぶことは一向にかまわない。愚行、悪行、狂乱、憤激、蛮行、悪魔、ボナパルト、トム・ペイン、あるいは底なしの奈落より取り出した燃えさしの時代、そのほか何と名づけても異議はない。しかし、理性の時代と呼ぶのだけはだめだ。トム・ペインよりも世界の住人と情勢に影響力のある男がいるのか私には分からない。これ以上の皮肉はないよ。猪が雌狼とこしらえた豚と犬の雑種のようなあんなヤツが、この世界のどんな時代にもなかったほどに人類の臆病に苦しめられ、不運な人生を歩んでいるというのだから。それなら、これをペインの時代と呼ぼう。パリの寺院で女神の代わりをやっている高級娼婦なんぞより、あいつにはよっぽど価値があるのだから、その名前をこの時代に与えたんだ。真の知識人であれば、そんな時代、そんな娼婦、あるいはトムとは何の関係もない」[13]

口やかましく、実際的で、皮肉が効き、そして英雄的な男の言である。マサチューセッツの自由のために縛り首になる危険にもおじけず、ボストン虐殺事件では進んで（虐殺した側のイギリス軍の）プレストン大尉の弁護に立ち、（フランス革命期に起きた）市民ジュネ事件によって盛り上がった熱狂的な親フランス感情を公然と批判した男であった。このように妥協を知らない孤高の人となりであった故に、アダムズは一七八七年、『憲法擁護論』を出版した。こうして彼は、バークがフランス革命の妄想を非難する三年前に、自他ともに認める保守主義者となったのである。

バークと同じく、アダムズはフランスに住んだ時期に、フランスの「フィロゾフ（啓蒙思想家）」たちやルソーの弟子たちの夢想を忌み嫌うようになっていた。バークと同じく、彼らを自由主義的革新者だと見なしていた。そして他の政治家たちと同じく、フランスの政治的思考があまりに妄想的なものであったことに愕然としていた。アダムズ自身は農家の出で、教師、弁護士、議員、外交官でもあり、世間というものを知っていた。「自然状態」や「自然的平等」や博愛などついて話そうものなら、彼が持っていた常識とニューイングランド的道徳観念を苛立たせること甚だしかった。そのフランス的な自由の概念が連合規約時代のアメリカ諸州で流行しているのを見て、彼はあの、うんちくに満ちた長々しい『擁護論』を書いたのである。その出版によって憲法制定会議の面々に影響を与えれば、と考えてのことであった。

『擁護論』は、民主主義の絶対性を唱えるテュルゴーとルソーの理論に対する論駁である。三年後、バークが急進主義に対する激しい攻撃を始めたまさにそのとき、アダムズは『ダヴィラ論』と題した一連の試論を新聞に寄稿した――人と制度の完全性というコンドルセの考え、そしてフランス革命が依拠することになる想定の一部に対する論駁であった。一八一四年、隠居していた老アダムズは、貴族制と民主主義についてジェファソンと手紙をやりとりした。翌年には、同じ話題でカロラインのジョン・テイラー〔上院議員などを務めたヴァージニア州の政治家〕に連続して手紙を送っている。全体的に見れば、この一連の政治思想の著述は、量においても内容の洞察においても、アメリカ人が書いた統治に関する他のあらゆる著作を凌駕している。

アダムズがバークに言及するとき、だいたいその口調はぞんざいで、あたかもこの連邦主義者は、イングランドの反動主義とフランスのジャコバン派という両極端の間の中道を代表していると思われたがっていたかのようである。ただ急進主義者らは、バークをめった切りにしたときと同じように、アダムズにも激しく切りかかった。実際、ホイッグと連邦主義の思想にはっきりと境界線を引くことは難しいことであった。双方が社会安定のためには信仰というものが必要であると言い、双方が抽象的な理論より実際的な熟慮のほうを賞賛し、双方が「フィロゾフ」たちの妄想的主張と対比することで実際の人間の不完全さを主張し、双方が人と人、階級と階級、利権と利権の生来的区別を認識した均衡のとれた統治というものに賛成していた。バークはフランス革命に対する嫌悪という点では、ジョン・アダムズを超えることはほとんどない――間違いなく、年下のアダムズの『プブリコラの手紙』には及ばないだろう。バークの思想でアダムズの主要思想と食い違うのは、バークはイングランドの王統という考えを大切にしたこと（つまり世襲的行政権の重視ということだが、アダムズもこの考えを共有していたと誤解されてしばしば非難された）、そして既存の教会制度を擁護したことの二点のみである。ジョン・アダムズは、徐々にユニタリアン教会の方に傾斜していて、カトリックや国教会や長老派教会の存在には耐えられなかったが、しかし、信心という点ではバークに引けを取ることはなかった。「諸国民の政府が、すべての信条の中で最もわびしい教え、つまり人は儚いホタルに過ぎず、そしてそのすべてに父はいないということを教えるような人間の手に落ちる可能性はあるのか」。むしろ次のほうが分かりやすい。「我らにギリシャの神々を与えたまえ」。アダムズは『ダヴィラ論』で以上のように述べた。ヴォルテールの『カンディード』とジョンソンの『ラセラス』が似ていたのと同じくらい目をみはるほどの偶然の一致だが、バークはほぼ同時期に、そのような無神論的前提は人間を「夏の蝿」と同じレベルに引き下げるものであると言明した。

この偉大なる二人の保守主義者には共通の基盤があったが、急進主義に対してはそれぞれ別の武器を用いて、別々の攻撃をかけていた。バークが古くからの決まりや伝統、そして自然権を持ち出したのに対し、アダムズは人の完全性原理と統一国家という思想を攻撃した。以降では、アダムズの思想がどのように発展したかを年代順に見ることはあまりせずに、簡単に彼の基本原則を検討してみたい。まず、人間性に関する彼の分析について、次に、国家に関する分析について述べていく。

ナポレオンは「イデオロギー」という言葉を造りだし、その言葉が定義した精神を嫌っていた。アダムズも同様であった。「英語では、白痴性とか白痴論とかいう単語があって、それらは具体的な意味を持つのではなく、白痴状態についての学問を指すのだといわれている。実に深遠にして難解、不可思議な学問ではないか。何かを発見するには、ダンシアッド〔アレグザンダー・ホープの詩作品〕にうたわれる潜水夫よりもずっと深く潜らねばならないし、潜ったところで結局、底がないことが分かる。政治においても、潜り沈んでいくための漸降法があり、理論があり、技術があり、技巧がある。これは愚昧学校で教わるものだが、しかしなんということだ！ トム・ペインの監督のもと、フランクリン、テュルゴー、ロシュフコー、そしてコンドルセが、その愚昧学校の先生たちではないか！」[14]。これらの空論家の中でも、アダムズが特に『ダヴィラ論』で集中砲火の標的に選んだのは、コンドルセ侯爵である。人間の動機とはなにか。アダムズは心理学者となり、心理学者という言葉のソクラテス的な意味において、素晴らしい洞察力を見せるのである。

老ジョン・アダムズはその「功利主義」と「物質主義」という点で、幾人かの著述家から奇妙な賞賛を受けているが、そういう評価に彼は腹を立てていたことだろう。そういう見方の最大の根拠は、アダムズがジョン・テイラーに向けた発言である。「人がまず欲しがるのはきちんとした食事であり、次が女である、ということは、マルサスが登場するずっと前から民主主義者であれ貴族であれ皆がよく知っている真理だった。マルサスは自分がこの発見で世界を啓蒙したと思っているかもしれないが」[15]。とはいえ、ここでは彼は侮りながら半歩譲ってしまっている。アダムズが信じていたのは、人間性というものは単なる物質的な欲求よりもずっと深いものである、ということである。人間は弱く愚かで、適切な指導者と良き制度に恵まれないときは特にそうである。しかし彼らは食欲だけに動かされる被造物ではないし、本能的に自分勝手なわけでもない。ロシュフコーは、自己愛こそ人間性を支配する強い感情であると考えた点で誤っている——少なくとも彼は、その切望を適切に定義しなかった。具体的に言えば、「周囲に見られ、考慮され、尊重され、賞賛され、愛され、感服されたいという欲望」のことである[16]。だとすれば、良い評判を得たいという欲望は、悪の道から広い公益の道へと転換できるかもしれない。しかし、その弱さと無知によって人は、金への愛や賞賛を受けたい気持ち、また野望という誘惑、そしてこのような「貴族的情熱」よりは小さな衝動に継続的にさらされることとなる。信仰と安定した制度、そして、潔く自分の欠点を認めることのみが、そうした欲望の裏に潜む精神的荒廃に人を陥らせないことができる。

「際限ない権力を人に与えて信任するのが不適格な理由は、その邪悪さというより弱さだ。情熱というのはすべて際限がない。本性としてそういうものなのだ。もし情熱に限度を設けるようなことができるのであれば、情熱は消え失せてしまうだろう。そして現在の制度では情熱がかけがえなく重要なものであることに間違いはない。情熱というものも、肉体と同様に、修練によって増大する」。人は理性と良心に律されて、愛情と欲情の均衡をとろうと努めなければならない。「もし短時間でも、どれか一つの情熱に導きを委ねてしまうようなことがあれば、やがてそれが、収奪し圧制を課す残酷な暴君であることに気がつくだろう。人は本質的に社会で共存するようにできていて、互いに互いを抑制しあう。一般的に言えば、人はきわめて善きたぐいの被造物なのだ。しかし、人は互いの愚かさをとてもよく知っているから、お互いに誘惑に陥れるようなことはしない。長い間甘やかされ、常に満足させられた情熱というのは狂気に陥ってしまう。それは一種の譫妄《せんもう》状態だ。それを罪業と呼ぶべきではないが、狂気ではある」[17]。

自分はプラトンから二つのこと（しゃっくりでいびきが治るということと、農場経営者と職人の兵役を免除してはならないということ）だけを学んだとアダムズは言っていたにもかかわらず、ここにプラトン的手法の色合いが見て取れる――つまり、個人の中の感情と社会の中の感情を比較する点である。社会秩序は、人の正気と同様に、微妙なバランスの維持の上に成り立っている。そしてまさにそのバランスを失って自己破壊してしまう人間のように、社会もまた、その錘《おもり》を秤の一方から投げ出してしまえば、必ず壊れて荒れた状態になってしまう。社会的秤とは、正義のことである。バランスを失えば、正義もなくなり、その結果として専制が生まれる。

コンドルセなら、人間性には生来の博愛が備わっていると信じていたから、バランスを維持する錘を全部捨てて、社会の指針として純粋理性に頼ったことだろう。アダムズは、人間の知性は躓《つまず》きがちで誤りの多いものだと知っており、そんなものに対して間抜けなほどの信頼を置く態度に憤激して、歴史の前例を引いて徹底的に人間の無分別を説いてみせる。二十世紀という有利な地点からこの論争をみれば、アダムズは正確に、コンドルセに最も妥協できない相手を見つけ出したようである。すべての制度は最貧階級の物質的・知的・道徳的福祉を目的とすると信じていたコンドルセ、「機会の平等だけではなく、実態としての平等もまた、社会性ある行為の目標である」と唱えたコンドルセ――死刑囚運搬車が彼の仲間をギロチン処刑台に運んでいる間ですらもその信念は揺らがない、この救いがたい楽天家は、道徳哲学においてはアダムズの信ずるものすべてを否定していた。人は過ちうるという認識、財産の重視、人々の間の自然で逃れ得ない差異の上に、人類の平穏は成り立っている。コンドルセはこのすべてを無視あるいは否定した。アダムズは皮肉などまったく用いずに、コンドルセをこの酔っぱらいの妄信から覚まそうと努力した。「あらゆる歓喜のうちに、アメリカ人とフランス人は、人間の完全性とは地上世界の人間の完全性に過ぎないことを思い出さねばならない。人類は、寒さには凍えるし、火には焼かれるし、病気と悪行には苦しめられ、そして死には脅かされるものなのだ。競争というのは、自己保存に次いで、人類を動かす偉大なる源泉である。そして均衡のとれた、よく統制された政府のみが、その競争が退廃し、危険な野心や不正競争、有害な派閥や破壊的扇動、そして血まみれの内戦に陥るのを防ぐことができる」[18]。

晩年、アダムズはジェファソンにこう打ち明けた。自分は実際、「世の中は十分に改良の可能性があり、実際に改良すること、改善の可能性があり、実際に改善すること」を信奉しているのだと。しかし彼は決して人間の知の完全性の原理というものを理解することはなかった。アダムズにとって、それはヒンドゥーの行者が儀礼的反復によって全知を獲得できると信じているのと同じくらい空想的なことに思われたのである[19]。逆に、進歩というものは、保守的制度と神の意志を頼りに、片目の人に導かれて、目の見えない人が痛みに耐えながら、ゆっくりと、坂道を登っていくことである。コンドルセやマブリ、モレリ、そしてルソーが計画するように完全性を乱暴に手に入れようとすれば、真の進歩というものは跡形もなく消えてしまうだろう。なぜならこれらの理論は、精神が基本的に賢明であり、あるいは本能が基本的に博愛に満ちていると仮定しているからである。アダムズは、政治的諸問題に実際に対処する中で、そのようなことはありえないと知っていた。

　フランスの革新勢力が彼らの考える新しい社会に期待した知性と道徳が、教育によって促進されたかもしれないということは確かである。しかしアダムズが疑っていたのは、人類が大衆に真の教育を与えるコストを進んで負担するようなことがあるのかということである。「人間の欲望、情熱、偏見そして自己愛は、博愛精神と知識のみによって征服できるものでは決してない」と、彼はサミュエル・アダムズに言った。[20] 世界はどんどん啓蒙されている、と世論は言う。新聞、雑誌、貸本屋が人類を賢くしてきたという考えにも一理ある。しかし、ちょっとばかり新しいことを学んだという驕りには、人々の虚栄心という危険が伴う。あらゆる旧来の考えが捨て去られるという危険である。「もしすべての礼節、規律、従属というものが破壊され、全世界にピュロン的懐疑主義と無秩序、財産の不安がもたらされたなら、諸国民はすぐに書物を焼き尽くそうとし、暗闇と無知、迷信と狂気を祝福として求めるだろう。そして、諸国民は、新たなる預言者への熱狂を利用して自分たちを支配しようとする、気が狂った最初の独裁者のもとに従っていくだろう」[21]。彼自身本の虫でかつては校長だったアダムズは、ディドロとルソーが素朴な野蛮を賞賛し、「知識は退廃だ。芸術、科学、趣味は美を歪め、野蛮な国――自然の子の中に完全な状態で立ち現れる人間性の幸福を破壊してきた」[22]などと新たに発見したかのように嘯くのをあざ笑っている。しかし、教育が社会一般の深い精神的衝動を劇的に変えてしまうとは到底期待できない。熟慮のうえでの立法というより憲法、そして歴史の先例のゆっくりとした影響を通して生まれる道徳を、繰り返し説き聞かせるというきわめて困難な過程こそが、人間性の真の進歩たる道徳の改善をもたらすことができる。「知識と美徳とに連関があるとは限らない。単純な知性は道徳性とは関係がない。時計が動くメカニズムと、善悪正偽という道徳的感情の間に、どんなつながりがあるというのか。物質的な幸福と惨めさ、つまり快楽と苦痛を分けて感じるように、通常の意味での善と悪を区別する能力あるいは性質、言い換えれば『良心』――もう廃れてしまった古い言葉だが――が道徳性には不可欠なものである」[23]。

人生の深い教訓は、学校で得られるものではないし、地上の楽園をつくろうと試してみることで逃れられるものでもない。われわれは神がわれわれをつくったままの存在なのである。われわれの「種」の本性は、変化するにしてもゆっくりとしか変化しない。普通の人生に必ず伴う痛みのすべてからわれわれを救うと約束するような哲学者は、代わりにより深い苦痛をもたらす。この点においてアダムズはきわめてジョンソン博士に似ている。彼は、強烈な美しさに貫かれた次の一節で、普遍的であり逃れることのできない悲しみの感情というものを描いた。それは同時に懲らしめでもあり、教えでもある。

「愛する人を失った者、また落胆した親類たちは、その悲しみによって、人間の望みや期待の虚しさに思いを致さざるを得なくなる。諦めという不可欠な教訓を学び、故人に対する自らの品行を振り返り、まだ生きている友人たち、そしてすべての人々に対する将来の品行の間違いや過失を正そうとし、失った友の美徳を思い出し、それを真似ようと決意する。失った友に愚かさや悪行がもしあったなら、そうなるまいと決意する。悲しみによって、人は真剣に考える習慣を身につけるし、理解は研ぎ澄まされ、心は穏やかなものとなる。悲しみは人の理性を奮起させ、その情動や性癖、偏向への支配を確立させ、あらゆる俗事に優越する高みへと上らせ、幸福ナル心ノ変ワルコトナキ安ラギ（*felicis animi immotam tranqilitatem*）を与える。言い換えるなら、人々をストア派、そしてキリスト教徒にさせるのである」[24]

人生における痛みと悲しみは、人格の均衡に不可欠なものである。それを欠いているなら、私たちは人ではない。したがって、人類を「完全」たらしめようとする者は、人間性というものを歪め破壊してしまうことになるだろう。人類の本来の性質から、あらゆる属性の基礎となっている資質を分離しようとするからだ。

## 5、生来の貴族

そうであれば、知恵においても本能においても、人というのは（ヴォルテール一派であれルソー一派であれ）フランス知識人が考えていたようなものではない。人は愚かであり、人は人と競いたいという熱情などの欲望によって堕落するものであり、人間を聡明で慈愛に満ちたものと見なすことは、彼らを裏切り無秩序に陥れることである。また別の点でも、このフランスの理論家たちは、相当重大な道徳的・心理学的過失を犯している。つまり、人間は本来平等なものであるから、この平等状態が立法化されれば、社会は完璧なものになると彼らは考えている。しかしこれはまったく愚かなことだとアダムズは認識していた。われわれの周りのあらゆる自然を見てみれば、物事の構造そのものからして人は不平等であることは歴然としている。平等という台地の上で社会を改革しようとする完全主義者は、進歩というものの真の性質を知らない。

ジョン・テイラーに向けた手紙の中で、「すべての人々が等しい権利を持って生まれてきたことははっきりしている」とジョン・アダムズは述べた。「あらゆる存在は自らの権利を持っている。道徳的な存在、聖なる存在、そしていかなる存在でも持っているのである。これは、道徳的世界秩序と同じく疑いようのないことだ」（このような見方はバークのものと一致し、言葉そのものも『フランス革命の省察』の句節にとても近く、アダムズの意見はバークを読んだが故に簡明かつ力強いものになったのだとつい思ってしまうくらいである)。「しかしすべての人が同じ権力と能力を持ち、社会に対して平等な影響力を持ち、その人生で平等な財と利得を獲得する、などと教えることはとんでもない欺瞞、人の無知につけ込んだ明らかなぺてんだ。修道僧やドルイド、バラモン、不死なるラマの修行僧、あるいはフランス革命の自称哲学者たちによって実践されてきたものと何ら変わりない。名誉のため、真理と徳のためにも、テイラー殿、アメリカの哲学者と政治家はそういうものを軽蔑していこう」[25]。

人は道徳的平等性を確かに持っている。神から与えられたものである。そして法律上の平等も持っている。だれもが持つ権利であり、正義の本質である。しかし、人というものが、皆同じ力を持ったたくさんの物理的存在、たくさんの原子のようなものだというのは、ナンセンスである。これはバークの考えにとても似ているが、バークがこの思想をどれだけ強固なものにしたのだとしても、アダムズの本来的不平等への信念がバーク由来だと思ってはならない。『擁護論』において、アダムズはかつて、その変わらない率直さで自らの所見を表明し、共和国は「すべての市民の平等の上に立」つものであって「秩序」や「均衡」などは不必要、むしろ有害であるとのテュルゴーの主張に反駁した。「しかし、平等という概念で理解できることは何だろうか。市民は皆同じ年齢、同じ性別、同じ体格、強さ、身長、活動、勇気、頑強さ、勤勉さ、我慢強さ、器用さ、富、知識、名声、節度、貞節、そして知恵をもつというのだろうか」。アダムズの言うことは生涯同じであった。「生まれついての平等というのは道徳的あるいは政治的なものにすぎない。

単に、人は皆独立した存在だ、という意味である」[26]と妻アビゲイル・アダムズに対して言明している。「しかし、最も深刻なたぐいの肉体的不平等や知的不平等というものは、自然の創造者によって変えようもないかたちで確立されたものなのだ。また、自らの利益のために必要だと判断して他の不平等を確立する権利を社会は持っている。しかし、『己の欲する所を人に施せ』という格言は、真の生来的平等、つまりキリスト教的平等という意味での平等を示唆している……」[27]。アダムズは、この取り除くことのできない個人間の差異に対する認識から、貴族制に関する名高い理論を発展させたのである。

この無遠慮で誤解されがちな男の見解のうちで、その貴族概念ほど、完全に誤解され、歪められ、誤って非難されたものはない。アメリカの大衆は彼のことを理解していなかった。ジェファソンも、そしてテイラーも理解しなかった――この三人の政治家が皆老いたころに、アダムズが二人の友好的な論敵を啓蒙するまでは。この混乱は極めて早い段階に起源を持ち、また、なかなか消え去らない性質のものであって、実際、商品カタログの説明書きのようなかたちで、混乱を収拾するのが一番かもしれない。

(1) アダムズの定義では、貴族とは、二つの投票権、つまり自分の分と別の人の分を意のままにできる人のことである。これが、支配するに最もふさわしいものによる統治、すなわち字義通りの「最も良き市民による支配(aristocracy)」の基本である。「貴族制という概念が示すのは、平均よりも多くの投票権を行使し、左右し、あるいは調達することができるすべての人たちであると私は理解する。あらゆる国、あらゆる党、あらゆる街、あらゆる村に、徳と才を備えた生来の貴族が存在することを否定するものは少なかろう」[28]。

(2) 貴族制は単に社会が産んだものではない。半ば自然なものであり、半ば人工的なものである。しかし、それが根絶された国はない。その存在は偽善者によって否定されるかもしれない。それでもやはり、それは生き残る。なぜなら、想像しうるどんな社会でも、自分の仲間に政治的影響力を行使する人間がいるだろうからである――支持者になるものと、指導者になるものがおり、政治社会の指導者が、呼び名はさまざまだろうが、貴族なのである。「これから会う最初の百人を連れてきて、共和国を作ってみよう。全員が同じ一票の投票権を持っている。しかし熟考と議論が始まったなら、その内の二十五人がその才能によって、仮に徳が同じくらいだとしても、五十票を動かすことができることが見て取れるだろう。この二十五人の全員が、私の言うところの貴族である。その生まれ、運、姿、学問、博識、技能、抜け目なさ、あるいは友達づくりのうまい性格や『美食』のようなものまで含めて、どれで追加の一票を得るかに関わらない」[29]。

(3) 貴族制の最も一般的な形態は、実定法では本質的には変えることのできない生まれながらの差異によって生み出される。貴族は、「その美徳、その才能、その学識、その饒舌さ、その寡黙さ、その率直さ、その慎み深さ、その顔、姿、雄弁さ、優美さ、雰囲気、態度、動き、富、生まれ、芸術、手際のよさ、策謀、友情、酒の強さ、放蕩、ぺてん、嘘、暴力、裏切り、懐疑主義、理神論、無神論のどれでもよいがどれかによって」二票以上の投票権を意のままにする市民のことであるからである。「これらのうちどれか一つによって、投票権が獲得されてきたし、これからもされるだろう。貴族制は結局、人工的な称号や金ぴかの星飾り、ガーター、リボン、金色の鷲や金羊毛、十字やバラやユリ、独占的特権、代々の血統から成り、王や社会の実定法によって確立されたものだと考えるかもしれないが、まったくそういうものではない！」[30]

（4）世襲貴族制ですら、その存在を実定法に依存してはいない。民主主義のアメリカでは、血統による貴族制はそのまま続いている。アーロン・バーは、ジョナサン・エドワードにつながる血統の力によって何十万もの投票権を獲得した。ボストンでは、クラフツ家、ゴア家、ドー家、そしてオースティン家が貴族を構成している。ロアノークのジョン・ランドルフは、モンモランシー家やハワード家の人々と同じく、その偉大なる名前のおかげで世襲貴族となっている。

（5）貴族制は土地の譲渡や財産没収によって破壊されない。「仮にジョン・ランドルフが黒人奴隷の一人を解放して彼に農園を譲渡したなら、その黒人はジョン・ランドルフと同じ偉大な貴族となるかもしれない」。権力は財産についてまわるから、貴族の地位は移し替えることができるが、廃止することはできない。

（6）平等な結果を確立しようとする法律による努力すら、貴族制を強化する結果となる。「政府内の均衡を図ることなしに、教育を進めれば進めるほど、人々も政府もますます貴族的になっていく」。そのようにすれば、国は、より学識のない人々の投票権を意のままにするエリートを生むからである。

(7) これまで貴族制を廃止できた人々はいない。ジャコバン派も廃止できなかった。なぜなら彼らはすべての人間を等しく賢く上品で美しいものにしたわけではないからである。せいぜい、古い人々を新しい人々にすげ替えたにすぎない。貴族制は、おそらく称号というものがなくとも、なお同じ政治権力を持って、残り続ける。

(8) アダムズは貴族制を支持していない。彼は単に、それが自然の現象で、理性的に否定できないものであると指摘したに過ぎない。自然のほとんどのものと同様に、貴族制にも良いところと悪いところがある。もろもろの貴族制は尊大で強権的であった。一方で、仮に歴史上の時どきで貴族制が王政や暴徒に対して立ち上がらなかったならば、「トルコ並みに恐ろしい、おぞましい専制政治がヨーロッパのすべての国民を待ち受けていただろう」。

繰り返し微に入り細に入り説明することで、やっとのことアダムズは、彼の言うところの貴族制が議論の余地のない事実であるということを、テイラーとジェファソンに実質的に納得させた。しかし、アダムズは合衆国に一種の寡頭制を持ち込みたがっているのだ、というぼんやりとした印象が人々の間に残った。単純な事実として、アダムズは、今日まともに政治学を学ぶ学生なら皆認識している原理を、力強く機知に溢れた形で述べていただけである。J・C・グレイが『法の本質と源』で述べたように、「政治社会における真の統治者が誰であるか、すぐには分からない。それは同胞の意志を支配する人々のことである」。（リバタリアン保守派論客の）アルバート・ジェイ・ノックは、あらゆる国家には貴族制があり、合衆国にも——残念な類の貴族制が——あると言った。彼は金満家と政治家の権勢が強まり、ノブレス・オブリージュの圧力も感じずに「旧体制」の貴族制の影響力を行使していると指摘した。

民衆の中の貴族制なるものを認め、その悪を抑制し、そのエネルギーを国益に活かすということの問題意識は、アダムズの思考と決してかけ離れたものではなかった。「真に能力ある者こそが世界を統治すべきであり、人はその才能と美徳、功績の度合いによってのみ尊敬されるべきなのだ、とささやく声がわれわれの中にはある。しかし、疑問も常に残る。このような制度はどうすれば達成されうるのだろうか」[31]。彼は、得られる限りでその答えを見つけた。抑制と均衡による政府、そして、名誉と土地と合法的権力をそれにふさわしい人に付与すると同時に、自然的であれ人為的であれ、貴族たちの膨張する野心に監視を怠らない社会的取り決めの中に、彼は答えを見出したのである。貴族たちに勲章を与えたり、昇任させたりする場合には、彼らが専制政治の拡大に対して人々を守る側に立つように工夫して行うべきだとアダムズは考えた。

「大天使から微生物に下る存在の連鎖と普遍的秩序をこの宇宙に確立した自然は、一つとして完全に同じものが無きように、一つとして完全に等しい生きものが無いように定めた。ただし、人の世界においては、すべての人々は生来、道徳という『等しき法』に従うものであり、社会においては、政府に『等しき法』を求める権利を持つ。しかしそれでもなお、一人として完全に同じ人格、財産、理解、活動、そして美徳を持つものはいないし、人をつくりたもうた神の力以外の、いかなる力によっても完全に同じにされることもない。二人の個人または二つの家のうち、どちらが優れているかが疑わしくなったときには、必ず騒ぎが起こり、それが収まって、世論の中にそれぞれの居場所を見つけるまで、あらゆるものの秩序を乱すのだ[32]」

どんな政府の動きがこの騒ぎを抑え、人々をその本来定められた社会的地位に落ち着かせるのだろうか。この問題こそ、アダムズがテュルゴーに反駁して答えを見つけようとしたものなのである。

## 6、合衆国形成以前の諸憲法

アダムズは、社会の幸福とは統治の終焉のことであると書いた。ベンサムもそう言った。ついでに言えば、バークもそう言った。一七七六年、独立革命の年に、アダムズは続けてこう書いている。「この原理から次のことが導かれる。すなわち、安心、寛ぎ、安全、簡単にいえば、幸福を最も多くの人々に伝えるような統治のかたちが、最良であるということである」。このような所見はきわめて功利主義的に聞こえる。一七七六年という年なのに、その恩恵のリストから「自由」が省かれていたのに気がつく。しかしアダムズは間髪入れずにこう付け加える。「古代人であれ近代人であれ、異教徒であれキリスト教徒であれ、真面目に真理を求めるものは皆、人の幸福と尊厳は徳に起源を持つと明言してきた」[33]と。

私徳と公徳はアダムズの第一の関心である。違う流儀ではあったが、彼はルソーと同様にモラリストなのである。アダムズは「自由」という言葉を、同時代のほとんどの公人ほどには使わなかった。なぜなら、彼の思考の背景には、人間は弱くて自由と放埓《ほうらつ》を区別できないという確信があったからである。(ジョゼフ・ジュベールが先陣を切った)十九世紀のフランスの保守派が、社会の目的として自由よりもむしろ「正義」を強調していたのと同様、アダムズも自由の概念より徳の概念を好んだ。しかし彼は、前者に後者が入り込む余地がないとは考えていなかった。むしろ逆に、自由の堅持というのは徳の産物なのである。自由は単に宣言するだけで得られるものではない。文明と、数少ない勇敢な魂の英雄的努力が造りあげるものである。サミュエル・アダムズは又従弟ジョン・アダムズに、自由への愛は人の魂と切っても切り離せないものだと語った。アダムズは痛烈にこう返答した。「ラ・フォンテーヌによれば、それは狼であっても同じだそうですよ。人の魂と狼の魂、どちらがより理性的で寛大で社会的かは私には分かりませんが、人であれば、経験や熟考、教育そして市民的政治的制度によって啓蒙され、よりよくなることができます。このような制度は、はじめは数人の人たちによって生み出され、常に維持され、そして改善されていくものです。あらゆる時代において、人々の多くは、競争にさらされているとき、気楽にうたた寝して自由を謳歌するほうを選んできた。とすれば、自由を守るためには、人の魂が自由を好む、ということばかりに頼っていてはいけないのです[34]」。

バークと同様に、真の自由というものの価値は少数の人にしか分からない、ということをアダムズは知っていた。大多数の人々は、「自由」に訴えることが目先の物質的利益につながる場合でもなければ、そんなものに関心を払いはしない。彼は、ニューイングランドの自由こそ心配していた。「商業、奢侈《しゃし》、強欲があらゆる共和国政府を破壊してきた[35]」からである。ニューイングランドは強欲の罪を犯していた。「農園主も商店主も皆商業中毒だ」と、アダムズは〔独立革命で活躍した女性著述家〕マーシー・ウォレンへの手紙に書いている。「そこでは財産が一般的に尊敬の基準になっているのだ。どこでも同じだが[36]」〔アメリカ史の研究者は、数の力と同様に、抑制なき財産の力というものもアダムズは信用していなかったことを、忘れがちだ〕。簡単にいえば、自由は、あたかもそれが公徳や制度枠組みと完全に独立しているかのように扱う抽象的思考では議論できないものなのである。自由は扱いの難しい植物であり、殉教者の血を水の代わりにやったとしても栄養として心もとない、とアダムズは知っていた。それゆえに、彼は、法の下の自由のための実際的制度の輪郭を描くこととなる。自由は法の下に置かれねばならず、他に納得のいく代替案はない。法なき自由は、狼の群れに放り込まれた羊と同じくらいしか命がもたない。民法で周りを囲っても十分には自由を守り切れない。想像できる限り最高の法律に覆われていても、徳を欠いていれば、やはり自由は侵害される。「私は、自由を、己の欲する所を人に施す能力と定義する」[37]。そうであれば、いかなる類《たぐい》の政府をつくれば、黄金律において理解されるこの必要不可欠な私徳と公徳に刺激を与え活性化できるのだろうか。一般的に言えば、共和国である——それは「いつも決まって私や私の子どもたちの富みを奪うが、人間性の中の強さ、耐久力、活動、そして崇高な性質を大量に生み出す。君主制はどうにかこうにか私を富ませてくれるだろうが……」。しかし、君主制のもとでは、人々は「意地悪く馬鹿にならざるを得ない」[38]。

ではどんな種類の共和国ならいいのか。それは貴族制でも共和国である。そして民主主義もそうである。どちらも、その純粋な形態では、自由とは相容れない。ここでアダムズはテュルゴーにつかみかかり、テリアに噛み付かれたねずみのように震え上がらせた。バークの論敵プライス博士に宛てて書かれた一七七八年三月二十二日の手紙の中で、このフランスの財政家は、フランス学派の高慢で横柄な原則に基づき、(合衆国になる前の)新しいアメリカ諸邦の各憲法をこき下ろした。テュルゴー曰く、アメリカ人は、モンテスキューの「自由は法の下に存する」という意見に同意したことが誤りであった。自由は邪魔な諸法に完全に優越するものであるべきだとテュルゴーは考えていた。アメリカ人は、イングランドの猿真似をして抑制均衡システムや二院制の立法府、そして多数派の直接的意志を妨げる障害を設けるより、むしろ、ルソーの言うところの

「一般意思」を確立したほうがよかったのではないか。進歩が統合と中央集権を必要としていたときに、なぜそれほど地方の独立にこだわったのか（トクヴィルが『旧体制と革命』で明らかにしているように、ここでテュルゴーが主張していたのは、進歩的な民主主義的思想というよりむしろ、単にフランス的君主制の行政原理を導入することであった。しかしテュルゴーは自分の発想の源に気がついていなかった）。アメリカ諸邦は全体の連合を形成し、完全に癒合し、均質化すべきである。法律、作法、意見の多様性は根絶されるべきで、進歩のために一体化が実施されねばならないというのだ。テュルゴーにあったのは明らかに純粋な経済計画策定者の思考で、政治家のものではない。彼は以下のように続ける。未分化のままの民主主義者の均質な大衆を統治するのは誰であるべきか。それはもう、民衆自身である。彼らが「すべての権威を一つの中心、すなわち国家に集める」べきなのである。

リムーザン地区主計総監として、テュルゴーは人を治めていたが、決して民衆の中の一人ではなかった。彼にとって権威は君主より授かるものゆえ、いつでも他の人に渡せるものであり、主権者を王から「民衆」なるものに取り替えるのに困難が伴うとは彼はほとんど思い至らなかった。しかし、アダムズはそのような民衆の中の一人であった。個人と利権の大きな総体が、あたかも一つの人格を持つかのように言うこの抽象的な考えは、実際的な性格のアダムズを憤激させた。テュルゴーがこの見解を発表した八年後、アダムズは、フィラデルフィアでの憲法制定会議に影響を与えるためにロンドンで急ごしらえした大著（同タイトルの分厚い冊子が追ってもう二冊続刊された）の中で、それを粉砕した。『憲法擁護論』はアダムズ全集で千二百ページ以上を占めている。合衆国で生み出された中で最も徹底した政治制度論であり、歴史の細部に通じたいかなる権威者にも畏敬の念を抱かせるに十分な偉大なる仕事であった。他の二十ほどの作品も書き綴るなかで、アダムズはこの大著をものした。

バークが四年後に言うことになるように、フランス革命が、その紆余曲折を通じて、常に執着した一つの原理は、政治構造における単純性という考えであった。実は、恣意的行動と抑圧に対して人が持つ主な防衛手段であるはずの国家制度の複雑性というものを、革命思想家たちはひどく嫌ったと、バークは『省察』で指摘している。国家内の対立するさまざまな利権は、「早計な解決策すべてに有益な抑制をかける。その対立により、議論することが選択の問題ではなく必要性の問題になる。みな妥協の項目を変えて、必然的に中庸を生む。節度が生まれ、苛烈で粗野で無制限な改革の悪弊を防ぎ、少数であれ多数であれ、恣意的権力の軽率な行使を永遠に実践不可能なものに変えるのである」。テュルゴーのような「フィロゾフ」はこのことに気づいていなかった。彼らにとっては、絶対自由と中央政府の絶対権力は十分両立するものであった。民主主義イデオロギーに抵触する思想はすべて粉砕されねばならないし、中央集権化の動きを妨げる法人や地方特権はすべて廃止されねばならない。それゆえ、ジロンド派の優勢から総裁政府の終焉に至る革命の歴史は、ある一貫性を示している。狂信的なほどに純粋な単純性への傾倒である。初めは、行動や衝動に対する旧来のすべての制約を破壊する、個人の絶対的自由という思想であった。最後には、それは集権化された行政府の手中に絶対権力をもたせるという思想となった。バークとアダムズは、一七八九年のフランスと一七九七年のフランス、どちらでも表明されたこの単純性への心酔に身震いしたのであった。ジロンド派から総裁政府への進展は自然で避けられないことだった。再びバークの言葉だが、「新しい政体においてシステムの単純性が追求され、あるいは誇りとされていると聞いて、その考案者は自分の仕事についてひどく無知で、自分の義務について完全に無知なのだと、私は迷わず結論した」。人は複雑なもので、その政府も単純ではありえない。巧妙な単純性を造りあげることをたくらむ人道主義の理論家は、まもなく、専制政治という至上の単純性に必ず行き着く。彼らは、あらゆる人間は古代からの拘束をはぎ取られ、自分自身の道徳的規範に身を委ねる、という放縦な個人主義から始める。果たしてこの状態が（当然だが）耐えられないものだとわかると、次は扱いにくく耐え難い集産主義に走る。つまり、中央からの指令で、無謀な道徳的経済的原子論という愚かな行いで埋め合わせようとする。この種の革命観念論者は、天地のいかなるものをも信仰しないにもかかわらず、単純性だけは忠実に信じる。彼らは絶対的自由と絶対的統合の間にある中庸を許容できないのである。

したがって、近代の自由主義の始まりにおいて、バークとアダムズは、自由が力強く開花する中で、すでに自由が衰退し枯れ始めているのを見て取った。フランスやイングランド、そしてアメリカにおける新しい自由主義は、自由主義者自身がすでに拒んでいた古くからの真理を前提としていたのである。それはすなわち、神の下において人は平等であるというキリスト教的前提、そして神によって課される道徳的秩序が永続するという思想であった。理神論者たちは、ほとんどのキリスト教の教えを捨てており、彼らの思想的後継者は宗教的教義や情動を完全に拒否するだろうことをバークとアダムズは知っていた。新しい自由主義はどんな権威も許容しないだろう。「したがって、個人主義の政治的表出としての自由主義は、すべての私的で恣意的な権威から個人が自由であることを支持するものである」と、政治学者J・H・ハロウェルは理路整然と述べている。「人間の個性に絶対的な価値と尊厳があるという前提から始めて、自由主義者は、国家やあらゆる恣意的意志からの各個人の自由を必然的に要求した。自由主義が、客観的真理や価値への信仰に社会契約論を連結して、すべての個人を超えまた前提なしに各々を結びつけて、はじめて、秩序ある共和国という思想と恣意的権威からの自由を調和させることができたのである」[39]。しかし、社会契約論は宗教的前提条件に基づいているのに、自由主義者の中では宗教信仰は衰えていたので、自身の主張への確信は弱まっていた。それ以上に、彼らの感傷的な個人主義はすぐに、自らの現実的帰結に揺るがされることになった。彼らの思想の勝利は経済的競争と精神的孤立を生み、反動として彼らは強制力ある強力な慈悲深き政府を好むようになったのである。この知的政治的過程の縮図が、一七八九年から一七九七年の間のフランスであり、またこの過程は、十八世紀から二十世紀までの自由主義の軌跡でもあったと思われる。フォックスからアスキスに至るイギリスの自由主義政治と、ジェファソンからフランクリン・ローズヴェルトに至るアメリカの自由主義思想の進展は、この法則を示すものである。

エドマンド・バークとジョン・アダムズは、抽象的な自由は信じていなかったが、慣行として認められてきた自由を信じていたという意味では自由主義者であった。彼らは、道徳の最高原理として「個人主義」を神格化することを忌み嫌っていたけれども、個性——人格の多様性、人の行動の多種性——を信じていたという意味では個人主義者であった。教条主義の自由主義者らが神を否認したとき、彼らは、宗教的拘束が解かれ単なる利己的行動にしぼんでしまった道徳概念だけを保つことになった。同様に、教条主義の自由主義者らが自由を守る政治的複雑性から政治的自由を切り離したとき、彼らは無意識に「奪われることのない権利」の根をもたたき切っていた。バークは一七九〇年にこのすべてに触れたが、アダムズは『擁護論』で彼を先取りしていたのである。

実際的に言って、自由の概念は、特定地方の、あるいは特定個人のさまざまな自由からできている、という真理がテュルゴーには見えていない、とアダムズは書いている。テュルゴーは、正当なる政府の大きな必要条件を無視していた。すなわち、地方の権利と利益と多様性を認めること、そしてそれらを国家の中で守ることである。テュルゴーは「すべての権威を一つの中心、すなわち国家に集める」こと（テュルゴー自身の言葉）を目指していた。「どのようにすべての権威を独裁者ないし君主という一つの中心に集めるのか、というのは簡単にわかるが、その中心というのが国家だというときどうするか、という話は理解し難い……もし、骨折って『すべての権威を一つの中心に集め』たあとに、その中心が国家ということになるなら、私達はまさに出発点に居続けることになり、権威の集積もまったくなされていないことになる。国家が権威であり、権威が国家である。中心が円で、円が中心。たくさんの男女子供が単に一緒に集まっただけなら、そこに政治的権威というものはない。自然の権威もない。しかし、子供に対する親の権威というものはある」[40]。

この中央集権化は幻想であり、権威の落ち着く場所はないのか。それとも、それは事実であり、実際のところ中心を構成する人々による専制となるのか。現代において「直接投票民主制」がもたらす難問のジレンマこそ、アダムズが歴史の光に照らして次に検討するものである。なぜなら、彼はバークと同じで、歴史は物事をより鮮明に見せてくれる便利な源だと捉えていたからである。

米仏関係の専門家ジルベール・シナールが指摘したように、『擁護論』は哲学の論文というよりはむしろ弁護士の摘要書である。しかし何という摘要書だろう！　権力均衡――行政府、上院、下院、好きなように呼んで結構――だけが自由な政府を可能にするということをアダムズは一心に証明していた。彼はまず、近代の民主主義的な諸共和国――サンマリノ、ビスカヤ、スイスの七つの州、ネーデルラント連邦共和国――を検討する。それから彼は貴族制国家――スイスの九つの例、そしてルッカ、ジェノヴァ、ヴェネツィア、そしてもう一度ネーデルラント――に目を向ける。次に来るのが立憲君主制の三例、つまりイングランド、ポーランド、そして〔スイス・〕ヌーシャテル州である。その後、スウィフト、フランクリン、プライスら「哲学者たちの意見」、マキアヴェッリ、シドニー、モンテスキュー、そしてハリントンらの「政府論者」を見て、さらに「歴史家たちの意見」としてポリビウス（アダムズお気に入りの古代人である）やハリカルナッソスのディオニシウス、プラトン、ロック、ミルトン、およびヒュームを瞥見するにいたる。第七章は、十二の古代民主制共和国の分析にあてられている。第八章は三つの古代貴族制共和国、第九章は三つの君主制国家を分析する章である。アダムズの博識を確信するのには、『擁護論』第二巻、第三巻の内容をまとめるまでもない。アリストテレスやベーコンに負けずとも劣らぬほどの、情報への渇望がここにはある。彼は、この根拠のすべてを総括して、一段落で次のように述べている。

「列挙してきた諸権威および諸事例を通して、次のことに十分納得できるだろう。権力の三部門は自然のうちに不変の源泉を持って成り立っているということ、それらは自然発生的であれ人為的であれ、あらゆる社会に存在すること、それら三部門ともに政体の中で認められていなければ、その政体は不完全で不安定ですぐに征服されてしまうということが分かるであろうこと、立法府と行政府は本来別のものであるということ、そして自由とそれを支える法律は、政府の枠内においてそれらが分立しているかどうかにかかっているということ。立法権は本来、そして必然的に最高権威であって行政府に卓越するということ、従って、後者は前者の中の重要な一部門、消極的に言っても同水準のもの、とされなければならず、さもなければ行政府は自らも守ることができず、ただ立法府によって侵略され、害され、攻撃され、何らかの方法で完全に破壊されて無に帰してしまうことだろう」[41]

政府の中に均衡がなければ、真の法など存在し得ない。そして法がなければ、自由はない。主権（政治理論家のお気に入りの概念）についてのアダムズの意見は清々しいほど率直なものである。主権は、実際のところ、分割することはできないのは当然だが、その執行は有効性を失うことなく、互いに均衡した複数の組織や部門に委ねることができる。すべての権力が単一の団体によって保持される単純な主権は、均衡を欠いており、本質的に共和政体の他の利害者に対して不公平なものであって、したがって真の法を広めることはできない――恣意的な法だけが施行される。均衡には至らないが分割された主権、つまり権力がさまざまな権益や階級に不平等に分配されている主権は、必ず戦争状態に陥ることとなる。均衡を求めてもうまく行かず、結果として真の法を得ることができない。「哲学者たちが経度や（錬金術に用いる）賢者の石を追い求めてきたのよりも熱心に、プラトンからモンテスキューに至る立法者たちは『法の守護者』は誰かという問題を研究してきた。しかし、『権力均衡』と呼ばれる法の守護者を除いては、いかなる法の守護の試みも、羊を狼の檻に投げ入れるも同然であった」[42]。どんな国でも、主権は土地財産に依存する。アメリカの特徴は平等な土地保有制度である。「だとすれば主権は事実問題として、かつまた精神的にも、国民全体に存するはずである」。

政治的均衡を達成するという実践的技術について、アダムズには心得があった。彼はマサチューセッツの最初の自由憲法を起草する会議で中心的役割を果たし、彼の初期の著作は他の州の憲法起草者に影響を与えた。彼は、本質的に富と地位を持つものを代表する上院と、本質的に民衆を代表する下院という、立法の二部門に対して拒否権を持つような強い行政府というものに賛成であった（最高行政官は、立法府の統治権に組み込まれていたけれども、別個の権威を行使できるからである）。この二院の区別は、富裕で家柄もよく力のある人々を民衆から守るためにつくられたわけではなく、むしろ自然的ないし人為的な貴族階級の野望から庶民を守るためのものであった。マサチューセッツでは、上院議員の議席は、国庫に入る直接税の比率に応じて選挙区ごとに割り当てられていた。他の方法でも、各選挙区が下院議員を選出する場合と上院議員を選出する場合を区別する方法はあったかもしれない。「富裕層や名門、そして力のある人々は影響力を得たが、単に公正と言う点でも、下院から見るとその影響力は明らかに度が過ぎたものであろう。したがって、彼らの中で傑出した者は、大衆とは切り離し、上院に入れるべきである。正直かつ善意のつもりで言うが、これはどうみても陶片追放である……。上院は大きな野心の対象となる。そして最も裕福で最も賢明な者は、下院で民衆に尽くすことで上院への昇進に値するようになることを望むのである」[43]。

行政官は民衆全体を代表し、政府の他の二部門の主張を公平に検討する、威厳と自律心をもつ人間であるべきである。アダムズは社会全体を支配する傾向のある貴族的要素ではなく真に民衆を代表する行政府を選出する手段を提示していないと、批判した。しかし、地上の存在がその理想型に近づきうるという意味では、アメリカの大統領制は発展してアダムズが描いた制度にとても近いものになったと思える。

こうして権力は社会の主要な諸利益集団に公正に配分される。消滅することはない自然の貴族階級というものは（アダムズが政治的著作のかなりの部分を捧げてその分析に充てているが）、上院という制度によって、承認され、独立した組織の中に組み込まれていく。つまり、一瞬の情熱、および全能の立法組織の専制は、憲法という装置によって抑制される。数年前、アダムズは議会のみによる統治の欠陥を次のように痛烈に指摘した――それはひとりの人間が持ちうるあらゆる欠点に陥りがちだ。つまり、欲深く、恒久的権力を求めがちで、行政権を行使するのにそぐわず、司法権を行使するにはあまりに法律に疎く、紛争すべてを自分の好きなように裁決する傾向がある[44]、と。テュルゴーの提案にしたがったなら、国家はこうした悪弊に見舞われて、とんでもないことになろう。権力の均衡の仕組みさえあれば、そうした事態を防ぐことができる。

混合政体でない他の単一型政体の場合ほどには、アダムズは民主政を恐れてはいなかった。「全体としてみれば、他の政体より民主主義が有害だとは言えない。そのひどさはより一時的なものであった。他の政体のひどさはより恒久的なものであった……。民主主義は主権の極めて重要で不可欠な部分であり、政府全体を統制しなければならない。さもなければ道徳的自由、ないし他のあらゆる自由は存在し得ない。この立派な言葉が大いに乱用されていることに私は常に胸を痛めている」[45]。しかし、民主政もまた他の社会的利権によって抑制されなければ、道徳的自由は保たれない。ついでにいえば、純粋な民主政は、知恵と中庸の欠如のせいで自滅し、独裁になり果てる。「民衆が声を上げることができ、そこに均衡の仕組みがない場合、将を戴く常備軍が平和状態を上から命じるか、均衡の制度の必要性が誰かの目に明らかになり、皆に受け入れられるようになるかするまで、変動と革命と恐怖がいつまでも続くことになるだろう」[46]。この先見性ある警告は、バークが自ら奮起して、フランスおよび（ラスキが正しくも述べた通り）文明世界全体に対し「彼が見事に予測した軍事独裁」について警鐘を鳴らした三年前に書かれている。

普通選挙権に関して、アダムズは原則的には反対しなかった。しかし、その効用については怪しんでいた。というのも、認知されようと無視されようと、いかなる社会においても優位に立つことになる貴族階級が、普通選挙制の下でも真の支配者となるためである。ただし、必ず政治的権威と固く結びつく経済力を託するには、ふさわしくない教育を受けたり、経験を経たりして、収奪傾向のある貴族制となる可能性もある。「人は平等な権利を持っていないとは言い難い。ただ、平等な諸権利および平等な権力を認めたら、即時に革命が起こってしまうだろう。ヨーロッパのすべての国々で、一銭も持たざる者は小金を持つ者の倍の数いる。これら皆に権力の平等を与えてみよ、そうすればすぐに、小金が分割されるさまを見ることになるであろう」[47]。アダムズは、アメリカにおける選挙権の拡大に賛成していた。しかし、拡大がうまくいくかどうかは、富の分配が持続的になされるかどうかにかかっていると知っていた。富と権力が常に密接につながっていることを、アダムズほどよく理解していた者はいない。彼は、エイムズのように不安を抱くでもなく、ハミルトンのように熱望するわけでもなかったが、数世代のうちにアメリカの人口は一億人を超えるであろうと予測していた。「未来の時代に、もし今の諸州がたくさんの人口を抱え、裕福で強力で豪奢な大国家になるとしたら、彼ら自身の感情と良心がそのなすべきことを示すだろう。あらたな協定によって、自由をいささかも損なうことなく、イギリスの国体に似たものへとさらに移行していくかもしれない。しかし、富の大部分が少数の手にしか入らない間は、これは、まったく必然のことではない」[48]。この一節には、アダムズが自らの世代よりも、未来の英知の方をずっと信頼していたということがはっきりとうかがえる。トクヴィルが指摘したように、参政権の縮小を実行するのは極めて難しいこと――低いところから高いところに水を流そうとするようなものだ。

これらすべての論文とパンフレット、これらすべての手紙と山ほどの証言を、ジョン・アダムズは提示して、その単純明快な保守主義の大前提を打ち立てようとした。それは次のようなことである。「絶対的権力というものは、独裁者や君主、貴族、民主主義者、ジャコバン派、そしてサンキュロットたちを皆同様に魅了する、というのが私の見解である。これまでもずっとそうであった」。権力を適切に分割せよという彼の主張は、アメリカの人口に膾炙しており、うんざりするほど自明のものに思われる。しかしそれを自明のものにしたのはアダムズその人である。彼の学識と率直な姿勢は、牧歌的博愛と全能の議会のみによる統治と統一国家を唱えるフランスの理論に対する知的共感が合衆国の中で急激に増していくのを、ほとんど独力で阻止した。これらの革命派の意見に反対するために、アダムズは自らの人気を犠牲にしたが、結局は彼やその仲間たちのほうが論争に勝利した。そして現代のアメリカ政府は、「直接民主制」という道具がでたらめに導入されたために、アダムズの目にはどれほど醜く見えていたとしても、それでもおそらく、自分の政治的苦闘が正しかったことを十分に立証しているように彼には見えることだろう。彼は誰よりも真の連邦主義者であった。ハミルトンは連邦制度を単に中央政府のそれなりにましな代替物として受け入れたに過ぎないし、ピカリングやドワイト、その他ハートフォード会議の出席者が連邦という発想にこだわったのも、それがニューイングランドの利益に適合する場合のみであった。それに対し、アダムズは、アメリカで実現可能な最良の統治形態として連邦の原理を信じていた。他のどんな国よりも、アメリカは、政治的均衡の思想に愛着を持ち、こだわっている。これはほとんどすべて、アダムズの実際的保守主義が生み出した成果なのである。

アダムズは常に保守主義者であった。一八一一年、〔ハーバード大学長などを務めた〕ジョサイア・クインシーへの手紙にこう書いている。「仮に未来へと私の想像力を解き放てば、いまだ見ず、いまだ聞かぬような変化と革命を予知する自分の姿が想像できよう……だが、今のところ、できる限り革新は少なくしていくことよりも良い原理というのは私には見当たらない。物事はできるだけそのままうまく進ませればよい」[49]。アメリカにおける変革は、いかに大きなものであっても、それまでの通りの流れに沿って行われた。それが、アダムズと彼を支えた者たちから残された遺産である。

## 7、マーシャルと連邦主義の変貌

連邦主義者《フェデラリスト》を扱ったこの章では、彼らの不朽の業績であるアメリカ合衆国憲法についてはほとんど触れてこなかった。それは世界史上で最も成功した保守主義装置である。アダムズは憲法成立に果たした役割は、影響としては相当あったとはいえ、完全に間接的なものであった。というのも憲法制定会議が開かれたときアダムズはロンドンにいたのである。ジェファソンも海外にいたので、当時の主要なアメリカ政治思想家の二人が、その時代の卓絶した政治的成果に参画していなかったことになる——思想が出来事に及ぼした影響を叙述しようとする者が、このことを考えてみると教訓になろう。しかし、憲法を適用し施行する段階で、合衆国の二大勢力間の一種の妥協であったこの文書は、連邦主義の武器へと変わった。ここに、それを生み出した連邦主義者らよりも長生きしただけでなく、連邦党が消滅した後も、同党が国家を統治していたころよりもずっと活発に栄えた思想がひとつある。

合衆国最高裁判所長官ジョン・マーシャルは、良き暮らし、良き友、良き秩序を好む、大柄で無精で抜け目のない、古風な愛すべき男であった。彼は哲学者などではなかった。彼を描いた面白い伝記の作家が見たところによれば、マーシャルの思想はただひとつだけで、その根本原理は国民統合であった。信念ある連邦主義者として、彼はアダムズ大統領のもとで国務長官を務め、アダムズによって連邦最高裁判所長官に任命され、最高裁を威厳ある存在にした。しかしマーシャルの連邦主義はアダムズ風というよりはハミルトン風であった。実践的かつまた即効的な意味では、マーシャルはこの二人の政治家よりも多くのことを成し遂げた。彼は最高裁判所を憲法の番人にして、そして憲法を連邦主義的保守主義の権化にした。マーベリ対マディソン判決（一八〇三年）におけるマーシャルの意見によって、最高裁判所は議会立法の合憲性を判断する権限を有することが確立した。フレッチャー対ペック事件（一八一〇年）では、連邦当局は諸州による契約の無効化を妨げることができるとし、スタージェス対クローニングシールド事件（一八一九年）でも、私人間の契約に対する州の介入を同様に違憲とした。ダートマス大学事件（一八一九年）では法人格の不朽性が、マカロック対メリーランド事件（一八一九年）では憲法の「自由主義的」解釈が、コウエンズ対ヴァージニア事件（一八二〇年）では憲法は超越法として他の法に優越することが、ギボンズ対オグデン事件（一八二四年）では州間取引に対する連邦当局の権限が、それぞれマーシャルによって確立された。これらをはじめとするマーシャルの有名な見解のおかげで、合衆国は、財産権と権力分立が守られ、拡大しつつ統一を保つ通商国家という連邦主義者のヴィジョンが実現されたのであった。これらはある面では保守的傾向であったが、別の意味では、工業化と統合の際限なき変革への道を開き、別の種類の保守主義、すなわち南部保守主義と農業権益に深い傷を与えた。

さて、ジョン・マーシャルの裁決に関する驚くべき事実だが――その多くは（新国家おける前例を遡れる限りにおいて）いかなる前例も持たず、アメリカの社会構造に自身の思想を織り込むために設計されていたのは明白である――、たった一つの例外を除いて、彼の裁定はただちに法となり、迅速かつ習慣的に施行された。マーシャルは公職にあり続けた最後の真の連邦主義者であった。最高裁長官の座に就いていた間はほぼ在職期間を通して、彼は時の大統領から疎まれていたし、彼の政治哲学は、上院下院と一般市民の間で優勢であった諸々の信条とは不調和をきたしていた。統治制度というものが潜在的な力を覆い隠すものだとしても（これが真である場所がどこかに存在するとすれば、古い伝統と習慣的服従が十分には機能していない新国家であり、そこではもちろん真であろう）、いかに高位の職に就いているとはいえ、軍事力の後ろ盾もないたった一人の勇敢な人間が、アメリカの経済的政治的エネルギーの流れを自ら選んだ水路に向かわせることがどうしてできようか。

不屈の意志は驚くべきことを成し遂げる。しかしそのすべてが独力でなされるわけではない。一つには、時勢がマーシャルとともにあった。なぜならマーシャルの裁決によって促進された物質的発展が国家の広範な地域――おそらく大半――で有利に働いたことがだんだんと明らかになりつつあったからである。さらに、連邦主義の主張に賛同する意見の人々は着実に増加し、マーシャルは彼らによって支持された。老いてなお精力的な民主主義者、カロラインのジョン・テイラーは、平等主義と国家権力に対するこの反応に触れ、大いに警戒しながら次のように語った。多くの英邁な人々が「ルソーとゴドウィンの妄想とフランス革命の暴虐にすくみあがり、これらの原理には爪牙があるのだとまじめに信じてしまっている。合憲なものかもしれないが、そんなものは引っこ抜いて切りそろえてしまえばよいのだ。そんなことをすれば、寛大なライオンは狡猾な狐に服従することになるなどと考慮する必要はない」[50]。党は崩壊したにもかかわらず、アダムズと死せるハミルトンは、かつては苛立たしい敵だった者たちの中から改宗者を獲得していた。改宗者の参加は連邦党の再興をもたらすものではなかったが、それでもこの傾向は優位に立つ民主共和党へも浸透し、ついには変質させるまでにいたった。

　こうして純化された保守主義は、民主共和党の指導層にも浸透していった。彼らが権力の座にある以上、権力の座にある人間というのは差し出された追加の権力を、出所がどこであろうが拒むわけにはいかないものだからである。ロアノークのランドルフは、仲間たちが捨ててしまった熱狂者の憤怒を込めて訴えた。ジェファソンとマディソン、そしてモンローは喜んで権力を手にし、自分たちが野党側だった当時は危険だと言って非難していたような政策を好んでいる、と。そのとおりである。連邦主義的保守主義は、行政府と民衆の思考の中に密かに忍び込み、やがて国民意識を支配した——連邦主義は希釈され名目上はなお軽蔑され、にもかかわらず広まっていった。同じようなかたちで、アメリカ国民はマーシャルの裁決に黙って従うようになり、時には賛美することさえあった。

この影響は長く続き、連邦主義の保守主義的本質は現代アメリカまで維持されてきた。それがアダムズがひどく嫌った国民的強欲の支えとなってきたとしても、アダムズの唱えた政治における均衡の制度と法の下の自由の原理を保持する手段でもあったのである。連邦主義は、アメリカを世界で最も保守的な国にするのに大きな役割を果たしてきた。こうして二十世紀半ばにおいても依然、アダムズの保守主義は、フランスの論敵らによって広められた急進的な社会原理と同じくらい強い影響力を持っている。表面的な虚栄心と内面的な謙虚さを持ったジョン・アダムズも、これほどになるとは思っても見なかったろう。

# 第4章

# ロマン主義者と功利主義者

「行動の諸原理やその広い体系とは無縁に、ずっとその場で都合の良いと思われることばかり考え、われわれの良心が持つ純粋で確実な衝動に決して耳を傾けない。このような忌むべき習慣が、冷血な人々を政治経済の研究に向かわせ、われわれの議会を本当の公安委員会へと変貌させてきたのだ。そこにはあらゆる権力が付与され、われわれは数年のうちに貴族制によって支配されることになるだろう。いや、もっとありそうなのは、口先だけの経済学者たちによる下劣な民主制的寡頭制による支配だ。これと比べれば、最悪な類の貴族制も天の恵みに思えることだろう」

——コールリッジ『テーブル・トーク』

## 1、ベンサム主義とウォルター・スコット

一八〇六年、ウォルター・スコットが、スコットランドの司法改革について法廷弁護士組合で討論した後、エディンバラのマウンド地帯を横切っているときである。彼は、大ホイッグであった『エディンバラ・レビュー』のジェフリーともう一人の改革派の友人にからかわれた。「しかし、スコットの感情は彼らの理解をはるかに超えたところにまで達していた。『馬鹿を言うな、

笑いごとじゃない。お前らが何を願っているにしても、じわじわと自分で自分の願いを壊して、台無しにすることになる。そうなれば、スコットランドをスコットランドにしていたものなんて何も残らないだろう』」。そうして彼はマウンドの壁の方に顔を背け、涙を隠した。[1] コールリッジやサウジー、ワーズワースと同じく、スコットは功利主義の思想の中に、人生の多様性の敵にして過去に死刑を下す者の姿を見て取った。彼ら偉大なロマン主義者たちはすぐに、ベンサムの無味乾燥な物質主義は、ジャコバン派の猛威と同じく美と崇敬を脅かすものであると宣言した。バークは、本質的に相容れない敵としてルソーを見ていた。一方、ロマン主義者たち（政治的にはバークを引き継いでいたが、ルソー的な面もいくらかあった）は、おぞましい新しい産業世俗主義の主唱者たるベンサムに戦いを挑んだのであった。

「バークがあれほど激しく闘ったあの革命的原理が、ベンサムを通してイングランド政治に持ち込まれた」と歴史家クレイン・ブリントンは述べた。[2] ルソーの感傷性に対して公然と敵意を示していたにもかかわらず、ベンサムはイングランドにおける平等主義を確立するのに大いに貢献した。それは、ペイン、プリーストリー、プライス、そしてゴドウィンが全員で成し遂げたもの以上であった。彼がルソーを嫌ったのはその情緒主義のためであり、バークのような激しい宗教的な憤りを持ってはいなかった。ベンサムの思想は、現代思想を一連の圧倒的で劇的な変革にさらした。そうした変革は工業生産の進歩と政治権力における大衆の興隆をも反映しつつ、同時に促進もした。こうして起きた変化は功利主義そのものの帰結という面もある程度はあったが、革命派労働者が利用しやすいように変形された、ヘーゲルで味付けした功利主義であるマルクス主義からの帰結という面も大きかった。「原理的にも制度的にも、イングランドに革新をもたらしたのはベンサムだ。彼は大物の不穏分子である」[3]とジョン・スチュアート・ミルは書いている。「問題を解こうとする前にそれをばらばらに壊す」彼の分析手法は、微妙な本質を軽視して全体は部分の集合に他ならないと見なしたベーコンやホッブズ、ロックらの方法論の極致であった。これがあらゆる現代の本格的急進主義者の思想基盤となっている。

「（案件ごとに苦痛と快楽を慎重に測ることで決定される）効用」というベンサムの価値判定方法は、新時代の意欲的な工場主たちの心に強く訴えた。彼らは、「正しい理性」や「自然的正義」、「品の良さ」といった語句を嫌っており、ベンサム自身も同様であった。高度な想像力を完全に欠いており、愛や憎しみの本質をつかむこともできなかったベンサムは、人間の中にある精神的熱望に気がつかなかった。そして、あたかも秤を均衡させるように、彼は罪というものについても触れなかった。国民性、人間の動機の限りなき多様性、人の営みにおける情熱の力——これらをベンサムは自分の体系から省略したのである。彼からは、合理性への絶対的信頼が発散されていた。自身の人格を人間性の権化と見なした彼は、人は快と苦の方程式を解く方法だけ教わればよく、そうすれば良きものになれるだろうと仮定した。人々は、自身の利益のために、協同・勤勉・平和へと向かうであろうとも考えた。彼は倫理学者としては最も偏狭であったし、政治理論家のなかで最もひとりよがりであった。彼にとって政治は、人間性と同じく、何の不可思議な面もないものであった。あらゆる政治的難問を解決するには、単純に多数派に決めさせればよかったのである。この絶対民主主義は、ルソーの一般意志から漠然とした精神性を取り払ったものであった。

社会の目的は最大多数の最大幸福にある。バークも似たようなことは述べたが、彼はかなり違うことを意味していた。この保守主義の創始者は、人間の関心の複雑性と善というものの微妙さを理解していた。最大多数の最大幸福は、政治的平等、古くからの掟や伝統からの解放、経済的目標への固執の中にはないとバークは明言した。バーク曰く、最大幸福は宇宙の神的秩序と同調すること、つまり、信心、義務、永久の愛から生まれるものである。しかしベンサムは、バークの精神と想像力の世界を軽蔑して一蹴した。ベンサムはわれわれの存在の創造者について決して言及しなかった。彼にとって宗教は、単に道徳のための枠組みに過ぎなかったのである。政治において、最大多数の最大幸福は、完全に合理的な方針、いわば社会的チェス盤の上で、社会を平等主義的に再構築することで達成されうる。男子普通選挙制、議会改革、強い行政府、普通教育——これらと、彼が計画していた法理論および法的手続きの大変革は、普遍的自由と進歩を保証する具体策であった（そしてそれはすぐに自由主義のドグマになる）。彼は権力分割の必要を認めず、既存の国体に問題を見出さなかった。多数派権力が、過去の死者の影響力や反動主義者の取るに足らない反発に邪魔されず自らの利害を決定するのを、何者も妨げてはならない。多数派に主権を与えることで、「彼は持てる才をすべて尽くして、役人の首まわりに世論という軛《くびき》をますます強く固定する方法を編み出し、少数派や役人自身の正義の概念によってほんの僅か一瞬でも影響力が行使される可能性を完全に排除したのだ」とJ・S・ミルは述べている。現代に生きる者は、少数派に対する悪意ある凡庸さを持った専制が何であるかを、恐るべき代償を支払って知ることになった。しかしベンサムは、一度法律によって確立してしまえば合理性は覆されないと確信しており、少数派という考え方を一掃することに決めたのである。

十九世紀的自由主義の信条として表現されたベンサム的道徳思想が興隆した百五十年近くの後、ジョン・メイナード・ケインズは、その著書『二つの回顧録』で、功利主義に対して歴史が下した評決と思われるようなことを述べている。ベンサム主義は「現代文明のうちに巣食ういもむしであり、現在の道徳的退廃の原因だと、今では考えている。われわれはかつてキリスト教徒を敵と見なしてきた。なぜならキリスト教は伝統や因習、呪術を代表しているように思われたからである。実際には、民衆の理想の質を壊していたのは、経済的基準を過大評価したベンサム的計算のほうであった」とケインズは言う。彼はこう続ける。ベンサム主義を進めて到達する馬鹿げた結論が、マルクス主義として知られていると。功利主義者の下卑た目的によって精神と想像力は枯渇し、われわれはベンサムの博愛主義の粗暴な末裔を前にしてついになすすべがなくなってしまったのである。[4]

しかし今日ベンサムの道徳的政治的体系の貧しさは批判しても差し支えないが、彼の法制改革は今なお広く賞賛されている。J・S・ミルは次のように明言している。法哲学から神秘主義を放逐し、法という考え全体にまとわり付いていた混乱を払いのけ、成文化の必要性を明らかにし、効用という指標を物質的利害に導入し、そして法的手続きを浄化することによって、ベンサムは社会に莫大な利益をもたらした。人は功利性の原則に基づいて法をつくったり、廃止したりすべきである、とベンサムは考えた。法は数学や物理学のごとく扱われるべきで、便利な道具にされるべきである。法には超自然的是認、超越的起源があるという古い幻想、すなわち、法は神が制定した後に人が手を加えたものであるというキケロ主義者やスコラ学者の発想は、産業時代の効率への関心の下では退けられるべきであった。二十世紀の政治法制的「リアリズム」と実用主義は、今ではアメリカだけでなく世界のほぼすべて最高裁判所で目覚ましい成果をあげているが、これもベンサムに由来する。しかしおそらく、ベンサムの法哲学（彼の著作の結果として達成された、法的手続きに関する直接的な行政改革とは区別される）は、社会的退廃を孕《はら》んでいたと見なされるようになるかもしれない。ベンサムの道徳思想について、そうであったと考える現代の思想家たちがいる。自然法の教理が、少なくともバークが理解するところの歴史的・功利的意味においては、復興を迎えつつあるようである。ウォルター・スコットがベンサムの弟子たちと直接論争を交わしたのは、この法制改革の問題についてであり、その中でスコットはバークの保守思想に対する鋭い理解を示した。法には二つの基礎があるとバークは述べた。すなわち、公正と効用である。公正は原理的正義に由来する。効用は、適切に理解すれば、一般的かつ恒久的な利害を俯瞰したものであり、私的権利や少数派の権利の抑圧を正当化するために援用してはならない。多数派の民衆は、「たとえその法によって主として苦痛を被るのが法制定になんら貢献しなかった者たちであっても、共同体全体に不利となる法を作る権利を持たない。なぜならそれは超越法の原則に反するからである。それを変える力はどんな共同体にも、人類全体にもない。その原則とはわれわれにわれわれの本質を与え、そこに不変の法を課した神の意志のことである。秩序と美、平和と幸福、そして人間社会の真の脅威となる過ちは、いかなる人の集団であれ、それが自分の好きなように法を作れるという立場をとることである。そんなことになれば、法はその内容とは無関係に、それが制定されたというだけで権威を得てしまう[5]」。この立場は、「人民裁判」と少数派の合法的絶滅の時代を予見した。そしてスコットは、功利主義の原理に基づき政府と法がへたに統合されれば、旧来の自由と慣習のすべてを破壊しかねないものだと、バークとともに確信し、この動きを止めるために、その小説家・詩人としての驚くべき才能を用いたのであった。

一七九二年の危機の際に、スコットはこう書いた。「バークが現れて、フランス人の上位法に関する訳の分からないおしゃべりは消え去った。運命の騎士が角笛を吹いたとき魔法の城がかき消えたのと同じように[6]」。英思想史家リズリー・スティーヴンが指摘している（そして歴史家D・C・サマヴェルが繰り返している）ように、サー・ウォルターは、誇らしく緻密なバークの理論を大衆化するのに成功した。『省察』は一七九〇年代の間に数万部売れたが、スコットの「ウェイヴァリー」系歴史小説は、政論小冊子では到底達しなかった規模でバークの考えを伝えたのである。「後にスコットが行なったのは、まさに、自然に保たれてきた一群の伝統の価値というものを具体例を用いて生き生きと描いてみせることであった。地方の伝統的慣習を一掃し、スコットランド独特の性質をなお保持していた小さな共同体を飲み込んでしまいかねない、フランス革命が明確に体現した大変動を、彼は他の有能な同時代人の多くと同じく警戒して見ていた……急進主義者たちは、単なる感傷主義だといって彼らをこき下ろした。堅実なホイッグたちは、革命が一八三二年選挙法改正を超えるなどありえないと高をくくっており、彼らを単なる妨害者と見なして笑い飛ばした。どんな意見だろうが後世の立場で評価できるわれわれは、そのような保守主義こそ正当性を持ち、善良で先見の明あるその人々が、遥か先の結果が推し量れない数々の変化を警戒して見ていたのももっともなことであったと、認めなければならない」[7]。

「ウェイヴァリー」系小説では、スコットはバークの保守主義を生きたもの、そして壊れやすいものとした——エディ・オキルトリという作品中の物ごいの登場人物を使って、階級社会の利益と威厳がどのように物ごいにまで及ぶのかを示した。「バーリーのバルフォア卿」を作品中に使って、改革の熱狂が持つ破壊的精神を描き出した。スコットランド氏族の物語の中で「モントローズ伯爵」という人物では、「売りに出されない命の恵み」を描き、「ブラッドワーディン男爵」あるいは「モンクバーンズ」という人物では、古風な領主の素朴な善良さを描いたのである。文明化された道徳的秩序の基礎となるのは、先祖への尊敬と、古くから決められている義務に従うことであるということ、歴史はあらゆる世俗的知恵の根源であるということ、充足は敬虔な信仰の中にあるということを、スコットは、自身の小説のすべてで述べているように思われる。すべてのロマン主義者と同じく多様性を喜び、人の行動は快楽を求め不快を避けるだけである、という粗雑な原理を不快に思ったスコットは、功利主義の中に、国民性や個性、過去のあらゆる美を消し去ってしまう体系をはっきりと見出したのである。功利主義とは、おぞましい貪欲な産業主義をごまかす無愛想な言い訳であった。他のロマン主義詩人とは異なり、彼は革命的信条に向かう衝動をまったく感じていなかった。彼は王侯と庶民の福祉が切り離せないものであること、伝統に忠実であれば「われわれは皆一緒に無事」となることを知っていた。したがって、功利主義者が法と裁判所の改革のために持ちだした原理原則は、スコットにとって極めて不快なものであった。「法制改革に関する小論」で、彼は法的規定について、他所に見られない巧い事例をあげている。

「既存の制度は、新しい理論に完璧な正確さを持ってあてはまる判断基準によって試されるべきでない。長きにわたって法を有し、その下で不都合がありつつも繁栄の手段を見つけてきた文明国家は、厚かましさを非難される危険を冒すことなく法制上の実験を思い切ってやってみることのできるような、生まれたばかりの植民地と同じように見なしてはならない。優秀性の基準として自分たちの頭のなかに定めてある思想をもって、そのような国家の制度を調査する権利は哲学者にはない。あらゆる古い既成制度をあやまたずに判断する基準は、それが実際に生む『効果』である。なぜならそれは良きものとして捉えられており、そこから善が生まれるからである。人々は、徐々に、自らが従わねばならない法に合わせて自らの習慣をつくってきた。そのような法には不完全なところもあるから、救済策が見つけられてきたし、その他の欠陥があれば人々はそれを受け入れてきた。しかしそれも、きわめて楽観的な空想家が、完璧なまでに中身のない体系に基づいて勝手に自身に約束してしまうような目標を、さまざまな原因で、人々が達成してしまうまでのことであった」[8]

文体も感情面も、この一文の着想の元はバークである。これが、人生を数学の問題として考えるベンサムのような世捨て人の抽象的な考えに対する、バークやスコットら現実世界に生きる人々（と法学者）の審判である（不思議なことに、近代の革命派哲学者の背後にある衝動は、このホイッグのリーダーよりも果てしなく非実際的な二人の男、ルソーとベンサムによって生み出されたというのに、保守主義者の著述家の中にもバークを「非実際的」と言って非難する者もいる――そのなかの一人がポール・エルマー・モアである。彼はもう少しまともだと思っていたが）。法は製造されるのでない。育つものである。神の定める自然なプロセスによって、社会は自らの病気を自ら治し、自らの調整をする。尊大で独善的な改革者はだいたい、とりあえず使えるなんらかの代替案を提示することもなく、このプロセスを妨害する。スコットには、社会が持つこの巨大な自己治癒行動に何か威厳と美しさのようなものがあると思われた。一時的で見かけ倒しの効用なるものを満足させるために法をめちゃめちゃにすることは忌まわしいものに感じられたのである。一八二六年の名目だけは保守を名乗った政権ですら、統一と効用への情熱にあてられ、「国民性の名残をじわじわと破壊して、大胆な改革の原理のためにこの国を好き放題に絵が描ける白紙にしている」ように彼には見えた。「それらは、われわれをスコットランド人たらしめている特性のすべてをほどいて、粉々に挽き潰し、この国全体を民主主義に変えてしまう状態に放り込んだ。そうしてできあがるのは、賢いソーンダースではなく、とても危険な北ブリテン地方である」[9]。スコットランド法をイングランド法に同化させれば、人々の特徴を破壊することになる。なぜなら法は彼らの社会的存在を表明するものだからである。〔法を変えさせれば〕竜の牙を植える〔戦を招く〕ことになるのである。間抜けとか空論家が効用を考えれば、こんな政策を行ってしまう。スコットは同国人のことをよく知っており、近代グラスゴーとかロージアンやエアシャーやファイフの鉱山地帯をよく知るものなら、スコットが「とても危険な北ブリテン地方」と書いたとき何を予言していたのか分かっただろう。

バークやスコットといった人物の観点では、速さと手際の良さを至上とする法体系の中で衰滅していく自由と財産を保護するために、古風な法制度の対応の遅さとぎこちなさは（少なくとも漸次的な調整がなされるまでは）許容されなければならない。実際、法律と裁判所は常に慎重な精査と注意深い刷新や改善を必要とするものである。しかし、時には抜本的な改革が必要になるかもしれないとはいえ、それでもその際には、法制改革はバークの経済改革のやり方にならって——古来の権威に気を遣い、全体の利益とかいう名のもとで特定の不正義を被る人や階級が無いよう徹底的に用心して——執り行われるべきである。ベンサムとその一派は、旧来の方式と私的権利を過度に慮るこの態度に到底耐えることはできなかった。国家や多数派（の権力）に対する防衛手段を功利主義者が考慮していなかったことは、司法の慣例に縛られない行政法と行政裁判所を設立したいというベンサムの欲望によく表れている。ベンサムの法制改革を称賛するものですら、この点については躊躇せねばなるまい。なぜなら現代英米法の最も警戒すべき問題は、行政法が茸のように続々と生まれ膨張しつつあることであり、これに直面した市民が助けを求める先はほとんどない。ソヴィエトの刑法に恐ろしいほどの無機質さで現れた言い回しは「裁判所または行政府の判決に従い」と書いてある。おそらく、ベンサムは行政裁判に潜む脅威を無視することで、彼が根絶に成功した時代遅れの法制度よりも大きな意味を持つ潜在的悪弊に見て見ぬふりをしたのである。

以上の所見では、ベンサムの体系のほんの一面、ロマン主義者が嫌悪した一面にしか触れてこなかった。しかしベンサムの法的功利主義と、結果としてのスコットの必然の怒りは、哲学的急進主義とロマン主義的保守主義の間の論争全体を代表するものである。功利主義者の支配に屈した世界でロマン主義者たちが恐れたのは、すべてを貪り尽くす産業主義と実利一点張りの物質主義の名において、多様性や美、古来の権利が見境なく破壊されてしまうことであった。彼らがベンサムとジェイムズ・ミルや彼らの一派を嫌悪したのは、功利主義が、機械の時代、堕落した悪の巣窟のような都市、自由主義的道徳の荒廃の表象であったからである。近代社会が人口密度の高い産業共同体に、妄執的熱望が感覚の放縦に、その規範が粗野な平凡さに変質するのをベンサム主義者は喝采して受け入れた。一八二八年、スコットは、「今や社会の状態は、人間の堆積物のごとき様相になりつつあり、肥やしの山のように発酵して臭い始めても驚きはしない」と日記に書いている。「自然のままならば、人口は大地の広がりに応じて散在するはずだ。国中に散らばっていなければいけない人口が巨大な都市と窒息しそうな工場へと集まっていて、腐っても不思議ではない」[10]。これら新しい改革者による偽の平等主義は、実際のところ、最も悪性の不平等――精神的不平等への降伏であると、とスコットは考えていた。作家マリア・エッジワースに彼は語気を強めてこう言っている。「われわれが到達した高度文明の状態は、おそらく国民的な幸運ではない。なぜなら、ほんの一握りの人々が最高点まで上っている一方で、多数の人々は嬲《なぶ》られ貶められており、知性という点で人が存在しうる最高の状態と最低の状態を同じ国民が同時に示している……。われわれの数が増えるにつれ、われわれの欲望は倍増する――そうして、われわれはここに至り、繰り返される発明の力による増大する困難と戦っているのだ。遠い昔のようについには共食いするようになるのか、地球が彗星の尾に叩かれるのが先か、あえて口に出せるのは〔エドワード・〕アーヴィング師〔1792―1834、スコットランドの宗教家〕のみというったところか」[11]。

晩年、スコットが長官をしていた郡で、急進派の職人の暴徒が、馬車をひっくり返しスコットに危害を加えようとした。この事件は、彼の人生で起こった他の何よりも彼に衝撃を与えた。ベンサムのような人道主義者の空想の影に隠れていた、平等志向の凶暴性が魔王のごとく動きだしていたのであった。少し前、彼は「これらの薄汚れた職工たちが、これからはわれわれの立法者を選ぶはずだ」と書いていた。「出来心で動く軽率な向こう見ずとなるような頭の鈍い庶民以外に、彼らが何になれるというのだ」[12]。スコットは民衆を愛した。民衆を消し去って、来るべき功利主義的社会機構のための有能な人的資源に置き換えようとするのに熱心な改革派とも闘った。ひねくれたスコットランド的禁欲主義が彼に与えられていなかったなら、熱烈な感受性を持っていたスコットは、時代の致命的な衝動に耐え切れなかったことだろう。「我慢だ、兄弟。初めからやり直そう」とよく言っていた。

功利主義者と新ホイッグは、世俗の知恵に精通していたけれども、自分たちが引き起こした厄介事や、開放された個人から成る産業社会の大衆をいかに統治するかについては考えが及んでいなかったと、スコットは一度ならず述べていた。一八二五年の十一月、ジェフリーは機械工たちに向けた演説を書き、貿易を抑制する連携の有害な経済効果について警告した。明確に主張を述べたが、実効性はあまりないとスコットは言った。「火を灯すにはリリパット人の手があるだけでよいが、それを消すにはガリバーの小便のような巨大な力が必要となる。世界は政論小冊子と演説で支配されているという異端信仰にホイッグは一喜一憂している。もし行動方針が人々の利益と見事に一致していることを十分に示すことができるなら、その主題に関して数回の演説をすれば、結局は人々がその方針を受けいれることを示したことになると思っている。この場合、われわれには法律も教会も必要なくなってしまう」[13]。

小説家・詩人として、またあまり知られていないが政論家としてのスコットの影響力は、トーリー党、そして英語圏全体の保守的傾向を勇気づけた。それは計り知れないほどだ。しかし、スコットの保守的感情の具体的な政治上の表明は、ジョージ・カニング〔一七七〇－一八二七、英政治家〕の性格と業績の中でより良く観察できる。また、ロマン主義世代の中で真の保守主義哲学者は詩人コールリッジである。スコットは心の面で、コールリッジは知性の面で、カニングは機知と政治の才という武器を以って、功利主義に立ち向かった。この三人は皆哲学的急進主義者らと闘ったのであった。ロマン主義的想像力を通して三人は、ベンサム主義とは近代的精神が悪魔のように憑依したものであり、正確だが非人間的な線で社会を描き直したいという欲望であると、理解したからであった。功利主義者たちは、数学的精密さと行政的便宜という彼らの考えに社会が一致するように、その生きた本質を改竄しようとした。科学的に設計された歪みであれ、歪みが生み出すのはとても醜いものであるいうことを、ベンサム主義者は決して認めなかった。フランスの啓蒙思想家らと同様に、ベンサム主義者はゴシック的な不規則性や多様性を軽蔑した。一方で、社会計画による功利主義的な広場と街路の配置にあこがれた。功利主義者たちは、遠くまで見通せる豪奢な景観の計画を立てた。しかし、どの通りのはずれにも絞首台が置かれているのを、ロマン主義者はこっそり見つけていたのである。

## 2、カニングと啓蒙的保守主義

ブルーム卿は、ジョージ・カニングを自由主義トーリーと呼んだ。他の者は、いったいなぜカニングがトーリーなのかと疑念を持っていた。厳密に言えば、彼はトーリーではなかった。彼は保守党を築き上げ、「保守」という言葉をイングランド政治の語彙の一部とした。もちろん、「トーリー」という古い名を放棄して「保守」へと変えたのは、彼の好敵手にして後継者であるピールであったが、カニング（ピールよりも保守とは本当は何かをよく知っていた）がその変質を可能にしたのである。その突然の死で終わりを告げた、カニングの短い首相在任期間は、旧来のトーリー主義の終わりを印象づけた。彼はウェリントンやエルドンをはじめとするトーリーの有力者を放逐しており、彼らはカニングの死後に元の席に戻ったが、まもなく選挙法改正の混乱によって敗退した。カニングは、旧来のトーリー主義を埋葬することで、保守思想の生き残りを可能にしたのである。

カニングの名前をロマン派と結びつけるのは、おそらく少し無理のある連想かもしれない。奇抜というよりは機知に富み、実際的で、権謀に長け、大きな野望を持つこの男はロマン派なのか。しかしロマン派詩人たちも彼との近似を認めていた。彼はスコットとコールリッジの盟友であったし、バイロンの賞賛も勝ち得ていた。ゴドウィンにいたっては、ペインがバークにイングランドのジャコバン派を統率させようとしたように、親フランスの急進派を率いるようカニングを説得しようとさえした。ロマン主義的視点を持つディズレーリは、カニングがトーリーの真の伝統継承の象徴であると捉えた。ジョージ・カニングは、バークがロマン主義的だったのと同じ意味でロマン主義的だった。生けるものすべてと人性の複雑性や多様性、不思議さというものを彼は解した。過去が現在を支配すること、動機や欲求は厳格な公式には落とし込めないこと、「簡単なかたちをとる統治はすべて駄目」だということ、人格の多くの部分は世俗の法の埒外にあるということを知っていた。そのロマン主義的才能によってカニングは、リヴァプールやアディントン、エルドン、ウェリントンなど、慎重に現実を見て安全を求め——それが故に一八三二年の〔選挙法改正による〕大混乱に巻き込まれた旧トーリーの一群を圧倒することができた。カニングは一人の若者として『反ジャコバン』を編纂し、特定の状況を考慮せずに抽象的概念を適用するジャコバンの愚かさを暴露した。最も成功した外相として、抑圧的手段によって諸国民に統一政治形態をもたらそうとする正統王朝主義の愚かさを拒絶した。一人のイングランドの政治家として、あたかも人間が幾何か微積分の法則に支配されているかのように政治を扱う功利主義的改革者の愚かさを避けようと努力した。「自然な感情を見逃すのは怠慢であり、単にもったいぶっているだけだ」[14]と彼は声を荒らげて批判した。〔素晴らしい才能の持ち主だが、想像力は最高レベルとは言えなかった〕ピットは若きカニングのことを、新たに台頭してきた世代の最も想像力と活力に満ちた指導者として認めており、トーリー党内部で高い地位につけるためにできるかぎりの努力をした。カニングは、バークとピットから政治的な英知を学んでいた。クローカーやエルドンら旧トーリーでも思考力のある人々は同じ源泉から直感を得ていた。しかし、カニングは変化の時代に保守主義の原理を適用する方法を理解していたが、彼らがそれを理解することはなかった。はじめはホイッグだったカニングだが、ボリンブルック子爵や騎士の伝統に学ぶことはなかった。彼の政治はフランス革命とともに始まった。そしてトーリーの大御所の古い遺恨や義理に煩わされなかった分、保守的知性でよく思想的に武装し、純粋民主政の脅威と新しい産業主義の欲望に対抗した。

その眩しいほどの聡明さのせいで、彼は、一七八五年以来恐慌状態に陥りかけていたたくさんの有力なトーリーから胡散臭がられるようになった。彼らは「当惑している才人」――間違いなくカロンヌやネッケル、テュルゴーを想定していたこともあったろう――など欲していなかった。かつては真面目な改革に熱を上げ、広い社会的視点を持っていた不屈のピットさえ、一七九三年以降あらゆる憶測に怯え、バークの『省察』を彼のバイブルとし、(コールリッジ曰く)「同じ常套句を繰り返すようになってしまった……。戦争から得られる利点の例を個別に挙げるよう彼に迫ってみよ。その答えはなんと、安全、である。罪とは何か特定するように求めてみよ。彼は大声でこう言うだろう――ジャコバン主義だ、と」。カニングは、一世代の間恐怖に駆られていた党の信頼を勝ち得る必要があった。それは厄介な仕事であり、十分に達成することはできなかった。トーリーの大物の領袖たちは、彼のみすぼらしい少年時代とその尊大な野心のことが脳裏にあり、自分たちの守りを一人の冒険家――というよりコンドッティエーレ（傭兵）というべきか――に思い切って預けるかどうかを思案した。また、カニングとその友ハスキッソンは商工業者たちの利益のために尽力したけれども、カニングの図太さに彼らは不安を覚えた。コールリッジが『テーブル・トーク』で表現したように、「この国では投機家や金持ちの利権が非常に強く、われわれの外交談義では一度ならず国家の誇りや国家の正義よりも重視されてきた。カニングはこれを鋭く感じ取って、都市の民兵会社とは戦えない、と言ったのである」

このような反発があったにもかかわらず、カニングは外交の世界で奇跡をやってのけた。しかしイギリスの国内政治に関する限り、短期的には彼はほぼ何も成し遂げてはいなかった。彼の首相在任期間はたった四ヶ月であり、つまりその間ホイッグが我慢したというだけである。その短い勝利の時間で彼が積極的に推進した立法、穀物法案は、ウェリントンの影響力のせいで上院で否決された。彼が保守として為し遂げたことではなく、彼が後の世代の保守政治家のために残したお手本こそ、彼の名前が保守党の歴史に刻まれた理由である。都市部の頑固なトーリーの代議士たちは、カニングが組閣を始めた瞬間に彼を見捨てたので、その党を果敢に率いようとしたがために早まった体力消尽が、早世の原因になったようである。

おそらくどの政治家でも同世代にこれほどひどく誤解された者はいなかった。旧トーリーは、カニングが彼らを停滞から救い出すか否かというまさにその瞬間に彼を見捨てた。というのは、彼らは、カニングが自由主義に陥り、急進派と妥協し、トーリー主義が完全に消え去るまで譲歩に譲歩を重ねるのではないかという漠然とした恐れを抱いていたからである。彼らはカニングのことが分かっていなかった。おのれが不安になるほど凡庸な妥協を受け入れたり、臆病な気の迷いで譲歩したがる政治家などいなかった。彼は、イギリスの国体の古い枠組みをそのまま残そうと提案した。力のある行政によって、イングランドの伝統の中でどんな利害を持つ者もすべてが満足できるということを示し、彼らを味方に引き入れるためだった。彼は議会改革に反対であったし、選挙権拡大の必要性も感じていなかった。彼は〔国教徒以外の公務員就任を禁止する〕審査法や国教制定法を保持したであろう。抽象的権利の原理や、人を物質を構成する原子のように見なす個人主義の思想に基づく功利主義の計算を軽蔑していた。効率的な政府によって、また影響力が目に見え始めた階級や利権に配慮が必要となれば、その権利を認めることによって、さらに国家の複雑な基礎構造を修繕し改善することによって、彼はバークが愛したイギリスを保持しようとしたのである。[15]

なぜ旧トーリーたちはカニングの忠誠を疑ったのか。主に二つの理由がある。一つは、彼がアイルランドでの〔カトリック教徒への制約を減らす〕「カトリック解放」を支持していたこと、もう一つは、彼はメッテルニッヒとカスルリーに対抗していたため自由主義者の団体で人気があったことである。最初の点に関しては、バークとピットが薦めた政策に従ったに過ぎず、ジョージ三世によって挫折させられることになる。カトリック解放は、長期的影響を見れば健全な保守主義的手法だっただろうし、仮に一八二七年に採択されていれば、その後のアイルランドとイングランドの歴史は大きく違ったものとなっていたことだろう。二つめに関して、新世界を招き入れて旧世界の均衡を取り戻させたことについては——これも最初の点と同じことだが、カニングはバークの保守主義体系に従って動いたのである。カニングは南アメリカやギリシャやポルトガルでの革命精神を支援しようとは思っていなかったが、独立を望む真の国民精神は、一度姿を現しその力を十分に示したならば、必ず現実として受け入れられることを、彼は理解していた。抑圧の試みは失敗し、〔独立を求める相手と〕都合によって結ばれる友好的取り決めよりも保守主義運動を害するだろうと考えていた。これはまさに、バークがアメリカ革命に適用した保守主義の原理そのものであった。実際のところ、カトリック解放と四国同盟に対してカニングがとった処置は、彼の保守思想の深さを証明するものであった。しかし、これらの理由で旧トーリーたちは彼を見放し、カニングがいなくなると、彼らはピールを指導者と仰いだ。そのピールは、譲歩したカニングでさえ夢想できなかったかたちで、自由主義者に降伏することになった。

こうして、一八二七年〔カニングの死で〕、トーリーが天才の指導のもと救済される可能性は失われた。グレヴィルはこれに気づいて三年後にこう綴っている。「カニングが今健在だったなら、われわれがこの困難を切り抜けていく望みもあったろう。しかし、彼が生きていたならば、そもそもこんなことにはなっていなかったはずだ。彼は、時代の精神に入り込みそれを理解して、もはや止めることのできないあの動きの先頭に身を置く聡明さを持った唯一の政治家だった。自由主義の行進（と呼ばれているもの）は止まらないし、彼もそれが分かっていて、反対するのではなく、それを支配し導くことにしたのだ。この偉大なる精神を追い出して喜んでいた馬鹿ども（この愚行の結果から馬鹿どもを救い出せたのは彼だけだろうに）は、その流れをせき止めようと考えて、逆に飲み込まれてしまった」[16]。政治において保守主義者が抱えていた弱点の一つは、彼らの支持者の大部分が、古くからの決まりごとや伝統に基づいて行動するが故に、大胆な発想や力強い才能を前に怖気《おじけ》づきがちであったことである。カニングはこの哀れな小心に阻まれて、倒れたのであった。カニングは、わが国は、富と人々の間の巨大な闘争が始まる寸前のところにあると言った。穏健で自由主義的な立法のみがその影響を防ぐことができると、彼は知っていた。そして逝った。そののち、選挙法改正と功利主義思想の勝利は避けがたいものとなった。

しかし、仮にカニングが生きていて、持ち前の弁舌と創意でピール派やウェリントン派やニューカッスル派やノーザンバーランド派を、事態に間に合うように取り込んだと想定してみよう。出来事の進行はなにか違ったものになったろうか。選挙法改正は通過しなかっただろうか。一八三二年には通過しなかったとしても、一八三九年や一八四二年にはどうなったか。農業利権が怒濤のような工業利権に呑み込まれないということがあろうか。純粋民主制（カニングは、専制と無政府の合体だと述べた）に向かうイングランド社会が、誰に率いられるにせよ、トーリーを押しのけ、ベンサムがいうところの平等の理想に足音高く近づいていかないことがあろうか。十八世紀を通して、保守主義は世界の全軍隊よりも強い二つの力が進展するのを妨げようと努力してきた。医学や公衆衛生の発展と併せて十八世紀に発達した交易がヨーロッパの人口の急激な増加をもたらしたとすれば、効率的な産業の発展というのは、新たに増えた大衆に食を与えて養うための必然的結果だったのではないか。識字、個々人の判断、自由契約の特権が普通のものになるとすれば、民主主義は確実に地位ある者への尊敬から成り立つ社会に取って代わるのではなかろうか。もしこれらの前提を認めるとしたら、保守主義は運命の衣のすそに無益に爪を立てているだけではないのか。

これらの問いかけは単なるレトリックではない。一七四〇年から一八二〇年の間にイングランドの人口は倍増し、生産性向上を担保する新たな資源として、主に機械の力を援用することになった。経済活動における契約という考え方が民衆に広まるにつれ、新たな利権集団が政治権力を行使する際に一定の発言力を持つことを認めなければならなくなった。しかし、だからといってイギリス社会を席巻したような、この特定の形の変革が避け得ないものだったということにはならない。保守主義者たちは、政権を握っている限りにおいて、変革を伝統的生活の枠内に保つという高尚な義務を果たしていた。保守の不屈の抵抗がなければ、近代的に産業化した平等主義国家は、見るも恐ろしい結果となっただろう。バークと、その門下で優秀な者たちは、社会の変化とは自然なもので、避けられず、有益なものであることを知っていた。政治家は変化の流れを無為にせき止めようとすべきではない。なぜなら、それは神意に歯向かうことになるからである。そうではなく、政治家の義務は、革新と、昔から決められている真理の間を調停し、新規の流れを慣習の水路へと導くことである。これが達成されれば、たとえ本人には失敗に思えたとしても、保守主義は、人類という偉大なる不可思議な結合体の中で、定められた使命を果たしたことになる。自分が愛した古いやり方をそっくりそのまま保存しなかったとしても、それでもなお新たな方法の醜い部分を大いに矯正したことになる。

カニングが長生きしたなら、目の前に立ちはだかる産業化と民主化のエネルギーの勢いと流れを矯正するため、このように行動したであろう。ディズレーリは彼を見本として、この思慮深さをどのように用いるべきかを学んだ。カニングが直面した目下の問題は、民主化については議会改革、産業化については穀物法であった。どちらの件でも、彼が目指した方向はバークの方法に則ったものであった。

イギリスの国体は「古今東西で最も実際的な政府」であるとカニングは言い、絶対的平等や絶対的権利という抽象的考えによってこれが顚覆されるのを阻止するため、できることすべてを行おうと決心していた。富、能力、知識、そして身分によって人々は役目を与えられる。そうした人々が治める国は、「さまざまな地位や階級を重んじて維持し、公正な社会階層を許容するのみならず、それによって成り立つ」、相互扶助と相互保護のために団結した大きな共同体である。イングランドの政体の枠は、近隣という考えに基づく自治体の精神である。都市、教区、町区、ギルド、職能組織、商工会は、国を構成する自治の団体である。参政権は、正しい判断ができる能力があるとされ、かつ特定の団体組織の立派な一員である人々あるいは階級に与えられるべきである。もし投票が普遍的で恣意的な権利となるなら、市民は、尊い自治団体の成員ではなく、単なる政治的に利用されるだけの砂粒のような存在となってしまう。やがて、この名前のない投票者の群れは、一見「爵位が嵌めこまれ王冠を載せられ」たようではあるが、現実にはデマゴギーと凡庸を王位に据えるような純粋民主制に陥ってしまう。

人々が本当に求めているもの、また求めるべきものは、自らを統治する権利ではなく、良く統治される権利である。現実の経済的・政治的不満を見つけ改善しようとする効率的で公正な行政があれば、イングランドの半貴族主義的国体はいつまでも堅持されるであろう。そしてカニングなら次のように付け加えるかもしれない。自分とハスキッソンが商務省とインド監督庁を運営したのと同じように政府全体が運営されていたなら、急進主義者の選挙権拡大要求はずっと支持が少なかったろう、と。時には、社会の変化に合わせて、随時新しい集団が政治権力を分担するのが賢明である。しかし新しい集団の政治参画は、それぞれの集団が主張する特定の利益をもとに判断されねばならない。自然に存在しない「権利」を主張しようとする一介の個人は判断対象にならない。

トーリーの党内組織でカニングが上り坂にあった間は、急進主義者たちもそれほど選挙法改正への熱狂を煽ることはほとんどできなかった。やがて、カニングがいてもいなくても、一定の議会改革は避けられなくなった。しかし、もし一八三〇年代にカニングとその派閥が議会を運営していたならば、おそらく当の選挙改正法案は手の込んだ賢明なものとなっていただろう。国体のあちこちをすこしずつ切り貼りし、気まぐれな経済的理由で一挙に大衆に選挙権を認めたりすることもなく、歴史的経緯や真の効用を考慮せずに古くからある選挙区と権利を廃止したりはしなかったはずである。しかし実情は、カニング自身の、またかつてバークとハムデンの出身選挙区だった綺麗な古い町――バッキンガムシャーのウェンドーヴァーのことだが――は、一八三二年の功利主義的選挙法改正によって消滅した。それとともにより大きなものが失われた。消え去ったのは、組織体の利害の代表という考え方全体であり、個人を無数の点として捉える見方とは対照的なものである。ディズレーリは、町や職業団体や経済的団体の要求や精神を表明するための機構としての代議制という概念を復活させようと試みたが、何も成し遂げることはできなかった。自由主義の個人主義的ドグマは、〔ディズレーリが首相になる前年の〕一八六七年までにはイングランドの政治意識の中にあまりにも深く食い込んでいたのである。

やがて来る農業と機械制工業の闘争に関しては、カニングの一八二七年穀物法案が、寛容で長期的な視野に立った土地所有者と製粉所経営者の間の均衡の始まりを作り出せたはずだったが、不首尾に終わった。カニングとハスキッソンの政治経済に対する広く辛抱強い捉え方があれば、農業を繁栄させ、地主ジェントリの活力を維持し、農村に人口の多くを住まわせることは、マンチェスターやリーズ、バーミンガム、シェフィールドで工場の煙突を増やすことと同じくらい重要であるということを、トーリーが多くの政敵に納得させることができたかもしれない。適度な保護関税という知恵が許容され、イギリスの田舎の生活は十九世紀を通じて多少の人口流出を見るだけですんだかもしれない。* 現実はそうではなく、ウェリントンと大地主たちが不毛にも勝利し、ほんの束の間の年月ほぼ独占状態を維持した。その後、知恵者ではなかったピールが、じわじわと精神的に影響された果てに自由主義者の自由貿易理論に屈服した。急進自由主義者のリチャード・コブデンとジョン・ブライトは破竹の勢いがあった。そうしてイギリスは世界で最も完全に工業化された国となったが、危険なほど人口過多で、悲しいまでに趣と美しさが失せた国ともなった。イングランドの政治的安定やイングランド文学やイングランドの魅力を育んできた田舎の教区やこぢんまりとした町ではなく、黒煤大工業地帯と膨張した港町が、ますます国全体の雰囲気を決めるようになった。人口のかなりの部分は、一八四〇年以降、プロレタリアの状態に転げ落ちた。ディズレーリと、「太った牛」にたとえられた野党勢力も、流れを逆転させることはできなかった。それでも、カニングが生きていれば、何かがなされたかもしれない。イギリスはフランスやドイツやアメリカのような比較的均衡のとれた経済を保持することができたろう。それは保守にとって意義深い業績であったはずである。しかし、その時は去った。イギリスの産業時代の大衆が、かつては当然有していた優位を失い、ライバル国の競争力が今までになく強くなっていくなかで、この二十世紀の最後の十年間をどうやってしのいでいくのか、誰にもわからない。

起きてしまったことは、元には戻せない。カニングは、自身そこまでしかできなかったが、保守主義者のために最も賢明で巧妙な抵抗の道筋を示した。イングランドの保守主義者が一八〇年近くの間(歴史上最も長く続いた政道である)、粘り強く十分に一貫した道筋を走り抜けるのを可能たらしめてきた、精神の順応性と目的の幅。カニングこそがこれを保守主義に浸透させたのである。

＊C・R・フェイは、ハスキッソンが一八四五年に庶民院で立ち上がり、一クオータあたり五シリングの固定関税を穀物に課し、帝国の植民政策のための財源にするよう提案する姿を想像している（一八三〇年に機関車ロケット号に轢かれて死ななかったとの想定だ）――つまり、イギリスの農業を救う方法そのものが、産業化により維持され増大した人口を抑えるために使われただろうということである。（フェイ『ハスキッソンとその時代』一巻、三二一頁）

## 3、コールリッジと保守の思想

「民衆の哲学と哲学的民衆から、良識よ、我らを救い給え」と、コールリッジは『俗人説教』で述べた。この内向的な男は、貸本屋や定期刊行物から滋養を摂取して育ったのではない。故意に大衆化されたイデアこそ、一七八九年にヨーロッパを炎で包むイデオロギーとなるのだから。一万人が一つの声で話すとき、それはまさに魂の声である。しかし、それが神の言葉、あるいは悪魔憑きの叫びなのかは、聖職者や哲学者が結論を出さねばならない問いである。それが分かっていたサミュエル・テイラー・コールリッジは、民衆のリーダーになろうとは決してしなかった。

確かに、彼の哲学――それは発作的に、とりとめなく、十九世紀の改革者というよりは十七世紀の神学者風の弁舌によって表明された――が人口に膾炙する危険性はなかった。コールリッジは卓越した英語の使い手ではあったけれども、書けば書くほどこちらが狼狽してしまうほどの速度で衒学的に支離滅裂になっていくベンサムの論文に比べても、彼の著作は（哲学的・政治的なものについて言えば）あまり読まれてこなかった。コールリッジはイデアという測り得ないものについて話し、ベンサムは統計という物質的なものについて話していたからである。工業家と起業家の時代は、後者の様式の議論しか理解できなかったのである。

しかし、ハイゲイトの夢想家は、頭がどうかしているロンドン大学の創設者に勝るとも劣らないことがついには分かるだろう。J・S・ミルは、コールリッジとベンサムの中に十九世紀の二つの影響力ある偉大な精神を見出した。彼自身はベンサムや父ジェイムズ・ミルが打ち立てた功利主義を継承してはいたが、大いにコールリッジに共感していた。哲学的急進主義の流れは今日では集産主義の底なし沼に急速に流れ込んでしまっているため、あのロマン主義的形而上学派の観念論的仮定と詩的直観が、十九世紀を通して二つの学派が争った論争で勝利をおさめた状態になっているのかもしれない。ベンサムは、ロックやハートリーの乾いた機械的理性主義と、フランス啓蒙思想家たちの軽蔑的な懐疑主義の上に自らの体系をつくった。コールリッジは教父たちやプラトンを信奉しており、まさに十八世紀は啓蒙主義者の時代であったけれども、啓蒙をひどく欠いていた時代であったと断言した。前者の体系は、否定を中心に、後者は希望を中心に形づくられたのである。破壊的哲学がいかに目下の人気を得ようとも、文明の構造自体が先に崩壊してしまわない限り、長期的には、肯定の哲学がそれを打破するだろう。

哲学者としてのコールリッジは、イングランドのキリスト教思想の堂々たる系譜の上にある。フッカーやミルトン、ケンブリッジのプラトン主義者、バトラー、そしてバークが、それぞれの方法で信奉した伝統を、彼は引き継いでいる。カントとシュレーゲルの著作も彼に影響を与えたが、それほど強くはなかった。J・S・ミルは、コールリッジの形而上学的体系はドイツから輸入されたものだとつい勘違いしていた。しかしここは彼の形而上学を十分に議論するにふさわしい場所ではない。頭脳明晰なバジル・ウィリーがコールリッジの考えを最も簡潔にまとめている。[17] J・S・ミルの言葉を借りれば、一般に受け入れられている意見について考えたとき、ベンサムは「それは本当か」と問うた。一方コールリッジが同じ意見に直面したときは、「それはどういう意味か」と尋ねたのである。これはバークの遺産である――それが古くからの決まり事であるという理由でその決まり事を咎めたりはしないが、人類の集合的判断としてそれを検討し、そこに潜む意味を明らかにしようとする態度である。ベンサムは、確実性は科学的分析と統計的手法によって確保されうると確信していた。しかしコールリッジは、ある意見が「真」かどうかは、あたかもそれが人間という文脈から切り離されうるかのような抽象的根拠に基づいて決められるものではないと主張した。あらゆる古来の見解は真理を含んでいる。ならば、われわれはむしろ、それを理解し説明しようとすべきである。なぜなら、信仰と直観を欠いた理解は、人を賢くするにはまったく不十分であるからである。コールリッジは、肉体的知覚という誤りがちな感覚に依存した「単なる反射能力」である「理解」と、超感覚の器官としての直観の力を用いる、より高い能力である「理性」を区別する。理解は手段と関連し、理性は結果と関連する。哲学的急進派は、肉体を超越したヒュペルボレイオス〔この語は「ある国」の意で用いられている〕の知識体系全体をその勘定から外し、無神論と死の哲学の宣告を人類に与えて、肉体の生を耐えられるものにしている精神の生を破壊してしまう。この人間のより高い本能の消滅は、デカルトとロックによって始められ、それをベンサム主義者が、神もなく目的もない決定論という究極的結論にまで持っていこうとしたのである。

観察可能な現象を何ら独創のない形で記録することへと知の世界を貶める熱心な統計家たちすべてよりも、プラトンの方が多くを知っていた。人は自らは動かず、哲学者ハートリーの滑稽な道具である「連想」を用いて自ら道徳的存在へと必死で向かうこともしない。否、人は、イデアを通して働く、自らの外にある力によって前進させられる。イデアは不変の精神的真理であり、直観という能力を通じて人へと伝わる。信仰上の教義、道徳の原理、数学の規則、そして純粋科学の法則は、直観を通じて理解され（直感の強さは一人ひとり異なる）、他の方法でこの知識が得られることはない。イデアは単なる「理解」によって掴めるものではない。イデアは、よく理解されるにしても悪く理解されるにしても、世界を支配する。ベンサム主義者の精神、政治経済学者の精神は、役立つが限定的な「理解」のレベルに留まっており、したがって一般的真理にたどり着くことはない。特定の手法・手段を得るだけである。「理解」を抑制する「信仰」がなければ（また「信仰」は真の「理性」の産物である）、人類はまず精神の死を、その後に肉体の死を迎えることになる。コールリッジは、第二の「俗人説教」の前書きで功利主義者を風刺して、「因果の無限の連なりについて、熱烈なほどによくしゃべる」暗い目の老哲学者として描いた。その連なりは結局、一列になった目の見えない人たちであり、皆、前の人の上着のすそをつかんで、自信ありげに大股で前に進んでいる。「この列を先導しているのは誰なんだ」とコールリッジは問う。するとその賢者が軽蔑的な態度で教えてくれる。「誰も先導なぞしとらんよ。この盲人の列は始まりもなく無限に続いておる。一人では躓かずには動けないが、盲人が無限に並んでいるおかげで目の代わりとなっておるのじゃ[18]」。

この理論はヤヌスの顔をもつ「迷信」の一面でしかない、とコールリッジは声高に断言する。あらゆる形態の生命は、その内部から生まれたのではない力によって活力を吹き込まれる。彼らは彼らは、教育によって前に進むのである。「広大で神秘的な『存在』の連鎖、その一番下の輪には、かろうじて目に見える程度ではあるが、個性を得ようとする努力がある。しかしそれは自然状態ではほとんど見えない。少し上がると、個というものは目に見えて別々のものとなる。しかしそれは人の中にあるすべてに劣っている。そしてようやく動物は、人間性の最も低い力と同等なところまで上がってくる。そこに、より高き力が働く手段として地上でもっとも完全な状態のまま残っているわれわれの自然な欲望のいくつかがある[19]」。「目的」、そして「意志」は、神より発するものである。この「意志」がわれわれの人間性をかたちづくり、今やわれわれの理解を超えた方法で、われわれの理性ですらはっきりとはつかめない結末へと、われわれを導いている。神意は、われわれの弱々しい肉体が持つ本能と直観を通して働く。そうであるからして、すべてにわたり教師として唯物主義者と機械論者、功利主義者を選ぶような人は絶望的な愚者である。

前述した彼の形而上学の梗概では十分には示せない、コールリッジの明快な信仰と鋭い知性は、十八世紀理性主義から厳しい批判を受けて以来すっかり衰え疲弊していた（ウェズリーらの反知性主義の大騒動は例外だが）イギリスの宗教的確信に、再び活力をもたらす主要な力となった。コールリッジはキーブルやニューマンの生涯を予示していた。彼はヒューム哲学の影響から敬虔と尊敬と超越的形而上学を救い出した。聖書崇拝という擁護しがたい領域から観念論という砦へと聖職者を導いた。さらに彼は先へと進む。かのバークよりもうまく、彼は宗教と政治が不可分であり、一方の衰退はもう一方の衰退を生むことを示してみせた。道徳的秩序の保持は、政治的秩序の保持と必ず並行する。教会（キリスト教は「幸運なる偶然で」その一つの形だが、それは「教会のイデア」そのものではない）は、単に国家と協力しているだけではなく、ともに統合体を構成している。便宜を考えれば、政府と教会権威の実際の運営は分離したほうがよいかもしれない。しかし根本的には、教会と国家は永遠に統合される。この二つの構成要素が栄えない限り、社会は存続することはできない。

このように考えれば、コールリッジの社会的保守主義に至る。彼は単なる「政治的キリスト教徒」ではなかった。国家が宗教的に神聖化されるということの大切さを功利主義者が否定しさるならば、秩序という考えを消滅させることになると知っていたがゆえに、彼は人を砂粒のようにしてしまう個人主義とベンサム主義者の統計的唯物主義を攻撃した。万一にも功利主義者が、人は感覚の連想の束でしかないと説くことに成功したならば、人類は自らの超自然的で恒久的な希望と結末をみることができなくなるであろう。純粋な民主主義者は実践的無神論者である。法が神聖な性質をもつこと、精神的階層は神聖なものとして作られたことを無視することで、無意識のうちに、人類を破滅に向かわせる悪魔の力の手先となっている。人類の荘厳なる神秘と無限の多様性を、最大多数の最大幸福という似非《えせ》数学の原理に貶めてみよ。そうすれば、口やかましい学者風情による専制、すなわち精神世界における孤独という地獄を生み出すことになるだろう。

「君の幸福のあり方は私を惨めな気分にする。できるだけ多くの人に対し、できる限り善良なことをしようとすること、それは実際、人が自分に課す素晴らしい目標だ。しかしそうすれば、皆に共通の理性によって、すべての人にとって善であるとされるような善を、他人に施さねばならない。その結果として、君自身の見方のために、他人の真に良き幸福を犠牲にすることがないようにすることが肝要だ。君の隣人の見方は君の見方とまったく違う可能性もあるからだ。この意味で、君の金言は、単なる自明の理と言っていいほどに真である」[20]。哲学的急進派が直観的理性の存在を否定する場合、彼らは何が善で何が悪か判断する基準をすべて失い、したがって人に善をなす方法、あるいは自らの善を知ることもかなわない。人々の政治、特にお節介な改革者の政治は、彼らの宗教によって左右されるのである。

神学と形而上学に対するコールリッジの最も重要な貢献である『省察への助け』から、宗教政治的著作『教会と国家の構成原理』へと移っていくのは、自然かつ容易である。コールリッジの考えでは、宗教と社会は別々の存在では決してなかった。「フランスの自由」に熱狂していた若き日でもそうであった。実際、彼が『俗人説教』を書いた一八一七年から一八一八年までに、彼は、国家は宗教的感情を呼び覚ますことによってしか維持され得ず、教会はその道徳的本質を知る国家の存続によってしか保たれ得ない、と考えるようになっていた。「彼が自分の意見の重みをトーリー的あるいは保守的な秤で計るようになったのには、以下の二つの理由がある。――まず、一般的に言って、日に日に凶暴になりつつあり専制政治の到来を確信させる民主主義的精神によって自由と真理の大義が深刻に侵されつつあると、彼が深く信じていたからである。もう一つは、彼にとって国教会は、最愛の国の神との契約を収めた箱であり、彼は、ホイッグが、それを破壊することを公然と原則に掲げる人々と連携しようとしているのを見たからである」と、甥のH・N・コールリッジは述べている。[21]

抜け目ないことに、思想史家クレイン・ブリントンは三種類の保守主義者を区別している。物事をあるがままに受け入れる辞書的保守主義者、移り行く時間に反発して過去を理想化する体験的保守主義者、そして、哲学的保守主義者、すなわち「政治における人間の振る舞いに、矛盾なく時間超越的な一般化を施そうとする人」[22]がある。コールリッジは、バークの弟子として、この最後のタイプの堂々たる典型である。彼が、イデアに則った保守主義を体系的に提示してみせたのは、『俗人説教』が最初である。

ナポレオン戦争の終結に続く不況のどん底で書かれたその説教は、上中流階級に対して、ベンサム的急進主義を越えた高みに上がるよう熱心に説いている。いかなる秩序も、自らイデアを持たなければ永らえることはできない。目下の不平があるときには、社会を導く人々は、原理をもって便宜を図らねばならない。イデアがなければ、「経験それ自体は、過去への憧れにとらわれて後退りするキュクロプス〔一つ目の巨人〕のようなものでしかない。もしこの一つ目の経験がその崇拝者をそそのかして時代錯誤の行動に陥らせることがなければ、われわれは、今のような時代にはほとんど当てにできないような、外の環境や偶発的事象と幸運にも居合わせたことから得るものがある」[23]。コールリッジは原理の探求において、おそらくバークより先まで進んだ。彼は指針としての歴史の有効性に疑義を呈する。過去の知識に完全に頼ることはできないが、政治の目的、すなわち神意が定める国の行く末は探さねばならない。これは、われわれの直観でぼんやり把握できる社会のイデアにおいてのみ、確かめることができるだろう。政治的イデアという誤った観念が、フランス革命の大いなる原因であった。真の観念のみが、平等主義の錯誤からイギリスを救うことができる。「文明国であっても、大多数の人々にとって、思索的哲学は未知の大地であったし、あり続けているはずだ。しかし、キリスト教世界の画期的な革命、宗教革命、それに関わる国家の市民的・社会的・国内的慣習は、形而上学的体系の盛衰と同時に起こってきたのも、同様に真実である。実際に社会の機構を統治する精神は数少なく、物事の間接的な結果は、予測される直接的効果よりも、比較できないほど多く、また重要である」。しかし、イデアを理解しようと努力する際には、われわれは深く注意を払わねばならない。なぜなら、「完全に経験と理解に属する対象に抽象的理性が誤って適用され」、実際的関心と抽象性を混同してしまったのが、ジャコバン派の主な過ちであったからである。

いま現前にある不満を慎重に検討することで、国難の源が「対抗する勢力の不在ないし弱さの結果として、商業的精神に重きが置かれすぎていること」だと明らかになる、とコールリッジは続ける。商業それ自体は、適切に営まれれば、社会に不可欠なものである。しかし功利主義の精神は野放しの欲望へと堕落し、商業に対する道徳的抑制は、「より道徳的に厳格な研究が一般的に軽視されたことによって損なわれた。哲学は長く不吉な衰退を迎え、物理的心理的経験主義によってその尊い名前は簒奪された。おそらく国家内国家《インペリウム・イン・インペリオ》の唯一の無害な形態である、学識高く哲学的な公衆は存在しない」。貪欲な投機に対する旧来の貴族的伝統の衰え、急進的な非国教派による（貪欲を禁ずる）正統的キリスト教の信仰の侵蝕、ハイランドにおける小作農締め出し、拝金的事業への農業の堕落……これらは巨大で貪欲な利益追求の特定の側面であり、われわれの価値観が罪深き混乱に陥っていることをよく描き出している。ある政治経済学者はコールリッジに次のように語った。「この革命の結果としてより多くの食べ物が生産された。その羊肉はどこかで食べられねばならない。どこだろうと、どんな違いがあるんだ。もしグレンコーかトロサックスで二人が食べられる代わりに、マンチェスターで三人が食べられるなら、人間の快楽の秤は後者に傾くであろう」。コールリッジはあちこちと工場を行き交う「工員たち」を見ていたので、この博識な御仁に同意しなかった。「私はやはり、人は数えられるのではなく、重さを測られるべきだと思うよ。彼らの真価は、彼らの価値を最終的に見積もって見なければ分からない」。

農業の運営は、国家の運営と同様に、原因と目的についての知識を必要とする。農業の原則は商業のそれとは一致せず、所有者の権利には、同等の義務が伴う。農業の存在理由は、国家の存在理由と一致する。国家の消極的目的は二つある。国自身の安全と、人と財産の保護である。このほかに三つの積極的目的がある。各個人の生存の手段をより容易にすること、各成員に自らないしその子孫の状態をより良くする希望を持てるようにすること、そして、彼が人間すなわち理性的・道徳的存在であるために不可欠な能力を伸ばせるようにすることである。これらの目的を知ることで、われわれは自分の進路を改善し、基準を作り直し、自らをより良きものとしなければならない。「癒せない痛みを和らげ、楽にならない心を慰めよう。あとは王の中の王がその預言者の口から語らせた約束を信じよ。『すべての水のほとりに種をまくあなたがたは、さいわいである』」。

神学者F・D・モーリスと小説家チャールズ・キングズリーのキリスト教社会主義の種はここにある。コールリッジ自身は、サウジーが表明したような慈悲深い福祉国家への熱望を共有してはいなかったけれども、産業は規制されねばならないとコールリッジは言った。言い換えれば、改革への希望は、社会の全階級の道徳的改善、キリスト教教育、唯物主義理論からの贖いの中に存する、と考えていた。そのような道徳の復活が取るべき形は、『各々のイデアに基づく教会と国家の構成原理』で記述された。

このタイトルの修飾部分を見逃してはならない。コールリッジは、当時の構成原理について書いたのではなく、イングランドの歴史上の任意の時代のそれについて書いたのでもない。彼は教会と国家のイデア、すなわち、「各々の究極目的に関する知識と感覚によって生み出される」、あるべき構成原理について書いたのである。イデアは、それを明確に表現したり、その存在を意識したりしている人がいなくても存在する。少数の人々はイデアを持っており、それ以上の数の人はイデアに取り憑かれている。神意は始まりからその国家構成原理の発展を定めており、われわれは国家の起源と発展の中に、漠然とその目的を知覚できる。この過程が手がかりとなるのである。したがって、イデアは本質的に天啓である。ルソーは理論や事象とイデアを混同しており、誤って社会契約が歴史的出来事であったと信じてしまった。そのような事象は起きなかった。しかし社会契約は、バークが理解した意味において真正のものである――それは、神と人の間、社会のいくつかの要素の間の「常に始まり続ける」契約のイデアであり、精神的知覚によってのみ識別できる精神的現実なのである。

さて、国家のイデアとは「統合の原理を自らの中に持つ政治体」であり、その統合は「対立する大きな利害――『永続』と『前進』――の均衡と相互依存」の結果である。永続は土地利権を源とするものであり、前進は商業的・工業的・分配的・職業的利権を源とする。大小の有力者——貴族やら騎士やら地主やら——がイングランドでは永続の利害を構成し、都市の自由市民が前進の利害を構成する。どちらも国家の繁栄のためには必要なものである。これらの階級は議会の両院として具体化され、王はその二つをつないで均衡をとる、天秤棒として機能する（しかし王はこれ以上のものである。彼は国教会と聖職者の長であり、国有財産の守護者にして最高受託者であり、全国民の長にして至上権威である）。

この二つの階級に加えて、第三の階級が存在する。国の教会に奉仕する聖職者ないし教会員である。彼らの義務は、人々の道徳的教化を維持し進めることである。その基金のために、国庫の一部がとっておかれる。コールリッジはそれを、個人の財産つまり私有財産（Propriety）と区別して、国有財産（Nationalty）と呼んだ。聖職者の義務の一端として、神学への奉仕がある。さらなる義務の一端には、国民教育を施す役割がある。この階級の成員には、研究と瞑想に携わるべき者もいる。ほとんどの成員が、人々に知識を伝える役割を担っている。キリスト教会はこれらの機能を持っている一方で、彼らはキリスト教にだけ属しているわけではない。どんな国であれ、どんな信条かにかかわらず、これらは聖職者としての義務である。聖職者は教化の仲介者であり、その維持のための手段である国有財産は、合法的に教会から他に譲渡されることはできない。国有財産の大部分は、宗教改革の際に王と貴族によって強奪されたのであり、国民の道徳と品性の陶冶が先に進むように、この損害は矯正されるべきである（コールリッジ——および補佐役としてのコベット——は、テューダー朝期に行われた没収をこのように非難した思想家の嚆矢となった。彼に倣ってディズレーリが、ディズレーリに倣ってベロックが続いた)。そのようなものが、国体のイデアである。イングランドの現状は、理想に近いだけで、そこには欠陥や不調和がある。賢明な改革者の責務は、存在する秩序を転覆させることではなく、教会と国家のイデアにより近づくよう改善していくことなのである。

コールリッジは、高い道徳的原理に基づいた、郷紳階級と学者によって国事が運営される国家を望んでいた。それは、土地所有者が土地に付随する義務および権利を認識する国家となるはずである。貴族制であり、階層制ですらある社会となるだろうが、正義と英知は今よりも広く行きわたることになるだろう。各階級の代表は慎重に政府に集められ、現在の土地利権の偏りは修正される。国有財産は、個人財産に着々と奪われていた部分を取り戻すことになる。道徳的で人道的な教育は大多数の人々に再び施される。国教会の思想は、かつて単なる一宗派へと零落していたイングランド国教会の中で蘇る。この計画は、その後一世紀にわたって、ディズレーリら保守派改革家たちに刺激を与え続けた。

コールリッジは、近代の潮流がこの復古と保守的改善の計画のすべてに反発することを知っていた。聖職者の管轄から外された教育は、知識は力なりというベーコン的金言に倣って改革されつつあった——教育は経験主義的・功利主義的原理に基づき変容し、機械技術と物質科学になりさがり、倫理は刑法の要約と衛生についての講義に落ちぶれた。国家経済は、今は貪欲さによって支配され、〔失敗に終わった〕スピーナムランドの救貧制度や綿工業、「成金の工場の動力として機械のように扱われている残りの人々」を通して、均一な工業化の型にはめ込まれていた。次に来るのは国有財産の略奪である。公衆の教化の支援のため留保されている富のほとんどは地主や株屋によって着服されつつある。古い真実は、「機械哲学という称号を得るまで台頭してきた機械粒子理論」と「自然状態、あるいは創世記の最初の十章と入れ替えられた、人の起源に関するオランウータン神学」によって取って代わられてきた。蒸留酒ジンは貧民の特権となり、犯罪は四倍に増え、義務から切り離された「奪われることのない権利」という抽象的な理論に基づいて行動する職工たちの組織によって政府は圧力をかけられている。議会にいる自由主義と功利主義の指導者たちは、「国家の聖職あるいは教会」という偉大なる概念の全体を理解し損なっている。それは「正しく構築された国家の不可欠の要素であり、それがなければ国家の永続と前進の双方にとって最良の保障を欠くことになる」。彼らは伝道協会やランカスター派、「大学という馬鹿げた名前の講義市場」に信頼を置いていた。国家は凋落し、正義という思想を単に数の上での過半数の衝動で置き換えようとする、全能の議会に服従するようになっていた。その議会は憲法の制限に対して敵対的で、国家の他の構成要素が持つ特権を軽視している。「あなた方は学識の普及に熱心であると公言する」と、コールリッジはベンサム主義者に対し戒めた。「それでもあなた方は、知識のイデアをつかめてはいない」。

「しかし、一般的啓蒙がお望みだという。ならば、社会のつま先に蹴爪をつけて、最も低いところから順番に昇り、より上の階級を啓蒙するのだろう。それなら、科学を大衆に広めるところから始めるわけだが、しかし、それは科学を卑俗化するだけの結果となる。全員ないし多くの人を、哲学者、あるいは科学者や体系的知識を持つ人にしようというのは、愚策である。しかし、できるだけ多くの人を真面目に、着実に信仰篤くしようとするのは、義務であり英知である。国家が、その繁栄および理想的な永続性のために、また個人の精神的関心と無関係に、市民に要求する道徳というものは、人々にとっては宗教という形でのみ存在できるのだから。しかし、真の哲学の存在、思想の統一性の子細まで熟考する力ないし習慣——国民の指導者と教師にこれがあることが、全階級における宗教の健全なる状態に不可欠である。最後に、宗教は、本物だろうが偽物だろうが、ひとつの国の重心であり、これまでもそうあり続けており、あらゆるものはそれに順応しなければならないし、将来も順応することになるだろう[24]」

これが時代の精神であった。しかし、真のイデアは、これまではそれを明確に理解できる少数の人々にしか分からなかったが、次第に大衆へと滴り落ちており、それは彼らの間では堅固な伝統的価値観となる。もし国体や教会、国家という思想が社会の指導者たちの理性の中において再建されるなら、功利主義者によって荒廃した公的活動や私的精神をもとに戻すことができるかもしれない。われわれの願いはこの世代ではなく、次の、そしてそれに続く世代にこそある。

『教会と国家の構成原理』は、事の目下の成り行きには大した影響をもたなかった。その出版から二年後、議会は、選挙法改正を訴える暴徒たちとグレイ伯とジョン・ラッセル卿の執拗な要求に屈した。一八三二年の選挙法改正案で示されたのは、イングランドの国体のイデアを完璧に無視するということであった。適切な理解によれば国家のイデアとは貴族制であるということを改正派は忘れている、とコールリッジは言った。民主制はある制度の血管を循環する健康な血液のようなものだが、決して外に現れるべきものではない。議会の代表のあり方を改正する緊急の必要性は実際存在した。しかし、一八三二年の改正は新たな邪悪を生み出しただけだった。「その邪悪と欠落が知られた今、あの時は必要だったために苦心してやりくりしたこの調整は放棄するべきである。そして厳格な区域割りに基づく代議制の案でやり直そうではないか」。これでは議会改革に対する真の要求を無視することになる。それは、それまでの百年で発展してきた新たなイギリスの帝国的利権を認識せよということであった。「皆の情けない性向が、われわれの代議制のうちに原理的に存するわれわれの国民性を破壊し、そして民衆の下劣な代表の集まりに変えようとしている。人々には統合などないが、国益を代表する代議制にはある。個人そのものの情動や願望から派遣されてくる代表など信頼できない」。一八三二年の改正は、郷紳階級やこの国の真の愛国者から権利を奪い、政治権力の秤を小売店員たちの方に傾けた。あらゆる階級で最も愛国や保守から縁遠い人々である。貴族院を脅した手口で、改正派は偉大な秩序の独立と国体の調和を覆した。「単に選挙権を拡大したことが悪いのではない。大いに拡大すればよい。――それ自体では何の害もない。悪いのは、選挙権が名目的にそうした階級に拡大したというのに、贔屓された階級が生まれ、その上の階級は選挙権を奪われ、下は不満を持つという不可避の結果を生むようなやり方で行われたことなのだ」。宗教による神聖化によって導かれない残忍な民主政が、数年後の結果となるだろう。そして、「群衆がこの地の旧来の国体を破壊し駄目にして満足した後には、直接的な専制政治が徐々に現れるだろう」。

コールリッジはうめくような声でこう言った。イングランドの古来の理想は、株屋と近代的な政治経済学者――社会を脱国民化しようとする階層の人々、エフェソスの神殿の炭化した土台を掘り起こして蒸気機関の燃料にしてしまうような人々の軍門に下ったのだと（百二十年の後、石炭委員会は、ハミルトン宮やウェントワス・ウッドハウス、その他の貴族制の頃の国民的歴史記念碑で同じような事業を運営した）。国家をひっくり返した彼らは次に、「われわれの国民性の最後の遺構」である教会に目をつけた。聖職者は、牧師も教師も、功利主義社会では物ごいとなるだろう。しかし自由主義者と功利主義者たちは、値切った以上のものを手に入れることになる。

「覚えていると思うが、ネッカーは、貴族制と戦う自分を助けに来てくれと人々に頼んでいた。人々は彼の命令にすぐさま駆けつけた。しかし、どうしたものか、仕事を終えた後も去ろうとしなかったのである。グレイ卿とその友人が、限りない熱情と苦痛をもって悪魔を呼び出して何かをしてもらおうとした、かの魔術師の惨めな事例と同じ状況にならないとよいが。悪魔たちは呪文を聞いて現れ、彼の周りに殺到し、にやにや笑って、叫んで、踊って、悪魔的に歓喜してその尻尾を振り回す。しかし何が欲しいかと彼らが尋ねたとき、この哀れな人間は、その機知もすっかりなくして怯えきり、どもってこう言うことしかできなかった。――『お願いだ、なあ、そのまま帰ってくれ！』。それに悪魔たちは声を合わせてこう答えた――

『おうおう！帰るさ、もちろん帰るさ！
でも一緒にお前も水の中に引きずり込んでやる！』[25]」

人の気難しい理性と、啓蒙された利己心が敬虔という骨董に取って代わるという仮定に基づく、ベンサムと改正派の陰気な原子論的個人主義は、まさにこの結果にいたった。それが引き起こした反応は、功利主義の制度と同じく理想を欠いた冷酷な集産主義であった。ベンサムとマンチェスター派の急進的自由主義は今や空文である。しかし保守主義の思想体系は、部分的にはコールリッジが諸思想の現実と想像力の役割、国体の神聖性を認識していたおかげで、それより長く生き残ったのである。

## 4、抽象概念の横溢

もしベンサムとジェイムズ・ミルの理論が一八三二年の選挙法改正を導いた刺激であったとしたら、フランスでの革命成功という事例や、ノッティンガム城とブリストル宮の司教を燃やした労働者階級の暴徒による混乱と蛮行が、改正法可決の直接の原因であった。コールリッジはその年の三月にこう言っている。「この改正法案可決に賛成する意見の例でいくらかでも意味があるものは二つしか聞いたことがない。実質的にはこのようなものである。1．可決しなかったらドタマかち割るぞ。2．可決しなかったら馬洗池の中を引きずり回すぞ。――どっちもかなり効果があった」。ベンサムとスコットは選挙法改正の年に逝き、コールリッジはその二年後に逝った。ほぼ半世紀にわたって、伝統のためにバークが熱く申し立てたおかげでイギリスの国体は変わらずに保たれたが、今や堤防は破られ、平等主義がイングランド社会に氾濫し始めた。

「人民に代議権を与えるための法」。この「人民」という抽象概念は、ここで初めてイギリス憲法に入り込む。かつては人民は、数学的基礎により均等な選挙区で代表される均質な大衆として考えられてはいなかった。これは功利主義的で工業的な概念であり、新たなプロレタリアートの存在を混乱のうちに認識しているものである。かつて人々は、町の土地自由保有権者や地主の間借り人、あるいは大学の卒業生、商業・職業組合の成員として、その団体成員の資格に応じて代表されていた。かつて議会は、王国の複数の利害を考慮し反映していた。その後、議会は「人民」を代表するものとなった。人民の意志が主権となると言われながら、人民は公正な政治家に識別できるような本当の共通意識や目的など持っていなかった。ルソーやベンサムやヘーゲルの抽象概念はイングランドの法の一部となった。かつて政府は、王国内の大いなる諸利害の相互利益のための取り決めと見なされていた。税金と呼ばれる自発的貢献によって支えられた。その後、政府は、法学者ジョン・オースティンが定義したような抽象的「主権」を付与されて、ますます抽象的団体としての傾向を強め、国家があたかも一つの巨大な改良型パノプティコンであるかのように社会を指導するようになった。

歴史家は、改正法案を厳しく扱ってきた。一八三二年のこの法は、古い国体を改革せずに、新たな国体を創造したのだと、歴史家F・J・C・ハーンショウは百年後に（影響力ある思想の一派を代弁するかたちで）書いた。特定の条項は有益であった――新たな街の成長と古い町の衰退にあわせた代議制の再調整、議席売買の減少、適切な代表選出権を持つに足る階級への選挙権付与、などだ。しかし、その前提と手法は、豊富な政治的経験をもつ国民にはまったくふさわしくなかった。[26]

グレイやラッセルよりもずっとましで、想像力豊かなコールリッジは、議会改革の適切な性質を理解していた――と数年後J・S・ミルは書いた。コールリッジには、改正案には何の原理もないことが分かったし、原理なき措置は不道徳な措置でもあることも知っていた。選挙法改正は革命にも匹敵するが、そこには革命を引き起こした原因を治療する施策はなかったと、彼は悟った。今ではすべての政党が、コールリッジの見方が正しかったことに同意しているように思われると、ミルは続ける。「改正法案は、実質的に立法府の一般構成を改善することを意図したものではなかった。それが成した善は少なくないが、主にそれは、大きな変革であったことによって、大きな変革を恐れる迷信的な感情を弱めたことにある」[27]。

二十世紀の視点から見れば、これは一八三二年に対する奇妙な弁明に思える。ミルは救貧法改正とペニー郵便法を例に挙げ、社会的大変革に民衆が熱心であることから生まれる恩恵の証拠だと論じた。自由主義側は、限りない人類の進歩を確信しており、一八三二年以降大きな変革は人道主義的立法に限られるだろうと仮定していた。ペニー郵便法が国体という考えの破壊に対するほぼ十分な埋め合わせになると考えていた哲学者から、自分が称賛されていたと知ったならば、コールリッジは面白がったことだろう。西洋の国ではどこでも、功利主義が諸思想に対し優位を占め、民主主義が旧国体を飲み込んでいった。そして進歩に酒を注ぎ終えると、ヨーロッパ諸国は次々と、宗教戦争以来未曾有の狂乱のなかで互いに引き裂き合っていた。「あっさり倒れたな、旧国体は」とスコットは日記に綴っている。「猛攻する横暴なミラボーもおらず、流暢に弁護するモーリーもいない。子供のおもちゃのように投げ捨てられたのだ。まあ、それならそれでよい、人民の良識は大いに信頼されているのだ。それがわれわれに何をしてくれるのか、見ることになるだろう。うぬぼれゆえにこの窮状を招いたものたちへ、クロムウェルの呪いを。しかしそれならそれでよいのだ。直せぬものを嘆いても仕方ない」[28]。

# 第5章

# 南部保守主義

## ランドルフとカルフーン

「変化を好み、混乱を喜び、大釜を煽って煮え立たせることを望む者は、気が向きさえすれば未来の変革に票を投じることだろう。しかし、どのような呪文や決まり文句で、すべての人々をこれから先永遠に呪縛しようというのだ。見張り自身をいったい誰が見張ればよいのか」

## 1、南部の気質

ロアノークのジョン・ランドルフはアメリカの歴史において、もっとも風変わりな偉人である。彼は一八二九年ヴァージニア州の憲法制定会議での演説において、冒頭のように述べた。シャトネー夫人が著述家ジョセフ・ジュベールを評して言った言葉は、まさにこのランドルフにも当てはまる。「偶然肉体を見つけ、それとできる限りうまくやっている魂のようだ」。憲法制定会議における彼の背の高い姿は、まさに死体のように痩せこけていた。その目は、悪魔か、さもなければ天使の目のごとくに輝いていた。その骨ばった指は、ほぼ三十年前、連邦最高裁判所陪席判事であるサミュエル・チェイスに対する弾劾告発で、被告を厳しく指弾した。苦悩の表情を浮かべる顔は、少年のようでもあり、死者のようでもあった。真っ直ぐな黒髪がその顔の輪郭を縁取っていたが、それはかの有名なポカホンタスを遠い祖先にもつことを人々に想起させた。当意即妙の弁舌が次から次へと溢れ出て、まるで神から霊感を受けた預言者のように雄弁であった。一世代の間、連邦議会のみならずアメリカ中が、この政治的な異端児に注目し続けてきた。民主共和党内の州権擁護派「クイッド」の高貴なる代弁者であり、自身で黒人奴隷を所有する奴隷制廃止論者（*ami des noirs*）であり、保守的な大農園主であり、風変わりな決闘好きであり、政治腐敗に対する異様なまでの敵対者であり、アダムズ、ジェファソン、マディソン、モンロー、クレイ、ウェブスター、そしてカルフーンなどの人々を、偏りのない批判で次々と槍玉にあげた、無慈悲な聖ミカエルのごとき人物であった。生涯を通し、ランドルフは病気による苦痛を和らげるためにブランディーを飲み続け、病気がちだったにもかかわらず、六十歳まで齢を重ねた。晩年には阿片にも手を出し始めていた。しばしば階段の上に悪魔を見たり、ロアノークの独り暮らしの別荘を訪れた人に「隣室の円卓に誰かが座っていて、死者の手で死者の遺言状を書いている」と語ったりした。ある種の天才であり、南部ナショナリズムの提唱者であり、南部保守主義の創始者でもあった。

南部諸州における保守的な政治政策は、合衆国憲法制定会議におけるジョージ・メイソンから現在の連邦議会の下院議員に至るまで幅広く辿ることができるが、明確に四つの傾向が見られる。いくぶん惰性による変革への嫌悪、農業社会を存続させようとする強い意志、地方の権利に対する愛着、そして黒人問題に対する過敏な反応である――南北戦争以前には、南部で奴隷制度を

「独特の制度」と呼び、それ以降は人種差別を「皮膚の色による区別」と呼んだのはその一例だ。共和制の初期においては、初めの三つの関心事に比べれば最後の問題は影が薄いように思われた。しかし一八〇六年までに、この黒人奴隷制に対するジレンマは次第に国家政策の前面に浮上し、一八二四年にはジョン・ランドルフが、奴隷制の問題は憲法を緩く解釈するか厳密に解釈するかという問題や、州権、国内交通網整備計画と切っても切れないことを明確に示した。それゆえ、これ以降の南部における政治原則を分析しようとしても、奴隷制に関する議論のために混乱し、不鮮明なものとなるのである。たとえば、歴史家にとっては、どこまでが州の主権の真の擁護であり、どこからが奴隷所有に対する利権絡みの弁護なのか判別するのが難しい。ランドルフもカルフーンも関税に関する議論（突き詰めれば、アメリカにおいて産業利益と農業利益のどちらを優先するべきかという議論）や地方自治権の問題と、奴隷制に関する議論を意図的に混同させた。そうすることによって、彼らは争点となっている問題にはむしろ無関心な奴隷所有者たちの勢力を、自分たちの陣営に引き入れることができたからである。南部の敗北が決まったアポマトックスにおける戦いの数年後、南部連合軍の元兵士たちが集まったとき、かの偉大で素朴な騎兵指揮官であるネイサン・ベッドフォード・フォレスト将軍は、かつての戦友たちから、失われた大義を擁護し、気勢を上げる演説が続くのを聞いた。奴隷制についてはほとんど触れていなかった。不満を感じたフォレスト将軍は立ち上がり、堂々と弁じた。自分をはじめ皆の黒人奴隷を維持するための戦さだと思わなければ、戦いに行くなどと考えても見なかっただろう、と。奴隷制は、保守主義者がその立場を擁護するには都合の悪いものだ。しかし、奴隷制廃止論者の乱暴な要求や望みは、政治的な良識から言えばあまりに危うい基盤であったことも思い起こすべきである。おぞましい奴隷制の問題は、すべてを満足させる答えを得ることは不可能だったため、十九世紀の最初の六、七十年間、どちらの陣営に属そうともアメリカ人の政治意識を歪ませ、変色させた。ここでは可能な限り、奴隷制に関する党派的な論議を避け、口角泡を飛ばす奴隷解放論者と南部過激派の激論の奥底に分け入り、ランドルフとカルフーンによって表明された保守主義の思想について考える。

このヴァージニアとサウス・カロライナ出身の二人の政治家は、ともに初めは民主的で（ある意味では）急進派であった。まだ三十歳に満たない時分に、下院議員であったジョン・ランドルフは合衆国議会においてすでに傑出した人物であり、ジェファソンとともに一八〇〇年の選挙における連邦党の大敗北を喜び、連邦最高裁判所判事たちの保守勢力を打ち破ろうと堅く決心していた。ジョン・C・カルフーンはランドルフより十歳ほど若く、同じく三十歳の頃には、タカ派の下院議員であり、ナショナリストであり、連邦支出の削減を求める国家改革の唱道者であり、広く改革を求めていた。しかし、ランドルフは後にアメリカにおけるバークの継承者となり、カルフーンははじめはこの人物に敵対していたがやがて感化されて（南部の信条を堅く守る）「鋳鉄の人」となり、「進歩」、中央集権化、そして抽象的な人道主義に対し、一貫して反対の立場を貫きとおした。彼らが保守的になったのは、世界の大きな潮流が、自分達が愛した穏やかで農業に依存した旧来の生活ではなく、画一化され、工業化された新しい秩序に向かっていることを悟ったからである。彼らは南部の大農園社会の支持を一身に受けた。一八六〇年から六五年にかけて、南部はランドルフとカルフーンの思想を、死力を尽くして支持したのである。

連邦主義者の保守主義（主としてハミルトンによって提唱された）とメイソン・ディクソン線の南で発展した保守主義の間には、深い溝がある。連邦主義者たちは次のように考えていた。ある種の旧来の社会的な価値観――たとえば私有財産の保護、安定した政府、宗教的信念に対する敬意、人々の間の違いを有益なものとして認めること――などは、統一された強い政府によって最も効果的に守られる。その政府は広範囲にわたって権力を有し、無制限にそれを広げることができる。一方、南部の人々は、政治的にせよ経済的にせよ、集権化は伝統の壁を破壊し、アメリカに単一国家を築きあげると確信していた。彼らの考えによれば、そのような国家は専制的で、全権を有し、頂点にある者が指揮を執って支配的多数派の利益のために操られる。そして国家は、その多数派の中でも、特に新しい産業の経営者らの利益を優先する（南部の連邦主義はマーシャルやピンクニーのような人々によって率いられていたが、一八〇〇年以降消滅もしくは漠然としたホイッグ主義へと縮小してしまった）。現代アメリカにおいて――保守主義が政治家の精神の中に哲学的な存在意義を保っている限りにおいてだが――この保守主義の二つの流れは、本来の姿からかなり変化しているとはいえ、依然として互いに争い、共通の敵とも戦っているのである。

ランドルフ、カルフーンをはじめ近年の幾人かの南部の著述家を除き、南部の精神を擁護する才能はほとんど見当たらなかった。その不利の故に、農村社会はほぼ常に苦難を強いられた。都市は詭弁家や狂信者を生み出す。しかし、南部の雄弁家の激しさと、南部の一般市民の穏やかな倦怠の裏に、おぼろげながらも確かに感じられる一連のものの見方や特性を見出すことができる。それらは、南部保守主義の伝統に不思議な粘り強さを与えているのである。こうした特徴はすでに示唆されてはいるのだが、もう少し詳しく検証する必要があろう。

(1) 人為的な革新ではなく、ゆっくりとした自然な変化を好む、つまり「あせらず慎重にやる」精神。この傾向はしばしば、温暖な地域や農村部の人々の間に見られ、押しの強い北部人に対する不信感によって一層強まった。北部人に対する不信感は十七世紀に現れ、未だ消滅していない。

(2) 農業生活を深く愛し、商業や工業を低くみる性質。この性質の起源は、興味深く複雑である。オールド・サウス（アメリカ東南部）に鉱物資源が不足していたことと相まって、南部人一般に、北部の熱狂者による産業化や、北部産業振興に回されることになる関税を甘んじて支払うことへの拒絶意識を生み出した。

(3) 社会的、政治的な面での明確な個人主義。これは、ある意味ではニューイングランドの人々よりも徹底している。南部白人は政治的独立に誇りを抱いているため、それがどこであれ自分の郡の郡庁より遠い所から統治されることに、反感を抱く。同時に、南部にはニューイングランドにおけるタウン・ミーティングのような制度が存在しなかったため、南部市民は政府の決議を常に自発的に承認する習慣を持っておらず、頑固な個人主義が修正されなかった。この傾向によって南部の人々は、地方自治と州権のより徹底した擁護者となったのである。

（4）異なる人種が同じ土地に暮らす以上は必ず存在する、非常に大きな問題に対する不安感。これは抵抗という形でいきなり表面化する場合もあれば、眠ったような状態で凍結している場合もある。南部は黒人と暮らさなければならなかった。黒人の数は増えこそすれ、減ることはなかった。貶められ、学も与えられず、極端に貧しい人々、「動産」として以外には法の保護を受けることもなく、概して教会の影響の外にあった彼らの脅威は、常に南部の白人の心の奥底に存在していた。奴隷制がもたらす経済的問題のさまざまな点については、ここでは十分に取り上げることはできない。しかし、既存の社会的な枠組みに対して潜在的に不満を抱いている奴隷階級がいるという難しい事態は、支配階級の心のなかに、現在の枠組みを細部に至るまで固持しようという強い思いと、改革に対する異常なまでの警戒心を生み出しがちだったはずである。

このような土壌のなかで、南部の政治的保守主義が育った。南部の政治的な声がはっきりと聞かれたのは、かつて二度だけであったが、その声は強く雄弁であった。この二人の政治的代弁者は共に南部の立場を表明するために、政治家としての有望な未来を犠牲にした。ランドルフは合衆国下院での指導的立場を、カルフーンは大統領になる可能性を失った。それが正しかったかどうかはともかくとして、両者は大胆な主義を貫き通した人物だった。両者とも以後に例を見ないほど明快に、その独特な保守主義を展開したのである。ランドルフは実定法の範囲を広げようとする民主的な傾向を激しく弾劾した。そしてカルフーンは少数派の権利を擁護したのである。

## 2、ランドルフの実定法危険論

「すでに以前に申し述べたことではあるが、もし私がフィリップならばこのことを毎日言わせるためだけに人を雇うだろう。この国の人々が自由を失うとしたら、それは一時の熱情に負けて重要な統治原則を犠牲にすることによるだろう、と。この国には素晴らしい原則がいくつかあるが、それが常に不可侵の状態で保持されるのでなければ、自由は消え去ってしまう。もしそれらを手放したら、この国の統治者がどんな性格のものかは、全く意味のないものとなってしまう。それが国王であれ、大統領であれ、国民に選ばれるにせよ、世襲によるにせよ、統治者の性格は意味のないものとなる。つまり、われわれは奴隷となり、選挙による政府であっても、われわれを守りようもなくなるのだ[1]」

一八一三年、この見解を述べたとき、ジョン・ランドルフはアメリカで、そして南部においてさえ最も不人気な政治家の一人であった。それ以前に、彼は迫りつつあるイギリスとの戦争に強く反対を表明していたし、戦争が始まったのちもその進め方を非難していた。彼を好戦的な議会の指導者に押し上げた初期の圧倒的な人気は、後にまた戻ってくる。例外的な短い期間を除いて、ランドルフは自分の選挙区民を魅了し続けた。異母兄弟であるベバリー・タッカーによると、シャーロット・コートハウスでランドルフの周りに集まった大農園主の目には、まさにその風変わりな点が、普通の人間というよりはむしろ、英知に溢れたイスラム神秘主義の修道僧のごとき存在に映ったのである。また当時、ヴァージニア州は民主的ではなく、土地所有者のみが選挙権を有していた。トクヴィルが述べたように、民主主義は概して奇矯さなど大胆な特異性に対して反感を示す。夢見がちな詩人のようで、かつ気性の荒いランドルフのような候補者は、今日では選挙で票を集めることはできないだろう。その生き方はまるで修行する騎士のようであったが、晩年彼自身が親しい友人に、自分はドン・キホーテであったと語っている。ランドルフはヴァージニアにとって、恐怖であると同時に喜びでもあった。まだ駆け出しの頃、若く激しい情熱に駆られ、南部の心臓部にあるシャーロット・コートハウスで、彼は老いたパトリック・ヘンリーを論破した。そして、一八三二年死を前にしたランドルフは、同じコートハウスで、文字通り人々を脅してアンドリュー・ジャクソンを糾弾させた。彼はかつてこう記している。「私は、主人を持つ質に生まれついていないのだ」。そして、こうも記している。「私に触れたら、すぐに反発するから」。

少し道を逸れてランドルフの気質を掘り下げてみたいという誘惑にかられるが、ここでしなければならないのはその思想について検証することだ。バークと同様にランドルフの精神も豊かで複雑であった。その政治キャリアは、一貫性がありながらも実に入り組んだものであった。自由を愛したがゆえに、連邦主義が目指す集権化を受容することができず、民主主義の教義の上辺だけの言葉や質の低下を激しく嫌ったため、ジェファソン的民主主義にも耐えられなかった。ランドルフはこの巨大な二つの風車に対して、槍を振るい続けた。連邦最高裁判所の不穏な連邦主義を押さえ込もうとするその熱心な努力――チェイス陪席判事の弾劾とその裁判――は、結局は失敗に終わる。そして、ランドルフの親愛なる敵であるジョン・マーシャルは――当時ランドルフが尊敬し、好ましく思っていた数少ない政治指導者の一人であるが――集権化という自らの仕事を、ゆっくりと押し進めていった。間もなく、ヤズーランド買収に絡むスキャンダルでランドルフのジェファソン政府に対する不満は沸点に達したが、民主共和党党員の大部分は見返りを期待し、配下に加えられることを望んで、大統領を支持し続けた。ランドルフは絶望的なほどの少数派として取り残された。彼の同志は一徹なオールド・リパブリカンと呼ばれた政治家たちで、政治的透明性、厳密な憲法解釈、政府支出の極端な節約、あるだけの歳入でまかない債務は持たない方針、全世界との平和、そして農本主義といった政治的純粋性を信条としていた。しかし、ランドルフは勝利に甘んじることができず（確かに、ランドルフ自身は権力を欲していたかどうか疑わしい）、逆境にあってこそ大胆に活躍するような人物だった。三十年の間、あらゆる人と戦ったが、晩年になって南部が自分と立場を等しくし始めるのを見ることができた。

「疲れ果てている、騎兵も歩兵も竜騎兵も」。この言葉は、オールド・リパブリカン、つまり民主共和党クィッド派が、ジェファソンの通商禁止法が議会で可決されたのちに陥った状況を説明してランドルフ自身が述べた言葉である。この時期の南部の経済は、対英仏入港停止法、通商禁止法、一八一二年の米英戦争、そして保護関税を通して、甚大な被害を被っていた。またこの時代は連邦予算で国内社会基盤整備がなされた時代でもあり、西部に領土が拡大し、合衆国銀行が設立され、アメリカ合衆国憲法が拡大解釈されて、連邦政府の権限が増大していく時代でもあった。ただ一つの雄弁な声だけが州の権限と大衆意識の内にある伝統の精神を主張し続けた——しかし、ミズーリ論争の後、南部諸州はその初期の原則に立ち返り始める。そして、副大統領のカルフーンは上院の議場を睥睨する席から、当時上院議員であったランドルフの次々と湧き出る、きらめくような演説に耳を傾けて沈思黙考し、拡張論者から保守主義者へと変貌していった。カルフーンはこのロアノーク出身の政治家をこう評している。「才能に溢れ、雄弁で厳格な上に、風変わりな人物で、問題の核心から逸れることも少なくないが、しばしば〔哲学者フランシス・〕ベーコンのごとき英知や〔風刺作家リチャード・ブリンズリー・〕シェリダンとも見紛《まご》う機知を吐き、どの議長も彼をその独特のスタイルでやりたい放題にさせ、問責や譴責はいっさいしなかった」[2]。

ランドルフの英知の源の大部分はバークにあり、その痛烈な機知もまた同様であった。「小さな犬どもが、見よ、ブランチもトレイもスウィートハートも、皆が私に吠えかかる」。ジョン・

ランドルフはこのように侮蔑を込めて議員たちに反論した。この台詞はもちろん「リア王」からの引用だが、バークもまた同じような状況でこの文句を使ったのだ。ランドルフは自分がバークから引用していることを隠しはしなかったが、そのひらめきがどこから来るのか、同時代の人々が気づくことはほとんどなかった。ランドルフ自身が議員たちに向かって、なぜ君たちはシェイクスピアやミルトンしか引用しないのかと述べたこともあった。ベバリー・タッカーは異母兄弟についてこのように述べている。「彼がジェファソン政権における最後の四年間までに、バークの考え方に転換したことがあるとは思えない。その四年間の出来事によって、自由の権利を享受することには、人々を自治（これもまた自由の別名なのだが）に向かないものにしてしまう何かがあるのではないか、と疑うようになるのだ[3]」。しかし、一八〇五年以降、ランドルフはこの保守主義の哲学者バークによって提唱された政治の基本諸原則を、アメリカの問題に適用していったのである。

ランドルフの演説や書簡はまとまった形で残されていないため、かつて国民を驚嘆させた高慢で美しいレトリックの響きを知るためには、埃にまみれた莫大な連邦議会議事録を探り、すり切れたリッチモンド紙を手繰《たぐ》らなければならない。この鋭く情熱に溢れた弁舌と比べると、ウェブスターやクレイの演説は何と大げさで表層的なことだろう。南部の政治信条の根源を知りたければ、以下に挙げるランドルフの演説について検証すべきである。グレッグ決議（一八〇六年）において、彼は自由貿易を称え、「自由主義的」な憲法解釈を批判した。また同年、州境を越える奴隷の移動を連邦政府が管理するという提案を激しく糾弾し、外交に関する演説（一八一一年十二月）においては、人種的平等主義に異を唱えた。連邦議会の議員数割当てに関する討論の間（一八二二年）、立法府の代議制に関して鋭く批判し、一八二四年の関税を巡る議論では、平等化、立法による保障、集権化に対する侮蔑を表明している。一八二六年のパナマ会議の代表使節演説では、「自然権」の誤謬を暴露し、政治的な抽象概念を槍玉にあげている。そして何より、「変化は改革ではない」と喝破したヴァージニア州憲法制定会議（一八二九〜一八三〇年）における役割は見逃せない。しかし、すべてを検証することは不可能であるため、ここでは、立法に対する民主的な熱意は自由に対する脅威であるというランドルフの信念について考察していく。

「十一月、霧が発生するころになると、われわれは連邦や州などの様々な議会に、人々が大挙して集まってくるのを目にする」。一八一六年、ランドルフは下院議会においてこのように述べている。「やがて立法化の虫けらどもが蠢き始める。古い法を捨て、新しい法をつくろうと大騒ぎになる。たとえ、ここ十年以上、連邦議会にせよ州議会にせよ、一般的な法律が一切可決されなかったとしても、それで人々が困ったとは思わない。ジェファソン氏と同じく、規制のしすぎには賛成できない。憲法という劇薬を日々の糧とすることには反対する」[4]。ランドルフはその生涯を通じて、このテーマに繰り返し立ち戻り続けた。彼によれば、慣習的権利、慣習法、そして習わしさえあれば、実際に正義と自由を保証するのに十分なのだ。切り貼りしたり、刺激を与えて形を変えてみたりと、ひとたび統治体制に対して下手に手を加え始めると、今まで何世代にもわたって育んできた伝統的な特権や特免などを犠牲にする危険がある。確かに法律は時とともに変化する。しかし、その変化の過程に無闇に介入したり、いかにもフランス風な抽象概念に基づいて浅薄な修正を施したりすることは、社会の衰退を早めるだけである。もし人々が、実定法を絶え間なく変え続ければ社会は際限なく良くなると考え始めたら、すべてが不安定になってしまう。あらゆる権利や財産、家族や家や地域に連綿と受け継がれてきた大切なものすべてが危険にさらされる。人々はすぐに自分が全能であると考えるようになり、物事が混乱すればするほど、ゴルディオスの結び目を一刀両断するようにあらゆる難問を解決する方策として、ますます立法に熱を上げて頼ろうとする。「個人的な意見としては、ここ何年もの間、われわれは何もせず、ただひたすら議論していた方がましだった。その間、眠って過ごせれば、さらに良かった。あえて、ニューヨーク出身の紳士の口ぶりをまねて言おう。われに五十の演説を聞かせよ、それがどんなに退屈で愚かな内容であっても構いはしない。あらたに一つの法律が法令集に加わるのを見るよりも、その方が遥かにましだからだ[5]」。

「われわれは気分を害し易く、気まぐれな民族だ」。そうランドルフは言ったことがある。アメリカは特に法制定という専断で、ものごとを改め、ばらばらにし、麻痺させるという近代的な衝動に駆られる悪癖がある。このアメリカ人の妄想は、人々は生まれつき平等であるという理念に対する、未熟で頭でっかちの解釈に原因がある。ランドルフは、経済人は放任されているときが最もうまくいくというアダム・スミス、ジャン＝バティスト・セイ、デヴィッド・リカードなどの考えに賛同しており、それゆえ立法措置で商業を統制することにはひどく嫌った。議会は批評家の集まりであるという昔ながらのイングランドの考えを持ち続け、連邦議会や州議会の通常の役割は、法律を制定することではなく、むしろ法律が適正に施行されているか監視することであると公言している。一方で、大衆の虚栄心というものは実際的な統治権をこのように制限することには満足せず、様々な分野において個人的な事柄に介入しようとする。そして、その虚栄心は煽動政治家や抜け目のない投資家によって、特定の個人や階層が有利になるように仕向けられ、その結果、政府は制度を巧みに操る人々の利益となるよう、一部の人々から金を引き出し、権利を奪う手段となってしまう。優れた政治規約だけではこのような立法化を進める虫けらに対抗するのに十分ではない。まず、国家はすべての物事を法律で規制できるという幻想を打破しなければならない。そして、力に対しては力によって均衡を保たねばならない。なぜなら、単なる紙切れでは、権力による抑圧に対して何の保障にもならないからだ。

「このように言うことをお許し願いたい。そもそもからして人間は堕落していた。なぜなら、人間から生まれた最初の人間は殺人者であったからだ。その人間の性質には、自分自身の義務は果たさず、誰かれかまわず他人の義務には介入したがる傾向がある」[6]。このような性質のままに振る舞う人は、たちまち、船首甲板の「議論好きな水夫」となってしまう。つまり実際には惨めな状態にあるにもかかわらず、うぬぼれて大言壮語するようになるのである。ランドルフは言う。ワシントンからロアノークに向かう途上にある宿屋では――スペインの安宿のような汚い宿屋だが——いたるところでこのような野心に満ちた物乞いの姿が見られる。「薄汚れた外套を体に巻き付け、タバコをくちゃくちゃ嚙んでは吐き散らし、部屋を汚し、たまたま錆びついていない暖炉があると、その火格子や用具を台無しにして、憲法上の論点に結論をくだしたがる」[7]。ラガード研究所は法律によって果てしなく干渉したがる国家にぴったりのモデルである。多くの人は理解していないが、ある意味では、法というものはその本質においてまったく自然のもの、つまり全能の神による産物なのである。しかし、「生まれつき平等」という理念に基づく浅薄な考えをもとに、その形を下手に変えようとすることは、人間の行いのなかでも最も自然に反することであり、実際には条件の平等に至らないだけでなく、自由をも破壊してしまう。

民主主義的共和制の実現に幻滅し、ランドルフはアメリカの平等思想が構築される基盤について検証するようになり、その基盤が危険なほど不安定であることに気づく。そして、ロアノークのジョン・ランドルフは独立宣言の一般的な解釈を徹底的に退け、ジェファソンを〔甘い言葉で子供たちを煽動する〕ハーメルンの笛吹きと非難し、政治における抽象理念に背を向け、古くからの慣行が定めるところに従い、地方や個人の権利を守るべく絶えず警戒することで、安定を見いだそうとしたのである。バークがルソーやプライスを敵と認め、アダムズがテュルゴーやコンドルセを激しく非難したように、ランドルフもトマス・ジェファソンを天敵と認め、その「宝石は単なるブリストル産の石であった」と評した。「トルコ人が彼らにとって神聖な規範である緑色の半ズボンのマホメットに従うように、アメリカ人は古びた真っ赤な半ズボンの謀略の君主、

〝口先だけの聖トマス〟と呼ぶべきジェファソンに支配されているのだ。そして〔カンタベリーのトマス・〕ベケットが自分の聖堂に集めた以上の巡礼者を、このモンティチェロの聖人は集めているのである」[8]。

ランドルフ曰く、人間は生まれつき自由でも平等でもない。出自や富の不平等は言うに及ばず、肉体的、道徳的、知的な違いは明らかである。この非現実的な「平等」の理念によって、社会を気ままにいじったり、玩具のようにもてあそんだり、つまらない考えを社会に押しつけたりする権利があると大衆が思い込むことは、平等の状態に似た別の何か、つまり蛮行が広く蔓延する生活環境に、人々を陥れるだけである。ジェファソン主義的平等の理念は文字通りに取れば、無政府状態、つまり「専制政治への過渡期」を意味しているのだ。

「私の異議は、あの原則、つまり究極の結論はすべての人は生まれつき自由で平等であるということに、決して賛同することはできないということだ。事実ではないからだ。合衆国憲法で認められているにもかかわらず、連邦議会という言葉に本来備わっている意味に対して賛同できないのと同様に、この虚構、しかも最も有害な虚構に対して、それが独立宣言に書かれていると知ってはいるが、決して同意できない――しかもその独立宣言はミズーリなどの問題において、憲法に優先すると定められているのだ。私は有害な虚構という言葉を使ったが、それが真実かどうかは自明である。というのも、人間が平等であることは実証不可能であるからだ。そして、少数の人々と同様に、多くの大衆を誤った方向に導く何千、何万という嘘が存在する。これらの偉大な見解、つまり人間は皆等しく生まれながらにして自由であるという見解や、実際に機能することのない信念は、見方を変えれば、つまり大多数の人がほとんど享受していないと考えるなら、真実と言えるかもしれない。しかし、二十人のうち十九人が常に享受しているという意味で言うなら、それは誤りであり、有害である。人は生まれながらにして自由で平等であるという原則に関して言えば、この地球上でそれが当てはまらない動物がいるとしたら――つまり生まれつき自由でない動物――それは人間なのだ。人間は何も持たずに完全に無力で無知な状態で生まれてくる、結婚による結びつきを土台として……。地球上のすべての土壌が、たとえばケンタッキーの一番良い土地もスコットランドの高地地方も、一エーカー当たりの土壌の量が表面上同じという理由で、等しく豊かであるという主張が正しいのであれば、生まれつき人間は絶対的に平等であるという主張もそれと同程度に正しいと言えるかもしれない。しかし、作業場か売春宿で生まれ、生まれるや否や吸ったのは命のための新鮮な大気ではなく、アルコールの臭いだった、惨めで腺病質の小男と、血色が良い自営農（ヨーマン）の子孫ではいかなる点においても等しいとは言えない。いや、あえてこう言おう。たとえ王子であっても、王家の血によって産み出されたにすぎないのであれば、農民の健康的な息子には及ばないのだ」[9]

この点においてランドルフの視点は、彼が政治活動の初期に打倒を試みた人物、ジョン・アダムズの見解と一致する。さらに続けてランドルフは、人間は過ちを犯しやすく、信じやすく、自分勝手で、怠惰で、暴力的であると説明する。彼は敬虔なキリスト教徒として、単なるアメリカ聖公会ではなく「英国国教会の信徒」の誇りを持って語っている。人間は堕落する。それゆえ、正義と自由を実現する最も良い方法は、腐敗を招く権力から野心家を遠ざけておくことだ。「人間だけが自分をつなぎ止める鎖を造ることができる。決して実現されない約束によって甘言を弄して人々を惑わせることとは、煽動政治家にとって陳腐ではあるが有効な手段なのだ。私生活における誘惑者と同じである」[10]。人間は弱い。だから、その人自身の自由に関しては信用できても、古くからの慣習への畏敬の念といった大いなる力によってその統治範囲が制限されない限りは、他人の自由の権利を尊重することに関しては信用ならない。移ろいやすい議会など選挙によって選ばれた組織において、近年定められた法律では、古い伝統や慣習の力を補強し、権力を制限するような力に欠ける。それゆえよほど緊急の必要に迫られた場合以外は、新たな実定法を制定すべきではない。統治者は古い法ではあえて侵害しなかった部分においても、新たな法律を使って好き勝手をするだろう。合衆国憲法でさえ野心を持つ人物や階級の欲望を抑えるには十分ではない。そして憲法のいくつかの条項のうちには権力を増幅させる潜在的な可能性が隠されており、それはアメリカの自由にとって将来的に脅威となりうる。当面の問題や特定の利害のために見境なく法を制定するという悪習を、ひとたび人間が身につけたなら、「法」という仮面をかぶった専制的な力に対して、最終手段としては力で対抗するしかなくなる。そのような法はもはや不当な要求にすぎない。

「人権に対する狂信的で訳の分からない理論に対して（ここでは人権そのものではなく、その理論について述べている）、その力を抑制できるものは、力だけである。チャタム卿〔小ピット〕も言っている。あなたがたは、紙面を法律で隙間なく埋めて安心しているかもしれないが、憲法の喉元に刃が迫っている。私は紙面に書かれたもの、つまり憲法の呪文など信じてはいない。私は憲法を信じない。政府が間違った権力を行使する場合、人々が力によって抵抗するという究極的な手段に頼らないで済む憲法など、この世には存在しない。もし、通商を規制する権力のもとで、われわれの血脈から最後の一滴まで搾り取ろうとするなら、もし、当然のように、われわれのポケットから最後の一シリングまで引き出そうとするのなら、憲法はわれわれに対して何の歯止めにもならない。憲法など、問題ではない。さそりの針が急所を狙っているときに、立ち止まって理屈をこねる人がいるだろうか。われわれは、きちんと教育を受けた賢い裁判所書記官を連れてきて、そのようなことを行う権限が憲法に合致しているかどうか調べさせれば良いのか。そしていかなる理由にせよ、書記官がその権限を肯定するなら、この法案にとって重要な要素であるわれわれは、毛を刈られる羊のようにおとなしく身を横たえるべきなのであろうか[11]」

このむき出しの力同士がぶつかる悲惨な戦場は、まさにあらゆる人々が集まってくる「世界の果て（アルティマ・トゥーレ）」である。彼らは政治における権力の存在に全く気づいていない。というのも政治に関する他の現実についてもほとんど気づいていないからである。人間をあたかも神のように理性的で、抽象理念の土台の上に法を制定することが可能な存在と見なそうとすれば、この社会は地獄となる。他人に影響を及ぼす巨大な権力を人間に委ねても安全だと容易に思い込むなら、関税の制定や国内社会基盤開発、非現実的な外交政策など、一部の人々を潤すために他の人々を困窮に陥らせるような企みに行き着くだけである。抽象理念に対する感傷は、ついには残虐な現実に至るだけである。コンドルセ、〔ジャック・ピエール・〕ブリッソー、ミラボーのような人物は崇高な意図をもち、教養も才能もあったのであろう。しかし、彼らは形而上学に夢中になりすぎた。紙に書かれた法律や見せかけの政策を信じ、人間の理性の弱さ、その堕落しやすい性質、文明化した社会において支配的な利害関係について注意を払わなかった。彼らは絶対的な自由を主張しすぎて、すべてを失った。「慣習に依らない抽象的な人権について考えてみようと立ち止まらなかった結果はどうだ。慣習とはずれた国王の権利が具体的に行われている状況について考える時間が、今や彼らにはたっぷりある。本を書いたり、演説したりしなくても――そして、たとえ連邦議会（Congress）という簡単な単語のスペルさえ正確に綴れなくても（最初の文字をKと綴る人もいた）――数学者や自然主義者や文筆家などよりも、政治家として、もしくは軍の将官として、より現実的な感覚を持ち、信頼に値する人を、私はいたるところで見てきた」[12]。

もし、合衆国憲法が人間の欲求や権力に対する防壁として信頼できず、最も豊かな人間の知力でさえも社会を正しく動かすことができないのであれば、権力に対抗できる保障はどこにあるのだろうか。ランドルフは言う。もちろんそれは、政府の権限を常に狭い範囲に限定し、フランス啓蒙思想家やジェファソンの幻想ではなく、現実に即した考えに基づいて統治を行い、人々をそれに参加させることにあるのだ。連邦政府の目的を明確に定義された少数に限定せよ。この国おける重要な権力はすべて連邦政府の権限の範囲外に置き、（合衆国憲法の草案者が意図していたように）各州が保持すべきなのだ。自由を愛し、鋭敏な者ならば、個人や地方の自由が存続するように、絶えず州の権力について主張し続けるだろう。政府部門が小さければ小さいほど、不当な権力の行使は少なくなり、より迅速で効果的に、古くからある規範の力が作用するのだ。「私個人としては、これらの州にこだわる」。ランドルフはカルフーンに対する返答として（一八一六年三月三十一日）、いくつかの州に関してこのように述べている。「私がこれらの州にこだわるのは、自分の故郷にこだわるからだ。つまり私は、親しい人々を愛するように、自分の故郷を愛している。そして、故郷を愛するということは、人が妻子や友人を愛することと何ら変わりはない。私は州政府のすべてに破滅を、しかも迅速な破滅をもたらす政策には賛同できない」[13]。カルフーンはこの討論を決して忘れなかった。そして数年後、カルフーンは、この誇り高い敵対者が表明した権利を守るため、己の燃え盛る野心を犠牲にすることになるのである。

「州権の理念自体は、正当であり真実である」こう、ヘンリー・アダムズは書き記している。彼は連邦主義の伝統の継承者であり、ランドルフに対してはアダムズ一門として正当な理由のある反感を有していた。「アメリカの歴史と憲法の出発点として、いま検証を要するのはこの問題の他にない」[14]。そして、当時の権力集中の潮流にもかかわらず、われわれの時代まで合衆国にある程度の州権が残ったのは、一つにはランドルフがそれを強く擁護した結果である。ランドルフの保守主義は分権主義であり、地方主義であった。分権主義の精神なくしては、地域共同体や地方の権利、そしておそらく、いかなる種類の保守主義も現実的ではなかっただろう。

正義や自由を守るための保障として、ランドルフが次に求めたのが良識のある政府である。「議長、私は確固たる保障を求める」。代表を選ぶことに関しては信頼して任せることができても、政治においてそれ以上のことを任せられる人はめったにいない。直接民主制に幻想を抱くことは、専制政治に直結する。参政権は、権力の誘惑に対して――人間の堕落しやすい性質はこの誘惑にとても弱いのだが――ある程度自分を遠ざけることのできる社会的利害と道徳観念を備えた市民の特権であるべきだ。つまり、投票権は土地所有者に限るべきなのだ。土地財産はそれ自体が、特別に代表者を派遣する権利と保護を持つ必要がある。というのも、土地財産は権力と調和するからである。――「土地財産に対してできることは、せいぜい所有者を変えることだけである」。しかし、もし権力が土地保有者でない者の手に渡ったなら、すぐに彼らは自らを肥やそうとするだろう。政府は頭数がそろえばいいというものではない。「いや、ナイフと算盤をもった黒人の少年がその流儀では完全に老練な政治家だ」。「多数派が王である」、つまり重大な問題（高い道徳原則や適切な見識を持って決めることが重要なことがら）を頭数によって決定することは、現代における絶対専制政治である。「民主主義的な方法」を、個々の状況や事情を顧みないで、すべての問題に対してむやみやたらに適用することは、愚の骨頂である。「（民主主義的方法は）呪いではない。まじないでも、魔術でもない。われわれを立ちすくませる爆弾でもない」[15]。ランドルフはもし、民主主義的方法が完全に適用される事態になったら、ヴァージニアから逃げ出すと宣言している。代表無き課税は完全に専制であるのは間違いない。しかし、専制は民主主義者たちが、土地を持たない人々に権力を与えたがゆえに、招いた結果である。国の砦たる土地所有者は見捨てられ、暴民政治によって好き放題に略奪されているのだ。

「政治の舞台に身を置くようになって以来、奇妙な考えを数多く見てきたが、その中の一つに最近多くの人々を引きつけているものがある。人々のためにあらゆることを行うのが政府の義務で、人々は自分自身では何もすべきではない、という考え方だ。つまり、政府はその本分である重要な事柄に携わるだけでなく、さらに一歩進めて、個人をその本来的な道徳上の義務から解放しなければならない、というのだ。このような考えが広まることほど、危険なことはない。酒場からふらつきながら出てくるあのみすぼらしい輩《やから》や、そいつを連れ戻しにやってくるだらしのない女を見るがよい。その子供はどうだ。ふらふらうろつき回り、みすぼらしく、怠惰で無知な、犯罪者予備軍だ。どうしてそうなってしまうのか。そういう輩に尋ねてみるがいい。きっと、こんな答えが返ってくる。『ああ、政府がかわりに子供の教育をやってくれるからね』[16]。立法に関する無制限の権力が大衆に委ねられれば、抽象的な平等主義が命ずることに従って、個人の義務が公共の責任に移されるという事態になるだろう。

しかし、ジェファソン主義の政治理念が収束する気配は見られなかった。それは愛する故郷、ヴァージニアを消してしまうであろうことを、ランドルフは知っていた。そして、一八二九－三〇年のヴァージニア憲法制定会議が開かれたときには、ヴァージニア州におけるジェファソン主義の全面的勝利は、もはや時間の問題であった。議場には、マーシャルの姿があった。マディソンやモンローもおり、皆年老いていた。さらに東海岸諸州を席巻していた憲法改正の波に不安を覚えていたあらゆる人々が、その場に姿を見せていた。そのとき、ランドルフの鋭い声が人々のざわめきを超えて、響き渡ったのである。議場にいた人々は不安気に黙り込み、法改正を際限なく進める民主主義的傾向に対する、彼の究極の警告を聞いたのである。「変化は改革ではない」。ランドルフは繰り返した。そしてバークが古き良きイングランドの慣行を擁護したように、旧来のヴァージニア憲法を誉め称えた。ランドルフはより豊かな東部地域の優越性、誇り高い郡裁判所、選挙権の土地所有者への限定、英国式制度を残すことなどを主張した。これらはすべて、一八三〇年には顧みられることはなかった。しかし、ランドルフの言葉は、それを生み出した時代を超えて生き残った。アメリカの政治思想史において、このヴァージニア憲法制定会議におけるランドルフの開会演説ほど、鋭い真理と洞察力のひらめきに溢れている演説や論文は他に見られない。

「議長、この会議にとって最も賢いことは、何もしないまま、もともとそれを生み出した人々のもとへと回帰することであると思う。私は、小さな、そして穏健な改革に対してなら、喜んで手を貸す用意があるし、それなら、この昔からの、われわれの政府が必要とすることだと信じることもできる。しかし、建物の支柱を壊してしまうくらいなら、改革を行わず、われわれの憲法を、〔スパルタの立法者〕リュクルゴスの法のように手つかずのままにしておく方が遥かにましなのである。

私が言うよりも、すでにもっと上手く言われていることだが、改革への欲望――これはまさに欲望であり、不当な欲求を表すのに適切な言葉であるが――、この改革への欲望、つまり新しい支配への欲望は共和制の死を意味している。思い起こして欲しい。変化は常に改正とはならないことを。そしてどうか、思い出して欲しい。古い制度に満足し、変化を望まない多くの人々を、さらには他の階級に属し、落胆しているすべての人も、新しい制度と折り合えるようにしなくてはならないことを……」[17]

一八二九年十二月三十日、ランドルフは新しい憲法に、いかなる修正条項をも挿入することに反対した。つまり、「改革の虫けら」を招き寄せるあらゆる要素、次の時代や世代に改革への情熱が引き起こされるような、あらゆる提案に反対したのである。変化はそのための道を備える間もなく訪れてしまう。「人民による政府の最大の欠点は、まさにその不安定な性質である。だからこそ、賢明にも、われわれの祖先であるアングロ・サクソンの人々は、独立した司法制度にこだわったのだ。彼らはこの制度だけが、人民による政府の弱点に対抗できる手段と考えた。人々は人知が及ぶ限り最高の統治形態を手に入れるかもしれない。しかしその一方で、その不安定性ただ一点によって、実際にはこの世で最悪の政府の下で生きていくことになるかもしれないのだ」[18]。

憲法制定会議における発言の最後で、ランドルフはこう語っている。「私が政治の世界に足を踏み入れる前に学び、生涯を通じてその影響を受け続けた基本的な理念がある。それは、安定しているものごとをかき乱すことは、愚かなこと、それも非常に愚かなことだ、という理念である」[19]。ここにこそ、この気高くも激しい男の政治的な知恵がきらめいている。「怒ったジャコバン派」〔過激な改革者〕として政治活動を開始した彼は、社会というものは、〔捕まえた旅人を寝台のサイズに合わせ手足を切ったり伸ばしたりするという〕プロクルステスの寝台に載せるようなわけにはいかず、自由につくり変えることなどできないと悟った。そして古き良きヴァージニアが自分の周りで崩壊していくのを目の当たりにした。ランドルフは奴隷制の問題に、「真夜中の警鐘」を聞いた。その音はますます高まっていった。そして晩年になって、南部を従属的な地位におとしめる恐れのある、「唾棄すべき関税」と呼ばれた関税強制法が可決される。彼は最後まで、闘鶏場における闘鶏でありたいと考えていた。そして、〔関税法のサウス・カロライナ州への適応に対する〕無効宣言が合衆国を揺さぶるさなか、ロアノークのジョン・ランドルフはその生き方と同様に、見事に気高い死を迎えたのである。

ランドルフは後継者を残した。その野心に対して常にランドルフが警戒し、当時すでに破滅に近づきつつあった人物、ジョン・コールドウェル・カルフーンであった。そもそもカルフーンはランドルフの影響によって考えを変え、厳密な州の主権という見解をとるようになった。そして間もなく、政治において、抽象理念――これは多くのアメリカ人の考えの基礎をなすものだが――を土台とすることは当てにならないと確信するにいたる。そして数年後、厳格なフロンティア民主主義者の子孫であるカルフーンはジェファソン的平等主義の理論は非常に危険である、と書き記すことになるのである。

「われわれは今、われわれの独立宣言に存在する大きな誤りを認めるという危機に直面しつつある。長い間、それは眠った状態にあった。しかし、時の経過とともに、成長し、有害な果実を実らせ始めた。すべての人間は等しく、自由と平等の権利を持つという理念は、自分たちは皆自由に平等に生まれたと信じる人々によって主張されている。しかし、そうではなくて、自由はむしろ、精神的、道徳的に成熟している人に与えられた気高く、尊い報酬であり、好ましい生まれや育ちに付随するものなのである」[20]

南部の大農園社会は、平等主義者の仮面を一時かぶったものの、今や自らに内包する保守主義に気づき始めたのである。

## 3、カルフーンが説く少数派の権利

ギリシア火薬を使う火炎放射のようにランドルフの内で燃え上がった熱情の炎は、カルフーンの内にも燃え続けた。しかし、その炎はまるで炉の中の火のように「鋳鉄の人」の内に抑え込まれ、その情熱は目の輝きを通してのみ外に現れていた。彼ほど、風格があり、寡黙で、常に不屈の意思に従って行動した人はいない。カルフーンの性質はカルヴァン主義によって形作られたものであり、その影響は演説や著作にも表れている。カルヴァンの教義自体は、アダムズの場合と同じくカルフーンの中でも意味を失いつつあったが――というのもカルフーンもジョン・アダムズと同じく、ユニテリアン主義に傾いていた――、それでも彼の中にはカルヴァン主義の徹底した論理的思考、厳格な道徳意識、そして義務に対する服従の精神が残っており、それゆえ、並外れた努力のうちに、目的に対して弛《たゆ》まず進み続けることができたのである。

古い家系とヴァージニアで最も豊かな蔵書を有したランドルフと異なり、カルフーンは生涯を通して殆ど本を読まず、自分自身の思考に頼った。リンカーンが自らの若き日を形容して〔詩人トマス・グレイを引いて〕「貧乏人の短くありふれた記録」と言ったのとはまったく異なり、カルフーンの一族は屈強で素朴なカロライナの人であり、国境地帯でインディアンの脅威にさらされ追われた、好戦的なフロンティア民主主義の推進者であった。少年ランドルフがイギリスの小説家や劇作家の著作、ドン・キホーテ、ジル・ブラース物語などを読んだのに対し、カルフーンは〔トマス・ペインの〕『人間の権利』から一節を暗記するような子供だった。カルフーンは自分が若いときに学んだのとは反対の方向に世界が向かうのを経験し、保守主義に転換する。エール大学の学生の時分、著名な連邦主義者であるティモシー・ドワイト教授に論戦を挑み、ジェファソン主義者、ナショナリスト、拡張論者、国内社会基盤整備の支持者、タカ派として政治の世界に入った。当初から志が高く、やがて合衆国大統領の地位がその目標となった。しかし、一つの心を揺さぶる信念――彼の中ですべての考えに勝《まさ》り、その燃え盛る野心をも押さえ込んだ信念――によって、カルフーンは国家統合と全権を握る民主的多数派に対する、断固たる敵対者に転身するのである。それは、自由に対する強い思いであった。政治家としてのカルフーンはこの理念によって破滅した。しかし、この理念によって、彼は一人の思想家に、そして歴史におけるひとつの力に、姿を変えたのである。

カルフーンはこのように述べている。「もし、政治に関する普遍的に正しい定理があるとすれば――それは、状況に拠らず、直接人間の性質に由来するものなのだが――無責任な権力は自由とは相容れず、それを行使する人々を堕落させる、という考えである。われわれの政治体制はこの大原則に基づいている」[21]。カルフーンは合衆国憲法を愛していた。彼の中には、ランドルフが「羽の下に毒を隠している蝶」にたとえて抱いてきた、連邦組織に対する発足そのものへの不信感はなかった。合衆国憲法を愛していたからこそ、カルフーンは一八三二年にそれを破壊に近づけ、愛していたからこそ、それを特定地域の少数派の権利のために改める――もしくは強化する――ことを提案したのだ。さもなければ内戦が起こり、国の土台まで揺り動かすだろうとカルフーンは言っている。そして戦争の結果がどうであれ、合衆国は二度と、それ以前と同じ法のもとに統治される同じ人々に戻ることはできない、と見ていた。そして、彼の予言は完全に正しかった。

政治家として最初の十数年の間カルフーンが迷い込んでいた、もはや終わった政治ゲームや果たされなかった願望の迷宮に入り込むことが、ここでの目的ではない。その時期に、彼はランドルフの皮肉まじりの情熱を耳にし、初めは強い敵意を抱きながらも、次第に確信を抱くようになったのである。そして一八二四年の関税法は、カルフーンの前に大地の亀裂のようにぱっくりと口を開き、彼は自分がこれまで抱いてきた政治や国の性質に対する考えが間違っていたことを悟ったのである。そのときまでカルフーンは、共和国は善意溢れる民衆の理性によって、導かれていると信じていた。しかし、もしその理性が新しい関税法を成立させるために働いたとすれば、今やそれは一部の地域に住む特定の階層の人々の利益のために、国内の他の地域の人々から略奪することを目的とした悪意に満ちた理性であることが、明らかになったのである。カルフーンは狭量な分権主義者ではなかった。一八一二年の〔米英戦争に打って出た〕野心的ナショナリズムには賛同していた。しかし、彼はこの関税法が恥ずべき税の押しつけであることを、つまりこの法案が連邦議会多数派の利益に則したものである以上は、南部の権利をないがしろにするものであることを理解したのである。合衆国憲法は、一部の人々や階層の圧政に対する安全な防御壁であるとカルフーンは信じていた。そして、利己的で勢力を増した多数派が、今や自分たちの目的に沿うように合衆国憲法を歪めようとしているように思われた。カルフーンは、権利に対する民衆の判断力に訴えれば、たとえ不正な立法が行われることがあっても、それを正すことができると考えていた。しかし、一八二四年の関税に賛成した議員たちは、単に自分たちを選出した人々の強欲を満たしているにすぎないことを、もはや認めざるを得なくなったのである。

カルフーンのような人の心の動きは真面目で、慎重である。彼はすぐにはランドルフの側に走り、抵抗したりはしなかった。しかし、時とともに、楽観主義、平等主義、改善論、そしてジェファソン的民主主義を臆せず否定するようになっていくのである。やがてカルフーンはランドルフを越えてしまった。しかし熱心に人気と地位を求めながらも、自分の良識以上にこれらを優先することはなかった。だからこそ、自分の州や地域や秩序、そしてアメリカの地方社会の伝統を守るために、カルフーンは国家的名声を捨てたのである。「民主主義とは——私はこのように理解し受け入れたのであるが——民衆に﹅で﹅はなく、民衆の﹅た﹅め﹅に自分を捧げることを必要とする。

人々を救おうとするならば、時として人々と対立せざるを得ないと言うことを、知らないとでもいうのか」[22]。そして、カルフーンは何か別なもの、つまり合衆国を救えるのではないかと考えた。彼がその望みを何一つ果たすことができなかったことは否定できない。しかし、カルフーンは、言葉を失い途方に暮れていた南部の保守主義に、政治哲学を与えることに成功した。そして、圧倒的多数派の意志によって脅かされる個人や団体の権利という扱いづらい問題を、はっきりと浮き彫りにしたのである。

カルフーンは、簡潔に容赦なくこう断言している。「覆っているものを全部はぎとり問題をありのままに見れば、これはわれわれの政府が連邦制か統合されたものか、という問題である。つまり、立憲国家であるのか絶対主義国家であるのか、究極的には各州の主権という確固とした基盤の上に成り立つ政府なのか、抑制の効かない多数派の意志のうえに成り立つ政府なのかという問題だ。後者は、制約を受けない他のすべての統治機構と同じく、不正、暴力、権力が最終的には優勢となるような統治形態である」[23]。カルフーンは単にサウス・カロライナ州だけを対象として語ったわけでもなく、その対象を南部諸州に限定しているわけでもない。彼はこのように言及している。ひとたび、多数派の絶対的な権力が受け入れられ、少数派に対して思うままに振る舞うようになれば、いかなる地域や階層の自由ももはや安全とは言えない。唾棄すべき関税と強制法を可決させた利権集団は、サウス・カロライナを服従させたなら、さらなる征服に向かうことになる。カルフーンは北部諸都市の産業労働者にも同様の搾取が起こると予言した。「われわれが力尽きたのち、今度は資本家と労働者との間で争いが起こるだろう。究極的には社会をこの二つの階層に二分するはずだからだ。アメリカにおける闘争も、ヨーロッパで起こっている問題と同じである。この制度が機能する限り、賃金は生活必需品の値段以上に急激に下がる。ついには、自らの労働によって生み出された取り分だけでは満足に生きてくことはできなくなるだろう。差し当たり、この抑圧はわれわれの地域にのしかかってはいるが[24]」。この文章は、「共産党宣言」に先立つこと二十年、一八二八年にフォートヒルの保守的な農園主であるカルフーンによって書かれた。彼は旧来の農業勢力、新しい産業勢力、そしてまだ生まれたばかりの多くの産業労働者に対して、こう警告している。どのような階級や地域に対してであっても、法律がそれを抑圧するために使われたときに、立憲制が終わり、無慈悲な権力による支配がそれに取ってかわるだろう。このようにして、北部の一大産業勢力の利益を代弁したアレクサンダー・ハミルトンの産業保守主義は、ジョン・C・カルフーンの農業保守主義に、未来を見据えるように勧告された。

現実的な解決策を探るうち、カルフーンは無効化という考えに目を向ける。これはジェファソンによって書かれた「ケンタッキー州およびヴァージニア州決議」に起源をもつ。連邦議会が制定した法が明らかに違憲である場合には、州はそれを無視することができ、州内においてその法令が適用されることを拒否し、その過酷な法令を制定した恥知らずの多数派が法の効力を見直し、その要求を撤回するように、他州に対して支援と便宜を求めることができるという主張である。無効化は明らかに国家の存続を危うくさせる理念であった。ジョン・ランドルフは自分の支持者たちに「無効宣言は馬鹿げている」と語っている。つまり、州は合衆国の外と内に同時に存在することはできないのだ。ジャクソン大統領の怖いもの知らずの気質によって、事態は武力による解決、つまりサウス・カロライナに軍が侵攻するまでに切迫した。そのような状況下で出されたヘンリー・クレイの妥協案は（カルフーンはしぶしぶ承認したのだが）、問題の根本を無視し、税率を減らすことによって、数年の間この巨大な問題を取り繕っただけであった。

カルフーンは自分が失敗したことを悟った。そして生涯最後の十八年間、多数派の要求と少数派の権利を法の支配のもとで調整する方法を必死に模索し続けた。無効化がそれまで成し得たのは、力に十分に対抗しうるのは力だけであるということを証明しただけだった。しかし、文明国の政府の本質は、力ではなく同意に拠るものである。少数派の権利をこの同意という大原則に当てはめることができるのだろうか。もしできないのであれば、政府は負担を押し付ける機関にすぎなくなってしまう。なぜなら、とカルフーンは説明する。政府というものは本質的には、主として少数派を――それが数的少数派にせよ、経済的、地域的、宗教的少数派にせよ――守るべき機関であるからだ。圧倒的な多数派は保護を必要としないし、きちんとした統治制度がなくても粗雑なかたちで生存できる。つまり多数派は自身を維持するのに必要な、むき出しの力を持っているのである。合衆国憲法の起草者は、政府は少数派の避難所であることを認識し、連邦政府の権力を厳しく制限し、人権宣言の保障を〔憲法に〕付け加えることにより、出来る限り保護を与えようとした。しかし、これらの対策は十分ではなかった。

「例外はあるものの、われわれはあたかも連邦政府が、制限も抑制もなく、自分たちの権力について、自分たちで解釈できる権利を持っているかのように振る舞って来た。多くの状況がわれわれにとって有利に働き、このような制度の働きのもとで、事態の自然な進歩をかなり妨げたにもかかわらず、どの方向に視線を転じても、すでに無秩序と腐敗の兆候が増え続けているのを目にする。党派意識、物欲、堕落が増大し、愛国心、誠実さ、無私の心が低下している。若者〔である国家〕の頬は紅潮し、その呼吸は短く熱を帯びている。これは致命的な時が近づいているしるしである。そして迅速で根本的な変化が起こらなければ、つまり偉大な保守主義の原則に回帰せねば、その時は来てしまう。この保守主義の原則こそが民主共和党に権威をもたらしたにもかかわらず、権力と栄光を手にすると、われわれはそれを顧みなくなってしまったのだ[25]」

カルフーンは一八三二年の時点で、「保守主義の原理」が「自由主義」「進歩」「平等」といったものより遥かに必要であると気づき始めていた。これらの保守主義の原理は効果的であるためには、根本的でなければならない。つまり、物事の根源まで進まなければならない。しかし、その目的は自由と秩序と、人々が愛する穏やかな従来の慣行を保持することである。それまでアメリカは哲学的な新しい思想に関しては英国に頼ってきたが、まさにイングランドで選挙法改革法案が出された年に、カルフーンはアメリカの保守主義について語ったのだ。ここに彼の、孤独で、力強く、思慮深い精神による先見のひらめきを見ることができる。彼は一時的な政治紛争の雲の向こうに、これから起こる社会の混乱と道徳の崩壊を見通していたのである。

十八年の間、カルフーンはその謹厳なスコットランド系アイルランド人の知性で、この解決困難な問題に取り組み続けた。彼の死の翌年に発表された二つの論文は、カルフーンの思索の成果の結晶であり、カルヴァンの『キリスト教綱要』に匹敵するほど力強く論理的であった。カルフーンは下院議員ウィリアム・スミスに宛てた一八四三年七月三日付けの手紙の中で、主張の萌芽となる内容を、説得力を持って述べている。「真実は以下の通りである。制御の効かない多数派による統治は、人民政府の絶対専制的な形にすぎない。それは一人もしくは少数の制御不能の意志による政府、つまり君主制や貴族制の統治体系と同じである。そして、控えめにいっても、このような政府は、君主制や貴族制と同様に、抑圧や権力の乱用を招く強い傾向を内包している」[26]。どのようにしたら正義と調和した民主的な政府が形成されるのか。『政治論』では、この問題に対して一般的な回答を提示しようとしており、「合衆国憲法及び政府論」の中では、この一般的な原則を十九世紀半ばのアメリカの差し迫った問題へ適用している。

「どのような道を旅しようとも、最終的にはいつもカルフーンの厳格な姿に突き当たる。彼は南部の人々のあらゆる精神の道を支配している」。〔『アメリカ思想の主な潮流』の著者〕パリントンは彼独特の生き生きした表現でこう述べている。「カルフーンは先人の哲学を批判的に分析し、いかにして自分がその欠陥に気づいたか指摘した。その最も神聖な教義のいくつかを排斥し、自分が表明した民主主義的信念のために、別の基盤を提供した。そして、その偉大な再構築の作業を終えたとき、かつてヴァージニアの人々を満足させたジェファソン主義は、ずたずたにされた切れ端となっていた。そして、その哲学が誤りであり、自分たちは非現実的な理想主義に目がくらみ、フランス的博愛主義によって誤った道に迷い込んでいたと、カルフーンの支持者たちは認めたのである」[27]。カルフーンはジェファソンの抽象的な概念としての平等や自由――ジェファソンはこれらの権利は互いに補完し合うと考えていた――を解体することにより、ランドルフの仕事を完成させたのである。そして利己的な多数派が実定法を操ることには専制的な傾向が内在するという、ランドルフの警告を受け入れ、数の上での優位に対する効果的な抑止方法を考案しようとした。

サウス・カロライナ出身のこの年老いた上院議員は、自分の寿命が長くないことを自覚し、急いで執筆を進めたが、恣意的な権力を効果的に阻止するための研究において、ジョン・アダムズの歴史的手法に従おうとはしなかった。「私が提案することははるかに限定的である。ここでは、政府自体の内部構造、一言で言えばその組織によって権力の乱用に対抗するためには、政府はどのような原理原則の上に形成されなければならないかということを説明する。この構造、もしくは組織こそが、厳密なそしてより一般的な意味において、憲法が意図していたことである」[28]。その後、国家について議論する際に重要となる単語、組織（オーガニズム）という言葉がここで初めて使われている。カルフーンはさらに近代的文言を用いて論を進めて行く。彼は（隠喩的適応を使う文体は除いて）バークやアダムズと同じく、政府の協約理論については徹底的に否定する。政府はもはやわれわれが選択できる事柄ではない。それは呼吸のようなものであり、むしろ必然的に産み出されたものである。人が「自然な状態」で暮らすためには、かつてもこれからも他者との関わりが必要である。「その自然な状態が社会的なものであれ政治的なものであれ、創造主はそのために人間を創ったのであり、その内においてのみ、人間という種族を保ち、完全なものにすることができるのである」。しかし、憲法は必要の所産などではなく、精巧な人造物でなくてはならない。そして細心の注意を払って解釈されるのでなければ、政府の目的は大きく混乱するにちがいない。「憲法は人間が考案したものだが、政府は神が定めたものである。神の英知が定めたものを、より完全なものにすることが、人間には委ねられている」。

　ところで、真の憲法というものは常に保守主義の原則に基づいている。これらは国民が懸命に努力した所産であり、社会の内側から生じるものでなければならない。人間の知性は抽象的な概念に基づいて憲法を構築するには十分ではない。憲法は自然に成長するものであり、ある意味、人々を通して表された神の声なのである。しかし、自然や神は歴史的な経験を通して働くのであり、すべての健全な憲法は譲歩の精神を効果的に具現化したものなのである。政治的な混乱を避けるため、憲法は共同体内の異なる構成要素や利害関係を調停する。「あらゆる立憲政府は、それがどのような種類のものであろうと、各部分によって共同体の意識を得る。それぞれの部分も各《おのおの》に適切な機関を通じてそれを行う。そして、それらすべての考えを、全体の考えとして認識する。……したがって、政府における明確な違いは、支配する人が一人か、数人か、多数かの違いではなく、立憲的であるか、専制的であるかということである」[29]。

それゆえ、抽象的な市民の平等という考えに基づいて、正しく自由に統治しているかという基準で国家を判断すべきではない。実際に重要なのは、譲歩の精神に基づく憲法によって、個人や団体がそれぞれの利害において、支配者や多数派から守られているかということなのである。仮に政府が不平等な財政措置によって、共同体を税金を払う者とそこから利潤を受け取る者とに大きく二分するなら、理論上は平等主義であったとしても、それは専制政治なのである。そして、カルフーンは競合的多数制の教義にたどり着く。これは政治思想に対するカルフーンの貢献のなかでも、最も重要で独特のものである。真の多数派というものは、(その内容を簡潔に説明すると)、単純な頭数ではない。むしろ、全市民のうちのすべての重要な構成分子が、自分たちの権利は守られているという確信のもとに合意できるような、利害間のバランスと調停によって成り立つ。

「共同体の意見を汲み取る方法は二通りある。一つはいかなる介入も行わず、投票によるというもの、もう一つは適切な組織(オーガニズム)を介して権利を行使するというものである。どちらも多数派の意見を集めたものだが、一方は数だけを考慮し、共同体全体をあたかも共通の利害を持つ単一のまとまりであるかのように見なしている。そしてそれが共同体全体の考えであるかのように、多数派の意見を集める。もう一方は、それとは逆に、各利害関係を数と同じように重視する。そして、政府の活動に関するかぎりにおいて、共同体はさまざまな対立する利害関係によって構成されていると見なす。つまり、それぞれの考えを、代表する多数派もしくは適切な機関を通して集め、それらすべてを統合した考えを、全共同体の意見として取り扱う。前者のような方法を私は数的、もしくは絶対的多数制と呼ぶ。そして後者のような考え方が競合的もしくは立憲的多数制なのである」[30]

カルフーンは煽動政治家が口にする「人々」という抽象的な概念を侮蔑的に否定する。均一で同一の利害をも持つ集団としての「人々」など存在しない。これは形而上学者の幻想だ。実際に存在するのは個々の人間とその集まりだけである。数的多数派の意識調査を行うことは人々の考えを特定しようという試みではあるが、それでは真に多数派の考えを確認することにはならない。なぜなら、このような調整のもとでは主要な集団の権利が、全く無視されてしまう可能性があるからだ。『憲法論』のなかで、カルフーンは権利を侵害する例として、単なる数的多数決はすべての権力を都市部の人々に投げ与え、事実上地方から権力を奪ってしまう傾向があることを挙げている。「人口の相対的な重さは数だけでなく、その分布状況などにもよる。たとえば、都市部の密集した人口は、数による分配法則のもとでは、同じ数の人がより広範囲に散らばる地域よりも、政府において遥かに重い比重をもつ。十万人の人口が二マイル四方に集中している都市部は、同数の人間が二百マイル四方に散っている地域に比べ、より影響力を持つのである……つまり、権力を人口の比率で分配することは、実際に政府の支配を最終的に都市部に渡すこととなる。そして、地方や農業に携わる人々を、常に都市に集まるような人々、究極的に言えばあぶれ者のような人々に従属させることになるのである」[31]。

全般的に、カルフーンの視点は、投票は数えられるだけでなく量られるべきであるというディズレーリの意見と類似している。しかし、カルフーンはある特定の人々の票の重さを量るのではなく、国内のいくつかの主要な勢力の意志を量ることを提言している。彼は異なる経済的要素や地理的な区分、場合によっては、他の異なる利害関係をも考慮に入れることを提案する。そして、ある勢力が他の勢力によって、権利を侵されることのないように、相互拒否によって、もっと厳密に言えば恒常的に利用可能な拒否権によって守られるべきことを述べている。「拒否権、異議介入権、無効宣言、抑止権、もしくはバランス・オブ・パワーなどいずれの言葉で呼ばれるにせよ――これらの名称はすべて拒否する権利を別の言葉で言い換えたものであるが――、この拒否する権利――政府の行為を阻止したり、止める力――こそが、まさに憲法を形作っている」[32]。

おそらくこのような調整を行うことは、ポーランドの任意拒否権のように、膠着状態を招く。しかしカルフーンは共通の便宜によって、これらの主要な勢力や集団が国政へつまらない干渉を行うことを、抑制できると信じていた。確かに敏捷性は失われるかもしれない。しかし、道徳的な力が働いて利益を相殺する結果となる。なぜなら、抑圧から守られているという安心感、調和、全員の合意は国家を偉大にするからである。いかなる論考においても、カルフーンはアメリカ政府の再構築の枠組みを、これらの原則に基づいて詳細に提示しようとはしていない。しかし、複数の行政組織を持つことが、この構想を達成する方法の一つかもしれないと示唆している。二つの行政組織のメンバーはそれぞれの地域を代表し、たとえば外交と内政の行政的業務を分けて担う。しかし、議会の法令は両方のメンバーの同意を得て批准される必要がある。カルフーンは、有益な政府再編成のための責任は北部にあると述べている。抑圧的な関税や反奴隷制の運動が始まったのは北部だからだ。つまりこの一連の出来事を始動させたのは北部なのだから、北部こそが解決策を策定する準備をすべきだ、と言う。

競合的多数制の原則が適用されている国においては、民主主義的な制度は守られるであろう。カルフーンはさらに進んで論証する。そしてこのような政治条件の下では、他の条件下で慎重に広げるよりも、参政権が広範囲に及ぶ可能性がある。「しかし、数的多数制の原則においては、参政権をそこまで拡大すると、最終的には共同体の中のより無知で従属的立場の人々に支配されることになってしまう」。競合的多数性の理論が行きわたるところでは、金持ちと貧乏人がそれぞれ敵対する陣営に固まることなく、地域や利害の旗印の下にそれぞれ結集することになる。利益共同体を確立することによって、階級闘争は減少するであろう。

このあたりから、カルフーンは「絶対的な自由」対「現実の自由」について、いくぶんか脱線し始める。彼曰く、競合的多数制の原則は、各地域や地方に、それぞれの必要に従って行政機関をつくることを許すだろう。数的多数制は、全国一律に恣意的で画一的な型を押し付ける傾向にあるが、これは社会的自由に対する侵害である。政府がすべきことは二つである。社会を守ることと、社会をより良いものとすることである。歴史的起源、人々の性格、身体的な特徴、そしてそれ以外にも環境的な多様性は、当然地域ごとに異なる。これらの異なる社会を守り、より良くする手段は、その社会に応じて変えられるべきである。これが、画一性の原則に対する多様性の原則であり、カルフーンはモンテスキューやバークの主張に共鳴する。

自由と安全は人間を向上させるのに必須であり、その程度や規則は地域ごとに決められる必要がある。その地域の人々は自分たちが必要とするものを最も良く知っている。「自由が偉大な恩恵の一つであることは確かだが、保護ほど重要ではない。なぜなら、自由が人類の進歩と向上を目指す一方で、保護の目的はその保存と永続だからである。それゆえ、この二つの理念が対立するときには、常に自由は保護に譲らなければならない。なぜなら人類の生存はその向上よりも遥かに重要な事柄だからだ」[33]。カルフーンはここで、南部が隷属状態に陥る危険について遠回しに言及しているが、それを一般的な事柄として、適切に述べている。共同体によっては、自己防衛のために他の共同体よりも大きな力を必要とする。この地域固有の必要性は競合的多数制の考え、もしくは相互拒否権の行使によって認められる。

自由はそれ自体が今やカルフーンの主題となる。そして彼はジェファソンの理論に完全に別れを告げる。自由は分不相応な人々に押し付けると害悪となり、無法状態を招く。自由は、すべての人々に対して平等に保障されているわけではない。「自由とは、道徳的にも知的にも発達した資質に対する、最も気高く尊い報酬なのである」。もし、純粋な平等というものが条件の平等を意味するのなら、自由と完全な平等は、分かちがたいどころか、まずもって両立しえない。なぜなら、精神的にせよ物質的にせよ、進歩は条件の不平等から生じるからである。そして、進歩がなければ自由は衰える。

「さて、人間は、知性、洞察力、実行力、忍耐、技術、勤勉や節約の習慣、肉体的能力、地位や機会が、個々により大きく異なる。それぞれの条件を向上させるための努力をすべて自由に個々人に委ねた場合、その結果は、先に述べた資質や優位性を高いレベルで備えている人と、十分でない人との間では、必然的にその差に応じて不平等が生じる。このような不平等を招かないための唯一の方法は、高い資質や優位性を持っている人の働きに規制をかけ、資質に恵まれていない人と同等の水準に置くことである。もしくは高い資質を持っている人から、努力の成果を奪うことである。しかし、このような制限をかけることは自由の破壊を意味する。一方でその努力による成果を奪うことは、自分たちの条件を良くしようという意欲を壊すことになる。確かに、上位と下位の人々の間にある条件の不平等こそが、進歩の過程において、上位の者にはそれを維持し、下位ものにはより前に進もうという、強い衝動を与えるのである。これこそが進歩にとって大きな刺激となる。それゆえ、政府が干渉し、前の人々を後ろに、後ろの人々を前に、無理矢理並べ替えることは、この衝動を抑え、てきめんに進歩の歩みを止めてしまうことになろう」[34]

ここでは、平等主義的集産主義に内在する社会的倦怠に対する見事な告発が、政治学的文献として実に効果的に表現されている。カルフーンは直後にこう付け加えている。「こうした重大で危険な誤りは、人間は生まれながらに自由で平等であるという広く流布した考えに由来する。これ以上に、事実無根で誤った考えはない」。カルフーンは、この見解が特に黒人の奴隷制に対して適用されることを意図していた。しかし、これを過ぎ去った問題から切り離し、現代における保守主義の信条に当てはめることもできる。

自由と安全は、普遍的な権利に対する抽象的要求にではなく、実際的な地域の状況に基づき、判断し適用されなければならない。現実の自由は競合的多数制によって最もよく保障される。進歩に向かう推進力は自由に寄り添って自由を成長させ、競合の調和のもとで最も健全に働く。しかし、果たして、このような類の調整を政府が行うことは可能だろうか。一致に至るにはあまりに多様で大きな利害関係が存在しないだろうか。そして同意を得るのに時間がかかりすぎ、国が有効な手段を取ることができないのではないか。カルフーンはこれらの疑念に答えられると信じている。必要が十分な動機となる。陪審員団を形成する十二人の個別の人間が、一致に至らないとでもいうのか。相互和解の必要性は互いに対する好感情を高めないとでもいうのか。歴史的前例の中にも好例がある。拒否権を行使する力こそがローマ共和制の本質的な特徴ではなかったか。カルフーンは実行と自制によって克服できない障害はないと表明している。

カルフーンはこのように言っている。「自分が競合的多数制の原理に期待するすべての利点は、出版・報道の自由が成し遂げるのではないか、と異議を唱える人がいるかもしれない」。新聞の役割があまりに高く評されていることは、二十世紀においては実に面白いことかもしれない。新聞は十九世紀の楽観主義者たちが描いたような進歩の課程を辿らなかった。しかし、カルフーンはその提案に対して真面目に回答している。その主張は競合の教義の全体の妥当な要約になっている。

「一般的に世論と呼ばれているものは、すべての共同体の意見を一致させたものではなく、一番強い利害勢力や、勢力が連合したものの意見、もしくは声でしかない。そして、多くの場合、共同体全体の中で、精力的で活動的ではあるが、少数の部分の声にすぎない。政府やその政策との関わりにおいて、世論というものは共同体の利害と同様に、分裂し、多様化している。そして新聞は共同体全体のための機関ではなく、通常これら個々に多様化した利害勢力の、もしくは、むしろその勢力から派生した党派の機関なのである。新聞はそれらの勢力によって、その特異な利益を押し進め、党派の駆け引きを遂行する助けとなるよう、世論を操り、型にはめる手段として使われるのである。しかし、数的多数派の政府において、党派の機関や道具としての新聞は、抑圧的な傾向や権力の乱用に対して、選挙同様に無力であり、選挙と同じく、競合的多数制の必要性に取ってかわることはできない」[35]

とても大胆で豊かな意見である。カルフーンの「政治論」は、政治改革に関する綿密な計画に対して向けられる多くの、よくある異議に対して、広く答えている。しかしカルフーンは、それら厄介な異議を簡単に片付け、この原則を実際にどのように適用すべきかという点に関しては詳細な説明を避けている。彼はこれらの考えから、即座に現実的な結果が生まれるとはほとんど期待していない。しかし、これらの思想的な欠点に関して言えば、現代のより偉大とされる有名な改革構想、たとえば、マルクス主義、フェビアン社会主義、〔カトリック教会による〕所有権分配論、サンディカリズム、生産計画などなどの方が、はるかにはっきりしている。カルフーンはリュクルゴスを演じているわけではない。彼は哲学的な原則を述べているのだ。その原則はこれまでアメリカ保守主義によって示された提案の中で、最も聡明で活力のあるものの一つであった。競合的多数制という概念。単なる数ではなく地域や利害による市民代議制。自由は文明化の産物であり、美徳の報酬であり、単なる抽象的な権利ではないという、自由に対する洞察。道徳的平等と条件的平等の間の明確な区別。自由と進歩の密接な関係。数的優位の名のもとに、特定の階級や地域が支配することへの強い抵抗。カルフーンの概念は、さらなる思想を誘発し、現代にも適用することができる。それゆえ、彼はジョン・アダムズと共に、政治の分野におけるアメリカの最も優れた二人の著述家の一人に数えられるのである。カルフーンは、保守主義は不満を訴えるだけでなく、提案できることを示したのである。

## 4、南部の気概

ランドルフの重々しい情熱は、著述家ベバリー・タッカーの『党派指導者』の激しさへと流れ込む。カルフーンの厳密な理論を受けて南部過激派が十年ほど活動した後、南北戦争の勃発となった。古き良き南部を守るという意味では、彼らの保守主義は無力であった。むしろ、南部の諸州を南北戦争に向かう道へと急がせ、戦争の五年は、北部による文民支配が一世代をかけて成し遂げ得た以上に、南部社会を根絶させたのである。無効化宣言の後の南部には抑圧的な緊張がただよい、まじめな思考を促す空気はなく、精神的肉体的な貧困によって、海の老人のように北部による再建にしがみつき、まともな知的保守主義は抑え込まれてしまった。ただ漠然とした警戒心だけが、黒人に対する不信感や資源不足と結びつき、一八六五年以降の戦後南部での社会改革の進展を遅らせた。現代の南部は自覚的に保守主義の理念に従っているとは言えない。ただ、保守的な本能に従って、あらゆる堕落にさらされているだけだ。教養の時代に原則に欠けている本能はそうした堕落に直面するものだ。州権に対する思い、紳士の義務、そして社会の伝統といったランドルフとカルフーンが称えた南部の資質は、リー将軍の中に最も優れた形で見いだすことができる。これらの理念は、リー将軍と共にアポマトックスの戦いにおいて、優勢な北軍の前に敗れ去ったのである。これらの理念を政治的に代表する者は、リー将軍ほどの模範的才人ではないが、やはり勇気と威厳を兼ね備えた人物、ジェファソン・デイヴィスである。敗戦から八十年後、南部の本能はますます卑俗化し、その結果、かつてデイヴィスが占めていたミシシッピー連邦上院議員の職に、〔白人至上主義者として知られた〕セオドア・ビルボーのような人物が選ばれることになるのである。

ランドルフとカルフーンは、教えをしっかり引き継ぐ門弟を残さなかったし、大農園社会を守ることもできなかった。南部の人々が抱く畏怖と伝統意識を、ランドルフはその一風変わった卓越した才能によって、貴族的な自由至上主義《リバタリアニズム》に昇華し、カルフーンは的確な知性によって、弁論趣意書のような文書にまとめあげた。この二人の孤高の精神だけが、南部精神の獰猛な活力を華奢な鎖で抑えることが可能であったのだが、その精神は今や鎖から解き放たれた。そして、南部の民衆の熱狂の力は、北部の産業主義とナショナリズムの若い力によって粉砕された。その後長い間、南部の人々は、自分たちに馴染まない機械化の時代を惨めな思いで羨望しつつ、近代世界の暗い森の中を手探りで進むことになった。

実際に南部の人々の大多数は、ランドルフやカルフーンの教義を、奴隷制への弁明や州権を通した奴隷制の擁護としか、認識しなかった。この二人の優れた政治家が示した、保守主義の繊細で不朽の内容――流行《はや》りの大衆幻想に対する不信感、既存の制度が失われることへの懸念、気高い自由に対する情熱――は、一般的な南部の人々の精神からは失われてしまった。そして、南部自体にもアメリカ人の生活をいたる所で支配していた平等化と革新の衝動が無情にも作用していたが、その間も南部の雄弁家たちはこのヴァージニアの雄弁家とカロライナの預言者に対して口先の賛辞を与えていただけだった。一連の州憲法制定会議――ヴァージニアの一八二九～三〇年の会議はその最初にすぎない――は、ランドルフとカルフーンが称えた土地財産に対する保護や微妙なパワーバランス、そして妥協の利点などをすべて一掃してしまった。改定された新しい憲法では教条主義が凱歌を挙げていた。ノース・カロライナ州では一八三五年、メリーランド州では一八三六年、ジョージア州では一八三九年に会議が開かれた。そして「五〇年代」の憲法改定の第二波は、一八五〇～五一年メリーランドに変化をもたらし、ヴァージニアでは一八五〇年に二度目の会議が開かれ、さらにこれらの時期に、憲法改正の形をとって、ジョージア州憲法の大改定が行われた。これらの民主主義的勝利は抽象的な政治権利の平等性を大幅に実現したが、より大きな自由をもたらすことはほとんどなかった。平等と単純化に対する人々の要求は、新しい南部の諸州、アラバマ、ミシシッピー、ルイジアナ、テネシー、ケンタッキー、フロリダにおいて、有効な反対に遭うことはなかった。それゆえ、南北戦争後の南部再建期に急進的憲法がつくられるのにも障害はなく、その後に不名誉を感じて反動が続き、南部の政治生活は長く荒廃するのである。

政府の民主化と単純化の考えはもちろん南部特有のものではないし、国中でみられた傾向の局所的な現れにすぎない。ニューヨーク衡平法裁判所主席裁判官であるジェームズ・ケントもこれらの傾向に対し、ヴァージニアのランドルフと同じように辛辣に批判している。南部の大農園貴族制はもはやこの激しい潮流に対して、北部における連邦主義者やその後継者であるホイッグ党ほどは、持ちこたえることができなかった。トクヴィルは誰よりも適切に、この憲法改正と社会的平等化に対するアメリカ人の熱狂について分析している。これは伝統的な社会との絆が断ち切られた人々による、拡張的な衝動である。新しい土地が広く分配されたことで、彼らのうちでは官吏や既存の行政機構に対する尊敬が減退していた。ルソーもペインもジェファソンでさえも、この上昇傾向にある社会的な衝動に対して、飾りを施したにすぎない。アメリカでは何よりも、十九世紀におけるこの大きな変動の時期に、物事が急激に進んでいった。ランドルフとカルフーンは南部を一つの地域として矯《た》め直し、その経済的利害を守るために南部の人々を結束させ、人々の想像力に働きかけて中央集権化が奴隷制度に対する脅威となることを印象づけることには成功した。しかし、その能力も、南部諸州のように旧来の慣習に執着しているような地域にさえ、より深い保守的な理念を生き返らせるには十分でなかった。統合化、世俗化、産業化、そして平等化——これらの社会革新の特徴は十九世紀にはいたるところで見られた——に向かって前進する社会的衝動を、彼らはほとんど押しとどめることはできなかった。

ランドルフとカルフーンは両者ともその類まれなる鋭敏さにより、伝統を脅かすものの性質についてはっきりと理解していた。しかし、この革命的なエネルギーに対して、彼らに出来たことといえば、予言することと、未熟で混乱した分権主義の精神を南部の民衆の間にかき立てたことくらいである。これでは十分ではなかった。理性においても感情においても誤っていたにもかかわらず、南部は十九世紀の文明化した共同体の中で孤立し、新しい強固な秩序に対して、武力に訴えて行く不屈の精神を示した。新しい秩序は、自分たちが知っている人間性に対し敵意を持っているとささやく漠とした本能の声が、南部の人々には聞こえた。グラントとシャーマンの両将軍は南部人の勇敢さを粉砕し、奴隷解放と戦後再建期は旧来の緩やかな社会構造を破壊し、経済的に従属状態に置かれた南部の人々は生産性の高い機械化された近代的工場へと押し込まれていった。ランドルフとカルフーンの政治哲学ほど、その勝利の期間が短かったものはない。

しかし、彼らは——ランドルフはその想像力の質の高さ、カルフーンはその論理の厳密さゆえに——記憶されるにふさわしい献身的な南部の指導者であった。そして、保守主義は単に株や配当を守る以上に深く、単に新しいものを嫌悪する以上に高尚なものであるという真実を明らかにした。彼らの主張や失敗までもが、経済的変化と、州の政策、そして社会的安定という壊れやすい要素が、いかに複雑に結びついているのかを示している。おそらくランドルフ、カルフーンそして他の南部の政治指導者たちは、バークがしばしば賞賛した、慎慮という卓越した保守主義の美徳を十分に用いたとはいえないだろう。しかし、彼らの挑発は重たいものであった。そして、滅びゆく南部保守主義が慣習的権利の名のもとに起こした戦いの余韻は、現代アメリカ社会という巨大で煙った洞穴の中に、今なお反響しているのである。

# 第6章

## 自由主義的保守主義

### マコーレー、クーパー、トクヴィル

「あなたがたは、ヨーロッパの古い社会制度が拠って立つ保守主義の原則と、自由とそれに伴う個人の責任とを支持している。そして、とりわけ私有財産制度を支持している。それはまったく正しいことです。あなたがたは、これらの根本的な規範が守られない生活など想像すらできないでしょうし、私も同じです。

しかし、私は次のことを告白します。この古い世界――その向こうを見ることは不可能ですが――は、疲弊しきっているように思えるのです。巨大で立派な機械の歯車が日に日に嚙み合わなくなっていくのが感じられます。そして、将来を見通すことはできませんが、現在の状態が永続することに対して、私の信念は揺らいでいるのです……それでもやはり、それに勝るものを示さないかぎりは、自分たちが理解できる唯一の制度のために立ち上がり、そのために死ぬことが正直な人々の義務なのです」

――トクヴィルからグロート夫人へ　一八五〇年七月二十四日

## 1、バークと自由主義

さて、外国へと目を向けてみよう。イギリスとアメリカの自由主義は、十九世紀の終わりに集産主義と馴れ合うようになり、それ以降（一つの運動として）ハーバート・スペンサーが呼ぶところの「新トーリー主義」の知的誘惑に、ほぼ無条件に屈することとなる。われわれは、かつての自由主義者がいかに強く「自由」と結びついていたかを忘れる危険性がある。十九世紀半ば以前の政治的自由主義（経済的自由主義について何が語られたかはともかくとして）はある種の保守主義であった。つまり自由を保守することを意図していた。偉大な自由主義者はバークの精神を受け継ぐ人々であった。彼らは当時の平等主義の精神と政府の集権化の動きのうちに、個人の自由に対する深刻な危機、真の人間性に対する脅威さえをも予見したのである。マコーレーはイングランドにおける自由主義的保守主義の精神を研究する上で、最も興味深い人物である。フェニモア・クーパーはアメリカにおいて、この二つの立場を融合させた。そしてアレクシス・ド・トクヴィルは、この章で扱う他の二人に比べてもその重要性は非常に高い。彼は、おそらく十八世紀末以降におけるただ一人の第一級の社会思想家であり、バークが高らかに主張した旧来の習慣や規律と、避けることのできない社会の趨勢とを調和させようと試みたのである。

この三人の自由主義的保守主義者は皆バークの影響を受けている。マコーレーは最も熱心なバーク賞讃者の一人であり、トクヴィルの諸著作はバーク思想に貫かれている。長い間、エドマンド・バークは、保守主義者だけでなく、十九世紀の自由主義者の思想にも強い影響を及ぼしてきた。個人や地方の自由、政府の権限の制限、そして理にかなった改革といった自由主義者にとって重要な事柄を、バークはすべて主要理念として掲げていた。ディズレーリと同様に、グラッドストンも熱心にバークの著作を読んだ。何年もの間、この二人のいずれが次世代のトーリー党の指導者となるか定かではなかった。だからこそマコーレーは若きグラッドストンをトーリー主義の前途有望な光と信じ、『エディンバラ・レビュー』で激しく批判したのである。またグラッドストン自身もバークの影響を否定しなかった。（グラッドストンはこう述べている。バークが取り組んだ五つの重要な問題のうち、四つまでは彼は正しい。ただ一つの例外はフランス革命である）[1]。この偉大なホイッグ党員に対する自由主義者の敬慕は、バジョット、モーリー、ビレル、ウッドロー・ウィルソンなどの著作に散見され、アクトンも自身の中にある敬慕を抑えることができず、そしてラスキのような集産主義者の中でも燃え続けている。バークは自由主義者たちに自由は新規に作り出されたものではなく、保守すべき遺産であることを教えた。「私は自由主義者であると同時に保守主義の政治家である」。マコーレーは庶民院での最後の重要演説において、このように述べている。

自由主義者に対して、バークは他にも多くのことを教えた。彼らの中で、私有財産に対する尊重と、土地所有階層を基盤としない政治権力への疑念が強化された。バークはまた、「民衆」というものは頭数で数えられる単なる個人の集合体ではないということを気づかせた。彼は国に対して尊敬の念を抱いていたが、それと同じくらいはっきりと、政府に対して不信の念を抱いていた。政府に対するバークの理念、つまり政府はできるだけ用心して統治に関わらず、留保された権限もめったに使うべきではないという考えを、自由主義者たちはそのまま受け継いだ。自由主義者らはこのような政治的英知を、十九世紀の諸問題に対して、民主主義と産業主義の巨大な影響力に対して、そして詭弁家や打算的な人々が牧師や郷士を圧倒するような時代に対して、適用しようと努めたのである。

マコーレーとクーパーは、この章の冒頭の文章におけるトクヴィルとグロート夫人のように、時には守旧派の役割で見られることも多かった。なぜなら、一般的に自由主義者は未来を憂慮したからである。ナッソー・シーニア、グロート夫妻、ジョン・スチュアート・ミル、これらトクヴィルの友人たちは皆、民主主義と自由は調和しうるか懸念していた。次の世代になると——マシュー・アーノルドの内にその傾向を見ることができるが——、自由主義者は自由よりも平等を好むようになる。こうした社会展望の行き着く果てを、この章で扱う三人の偉大な自由主義者は恐れていた。そして、その脅威ゆえに、トクヴィルは民主主義制度に関する研究書——おそらくその鋭敏さは今後書かれるいかなる論文をも凌ぐだろう——を執筆した。この章で、イギリスの自由主義における保守的な要素を説明するためにマコーレーが選ばれたのは、そのきらめく才能ゆえであり、それと同時に彼の弱点こそが、現在、自由党を事実上壊滅状態にしてしまった混迷を表しているからである。クーパーはアメリカ人の中でも最も率直な思想家であり、人々を貶めるのではなく、高めるための民主主義を擁護し立ち上がった。トクヴィルは本書で詳しく検討した人々の中で、唯一イギリス人でもアメリカ人でもない人物である。彼をここで取り上げたのは、その英米の伝統に対する優れた理解と、両国に与えた影響の大きさ、そしてバーク以降の社会批評家として、他に匹敵する人物がいないという理由からである。社会理論の一般的な運命とは異なり、彼らの思想は二十世紀において、当初思われていた以上に重要な意義を獲得するのである。

## 2、マコーレーの民主主義論

「長い間の私の確信によると、純粋に民主主義的な制度は遅かれ早かれ、自由または文明、もしくはその両方に破滅をもたらします。人口が密集しているヨーロッパのようなところでは、そうした制度の効果はてきめんです……つまり、貧乏人が金持ちから資産を奪って文明が滅びるか、秩序や私有財産が強力な軍事政権に守られる代わりに自由が滅びるか、二つに一つなのです」

——マコーレーからH・S・ランドルへ　一八五七年五月二十三日

合衆国の大統領フランクリン・ルーズベルト——しばしばゴースト・ライターには恵まれなかった——は、かつてこの文章をアメリカ民主主義の名声に対する誹謗中傷として公然と非難し、「イギリスのトーリー党員、マコーレー卿」の誤った予言と嘲った。トーマス・バビントン・マコーレーは（特別ユーモアのセンスに優れていたわけではないのだが）生きていれば、くすくす笑ったことだろう。というのも、彼は民主主義のもとでの文明に対し大いに危惧していたのだが、この言葉は無意識とはいえその懸念を立証していたからである。何と、合衆国の大統領がホイッグ党員の中のホイッグ党員とも言うべき人物をトーリー党員と呼び、合衆国の大統領が世界中で見られる民主主義的制度の内部腐敗を忘れ、極めて男爵的でない男爵に対して――彼は五十九年の生涯のうち五十七年の間、平民であった――、「マコーレー卿」と貴族身分をあえて強調する呼称を使ったからだ。マコーレーは誤りを犯したが、その誤りはルーズベルト大統領が考えたようなものではなかった。

マコーレーはよくバークに比せられるが、その才能とキャリアは面白いほど酷似している。中でも、両者とも改革者としてインドと深く関わったことは注目に値する。しかし、改革者としての内容はそれぞれに大きく異なっていた。バークの改革はインドに住むイギリス人を専制的な権力や強欲の病から清めることを意図しており、インド人に彼ら独自の法と慣習、そして宗教を保障するものであった。バークにとって古くからの決まり事は、〔インドの〕マドラスにおいても〔英国の〕ビーコンズフィールドにおいてと同様に尊重すべきものであった。マコーレーにはこの包容力のある寛容さは認められない。さらに彼は――このような軽率さは自由主義者の間にしばしば見られるものだが――、ある人々に適した制度や理念は、まったく異なる人々にも移植できる――もしくは取り付けることができる――と考えた。一八三五年、マコーレーはインドにおけるイギリス政府公教育委員会の長に任命されたが、当時の委員会は、政府は現地のインド的教育を推し進めるべきか、代わりに「現地の人々の間でヨーロッパの学問や科学を推進する」案を採用すべきか、意見が二分していた。この問題に関するマコーレーの覚書は、十九世紀の多くの自由主義が併せ持つ饒舌さと浅はかさの典型である。[2] 似たような状況にあったときにバークが示した配慮、つまり尊敬の気持ち、注意深い調査、すべての公的権利に対する尊重などを、マコーレーは全く顧みなかった。彼の勧告にしたがい、ウィリアム・ベンティンク卿は、インドの伝統文化を西洋化によって撲滅すべきことを宣言したのである。この時以降インド人が陥った精神的・知的混乱の跡を辿ることは、長く気の滅入る作業である。小説家E・M・フォースターがわれわれのために、その結末を描きだしてくれている。マコーレーは、ヒンドゥー教徒をイギリス人に、望むべくはホイッグ的イギリス人に造り変える過程には、どれほどの困難があるかを全く認識していなかったように思われる。彼の誤りは、概して十九世紀の植民地入植者や征服者が陥りやすい誤りであり、ほとんどの植民地政府はその誤りを免れなかった。しかし、誤った方向を向き、気まぐれな保守主義的本能を有していた一人の人物の行動の結果は、依然として残っている。彼は自らその実現に手を貸した世界を前に愕然とした。それはバークとは、あまりにかけ離れた世界だった。

荒廃した時代のイングランドにおける、社会的原因と社会的結果の関係に対するマコーレーの理解は、自らその時代を生きたにもかかわらず、ひどく近視眼的としかいいようがなかった。生涯を通じて、産業人口の増加、その潜在的な政治的影響力の脅威、彼らの倫理状況に、不安を膨らませつづける一方、産業化、都市の発展、そして機械化やあらゆる意味での集権化といったものを、マコーレー以上に好意的に称えた者はいない。この自己矛盾は徹底的に自由主義的だ。マンチェスター学派は問題解決策を何も提示せず、ただ公教育というものを漠然と信頼し、毒をもって毒を制するという考えから、それ以上の信頼をさらに効率的な産業生産に置いていた。『エディンバラ・レビュー』において、マコーレーはサウジーの『社会についての対談』に見られる温情主義を徹底的に蔑み、糾弾した。しかし、皮肉や当てこすりでは労働者階級の害悪をなくすことはできない。それから二世代経って、サウジーのトーリー的提案は社会主義者の提案となるのである。公立学校を居眠りしながらでも終えることを無理強いされ、穀物の値段は百グラム当たり五シリングにまで低下したからといって、労働者階級は労働者であることに変わりはない。「もし、一九三〇年には五千万人もの人々がこの島に溢れ、人々は今以上の衣食住を享受し、サセックスやハンティンドンシャーが現在のヨークシャーのウェスト・ライディングにおける富裕な地域よりも裕福となり、花畑のように豊かに開墾された農地がベンネビス山やヘルベリン山の頂まで続き、家々はまだ知られていない技術に基づく機械を備え、すべての幹線道路が鉄道にかわり、あらゆる人が蒸気機関車で旅をし、われわれの目には多額に見える借金も孫の代には一、二年で容易に返済できる僅かな負債にすぎなくなる、と予言したら、多くの人々はわれわれを気が狂っていると思うだろう」[3]。マコーレーのこの予言は、人口と借金に関する限りはある程度現実となった。しかし、その他の事柄に関していえば、彼が一九三〇年代の反ホイッグ的なイギリスを見ることがなかったのは幸運であった。

サウジーの考え方について、マコーレーはこのように述べている。社会を判断するにあたって、「丘の上に立ち、田舎の家と工場を眺めて、どちらがより美しいか考えるようなものである」[4]。これは、おそらくあまり現実的な手法ではない。しかし、功利主義的計算法には適しており、功利主義者と論争しつつも、次第にマコーレーは彼らの見解に傾いていくのである。マコーレーにとってはフランシス・ベーコンこそが哲学者の見本であった。「ベーコンの教義には核となる言葉が二つある。実用性と進歩である」[5]。この論考においてマコーレーが表明したほどの賛辞を、物質主義が受けることはめったにない。彼は応用科学と工場生産が目覚ましい進歩を永遠にもたらすと信じていた。そして、セネカの道徳論をベーコンの実用性と対局にあると考え、軽蔑していた。「靴が普及して、何百何千万もの人が足を濡らさずすむようになった。はたして、セネカの道徳論で、一人でも怒りを抑えることができただろうか」[6]。ここに弁証法的唯物主義の創始者を見ることができる。マコーレーは産業主義に対し満足を感じ、ついにはイングランドの景観を醜く変え始める「派手な邸宅」に対し熱狂するまでに至るのである[7]。

『古代ローマ詩歌集』の気高さと『イングランド史』の輝きにもかかわらず、このような時のマコーレーには、ラスキンがヴィクトリア時代のイングランドについて非難した俗悪さが多分に見受けられる。これは中産階級の俗悪さである。ところで、さらに低い階層がそれ相応に俗悪となり、それ相応に自分たちの利益を求め物質的発展に熱中することを考えてみよう。セネカや聖パウロ、そしてトーマス・バビントン・マコーレーの説教がいかなるものであっても、果たして彼らはおとなしく従うだろうか。マコーレーはこのことについて、頻りに考察している。そして唯一の対処法は貧しい人々を厳重に政治権力から引き離しておくことだと考えた。もし大衆までもが馬に飛び乗るようになれば、この穏やかで、進歩的で、有益な繁栄はすべて終わりを迎えだろう。彼はそう確信していた。マコーレーが意図していたのは、サウジーの抱くイングランド像を残すことではなく、マンチェスター学派の自由主義イングランドを残すことであった。二十世紀のイギリス保守主義の理論武装は、このような危険にさらされた自由主義の武器庫からもたらされたのである。

マコーレーはこうした危険について、その政治家歴の早い時期から意識していた。彼は、一八三一年に選挙法改正法案について演説した際、普通選挙は破滅的な革命をもたらすだろうと力説した。なぜなら、「不幸なことに、イングランドにおいても他の歴史ある国々においても、時として労働者階級は非常に困窮している」[8]からである。もし選挙権を手に入れたら、彼らは無分別に自分たちの経済的状況を改善しようとして、法や秩序を犯すだろう。チャーティスト運動が最も活発だった時期には、マコーレーは次のように声を張り上げて主張した。「私は堅く確信している。わが国では普通選挙は、その形態によらず、いかなる統治ともそぐわないし、また、いかなる統治形態が目標とするところともそぐわない。普通選挙は私有財産制と両立しないし、従って文明とも両立しえない」[9]。これはロックの残した影響である。経済的な不平等に対して、現実にはいかなる治療薬も存在しないし、そのことのゆえに、財産を持たない大衆は常に政治権力から遠ざけられるのである。国が豊かになればなるほど、人口が増え、その結果、収入格差は狭まるよりもむしろ広がるからである。「人口の増大は優れた小さな政府によって加速される。それゆえ、政府が優れているほど、条件の格差は広がる。そして条件の格差が広がるほど、人々を略奪へと駆り立てる衝動が強くなるのである。アメリカに関して言えば、二十世紀にこのことが問われるだろう」[10]。ジェイムズ・ミルに対する答弁として、マコーレーはこのように書いている(一八二九年三月)。

産業社会は、私有財産を持たず、それゆえ政治的な影響力を付与すべきでない人々の大集団を恒久的に抱え込んでいるように見える。この結論に従い、とりわけ「お終いジャック」ことジョン・ラッセル卿のホイッグ党は、一八三二年の選挙法改正法案について、あたかもそれがメディアやペルシアの法のごとく不変であるかのように語り、ロバート・ロウとアダラム党員は、一八六六年に新しい改革法案が提出されようとしたとき、ディズレーリとグラッドストンに対して激しい抵抗を示したのである。マコーレーとその賛同者たちは、選挙権から多くの人々を永続的に閉め出すこと、つまり真っ当な利害を持つ関係者を排除することを望んだ。しかし、バークは本格的な議会改革の推進者ではなかったにもかかわらず、すでに半世紀以上も前に、イギリス憲法はそのような排除を許容するようには作られていないと論じていた。排他主義を捨てるか、憲法を捨てるかである。一八六六〜六七年、ディズレーリは前者を選択した。要求がこらえきれないほど強くなる前にこのような選択を行うことで、この改革は社会的指導者たちに強要された譲歩ではなく、新たに参政権を得た人への贈り物と見えるようにしたのである。他の多くのことがらと同様に、ここでもディズレーリは特にバークの残した具体的助言に従っている。マコーレーやロウが不可欠であると考えた排他性については、近代の議会政治のもとでは、契約を条件とする社会から地位を条件とする社会へと変わらない限り、永続は不可能であった。たとえ労働者の政治的権利が、近代の自由社会において否定されるべきであったとしても、国家構造を抜本的に変えない限り、彼らを十分に排除することは不可能である。しかし、その立場を支持することはできないとはいえ、できる限りそれを守ろうとしたことにより、マコーレーは保守主義に対して賞賛に値する献身をした。なぜなら、財産を持たない大衆に対する恐怖ゆえに、彼は功利主義の政治理論を攻撃することとなるからである。「ミルの統治論」「ウェストミンスター・レビューの評論家によるミルの弁護」「統治論の功利主義的理論」など、『エディンバラ・レビュー』に投稿した論文において、彼はバークの才能を多分に感じさせる精度で、おそらくバークも賞賛するほどの気迫で、功利主義者を攻撃した。[*] 功利主義は一人の男からの、しかも実際にはいくつかの点でそれほど見解を異にしない男からの、立て続けの攻撃を受けて大損害を被った。ベンサムやジェイムズ・ミルの権威は影響力をもち続けたが、彼らはまさに自分たちが戦略として用いていた大衆宣伝用の雑誌において、破れたのである。マコーレーは次のように暴露している。彼らのことを「ある人は世の光、またある人は人間の姿をした悪魔と考えるようだが、彼らは概して、理解が狭く、知識も少ない普通の人間である」[11]。功利主義者らの先験的（アプリオリ）な方法をマコーレーは生来の不合理性に帰し、彼らが実際的な知識に欠けていることを容赦なく暴き、その柔軟性に欠ける抽象概念を槍玉にあげている。「ミル氏は、イングランドやアメリカのためではなく、人類のための法を制定している。だが、トルコ人の利害はその王宮のハーレムに住む女性たちの利害と同じだろうか。中国人の利害は彼が農耕に使役している女性の利害と同じだろうか。イタリア人の利害は彼が修道女にしようと考えている自分の娘の利害と同じだろうか。だが、立派なイギリス紳士の利害は、間違いなく、その妻の利害と一致するだろう。では、なぜそうなるのか。その理由は、人間の本性はミル氏が心に描いているようなものとは異なるからである。つまり、文明化した人間は社会的な状況に応じて自らの幸福を追求するのであって、死肉を求めて争うヤフー〔ガリバー旅行記に登場する、人間の形をした獣〕とは異なるからだ。そして、恐れられ、服従されることと同様に、愛され、尊敬されることに喜びを見いだすからではないだろうか[12]」。

マコーレーはさらに進んで、功利主義の民主主義的教義を粉砕する。ミルは、人間は必ず自分自身の利益を追求する、と主張していた。そうであるなら、その空想的な普通選挙制度を持つ民主主義構想において、ミルの主張は貧しい大衆に対して適用されなければならない。その場合、貧乏人たちの利益とは、勤勉な者から略奪することであろう。確かに、略奪は彼らにとっても、長期にわたる利益とはならないかもしれない。しかし、君主でさえめったに長い視点で利害を考えないとすると、どうして卑しい大衆に、子孫のことを考えて自分の利益を先送りすることなど期待できようか。

「ミル氏の教義を信じている人々に、彼が推奨するような民主主義においては、まるでトルコのパシャ〔宰相などの高官〕の支配下にあるのと同様に、金持ちは容赦なく略奪されるかもしれないという疑念を、どうしたら持たせることができるだろうか。私有財産が不可侵のものとして守られることは、疑いなく次世代のためになるし、今の世代にとっても遠回しとはいえ利益となるだろう。だから、自分の支配地の人々を富ませることは、次のパシャだけではなく現在のパシャにとっても、その地位を長く保ちさえすれば、確実に利益となる。しかし、周知の通り専制君主は――歴史や経験が、潤沢な資産を時期尚早にむしり取ることは、まさに将来の実りを産み出す種籾までをも貪ることだと教えているにもかかわらず――、その臣民から略奪するものである。そうであるなら、将来の災難、しかも孫の代ですら明確には感知できないような災難を懸念して、目の前の慰めや享楽に対し、人々がその獲得を思いとどまるだろうなどと、どうして想定することができようか[13]」

あえて功利主義論争についての広大で不毛な砂漠に分け入らなくても、ここで以下のことに言及しておく価値はあるだろう。マコーレーは、功利主義の神殿を支えていた普通選挙という柱を取り除いたが、それと同時に屋根の一部をも破壊し、その破片のいくつかは彼の頭上に落ちて来た。彼は、功利主義者のあらゆる論点や人間の性質に関する考え方を俎上に載せ、彼らにかなりの打撃を与えた。それゆえ、マコーレーは政治的・精神的保守主義者らから感謝を受けるにふさわしい。なぜなら、功利主義は「科学的」社会主義の祖先であるからだ。つまり、ベンサムの基本理念はその根底において反自由主義的であった。ベンサムは「計画」された社会を目指していた。そして、論理的な動機というよりは、何か詩人の本能といったものに駆り立てられ、物質主義のマコーレーはベンサムを攻撃したのである。自由主義のドン・キホーテという役割に限って言えば、マコーレーは正しい敵を選んだと言える。ベンサムの他に、近代社会主義の祖先としてヘーゲルが挙げられるが、彼の教養から社会主義制度の全体主義的な側面が生まれた。そして、大陸左翼のこの正統ではない出自を、トクヴィルは見破ったのである[14]。この相反する観念論と功利主義の両陣営は――マルクスは自らの思想の祖先ではないとしているが――、恐るべき非嫡子を産み出した。それと比べると、ウィリアム・モリスで頂点に達するイギリスの感傷的なギルド社会主義は、脆弱な子供のようなものである。マコーレーは若いときに、この巨大な学派に攻撃をしかけるような向こう見ずな面があった。そして当時において彼の批評は、恐らくロマン派トーリーの抗議よりも効果があったのである。

　これが、保守主義の理念に対するマコーレーの主な功績である。しかし、彼の働きとしては、ケンジントンの貴族となった後、晩年に記した著作の方がより知られている。ジェファソンの伝記作家H・S・ランドルは、マコーレーがジェファソンを全く賞賛していないことに驚きを表明している。この恐るべきホイッグ党員は、自分はアメリカの民主主義をほとんど評価していないと答えたのである。新しい土地が獲得できるうちは「ジェファソンの政治も致命的な災禍を引き起こさずに、存続するかもしれません」。しかし、ひとたびこの新しいイングランド〔アメリカを指す〕において、古いイングランドと同様に人口が過密となり、賃金が低く不安定になり、巨大な産業都市が国を支配するようになったら、民主主義的政府は貧困層による富裕層の略奪を抑えられないということが分かるだろう。「ニューヨーク州において、簡素な朝食でさえろくに食べられず、満足な夕食にありつきたいと考えるような大衆が議員を選ぶような日が来るでしょう。そのとき、一体どのような議会が選ばれるか、疑ってみたことがあるでしょうか……あなた方を止めるものは何もありません。あなた方の憲法は航海を促すだけで、錨がない。すでに申し上げたとおり、社会がこのように坂を下り始めたら、文明か、あるいは自由のいずれかが滅びるに違いありません。合衆国にとってのフン族やヴァンダル族が、あなた方自身の制度によって、あなた方自身の国で産み出されるのです[15]」。

力強い宣言である。そしてアメリカは貧困が自由か文明のいずれかを完全に破壊するというマコーレーの予言を未だ経験してはいないが、彼が警告の対象とした二十世紀はまだ終わってはいない。荒々しく、絶え間なく、マコーレーは民主主義の反自由主義的傾向について近代社会に警告した。しかし、その脅威を抑えるために、彼がしたことは何だろうか。マコーレーは、教育は一時的にせよ効果があると考えていた。貧困層は「創造主を敬い、正統な権威を尊重することを教えられ、それと同時に平和で合法的な手段によって深刻な不正を正す方法を学び、知性を働かせることに喜びを見いだすようになるだろう」[16]。深刻な社会的弊害の是正を期待するのは、学校教育に対してあまりに求め過ぎである。マコーレーは無学な人々による暴力の結果を嘆いているが、その理由の一つは感傷的で、滑稽で、啓示的ですらある。当時、「ヨークシャーで美しく高価な機械が粉々に壊される」という出来事が起こったからなのだ。まさに、この人物は純粋な文筆業においても際立っていた。思わずキーツを気取ってみたくなった。マコーレーは機械を神と崇める奇妙な近代宗教の確立に役割を果たしたのである。しかし、彼が公教育の力を過大評価していたとしても、驚くには当たらない。ジェファソンやロウやグラッドストンやディズレーリも同じように考えていたのだ。ジョン・アダムズだけは懐疑的であったが、十九世紀の前半に、正規の学校教育の限界を見通していた人はほとんどいなかった。美徳を教えることに懐疑的であったアリストファネスは、人間というものにより精通していた。義務教育が最も徹底していた国、つまりドイツでは、子供たちは理性を高め、権威を敬い、平和的な不正の是正を模索することを教え込まれた。しかし、二十世紀におけるその社会的爆発は残忍を極めるものとなる。

他の予防処置として、マコーレーは厳正な政治規約の力によって労働者階級を普通選挙から排斥することを考えた。しかしこの原理は、一八六七年の選挙法改正法案の可決、一九一一年の議会法、累進的な所得税、相続税の導入、労働党の台頭、そして西洋諸国を通じての同時並行的な発展へと進む流れを阻止するには十分でなかったことが明らかとなった。マコーレーの期待とは裏腹に、イギリス憲政はアメリカの憲法以上に、これらの革新に対する歯止めとはならなかった。

理論上、近代国家が自由であるかぎり、国民の大部分が実質上労働者である限り、経済的平等化は常に要求され続ける。マコーレーの時代以降、西洋が辿った政治的変遷から判断すると、この平等化への要求は反自由主義的政治システムが勝利するか、その国の一般大衆が私有財産、目的意識、尊厳をある程度取り戻すことによってのみ、解消される。マコーレーはどちらの道に対しても備えをしなかった。彼は急進的でもなければ、本当の意味での保守主義者でもなかった。そして、彼が身を退いた後、ホイッグ党は消滅し、その後を継いだ自由党は停滞している。

この短い論考はマコーレーを公正に評価しているとは言えない。その比類なき『イングランド史』についてほとんど紹介していないし、古代ローマの高貴な美徳をしのぶ『古代ローマ詩歌集』についても同様である。学校に通う子供たちなら、誰でもこれらの著作を知っているべきである。しかし、知っているべきだが、実際にはほとんど知らない。なぜなら、マコーレーが賞賛したベーコン的哲学や彼が推進した画一的な「実用教育」のシステムによって、分かりやすい歴史や純文学の学習を軽視したからである。一八六七年、ロウはこのように言っている「われわれは指導者を教育しなければならない」。時代ごとに学校教育への要請は異なり、それに応じている。この時代に求められているのは物質主義的で平等主義的な学校教育である。つまり、すでにマコーレーは半分忘れられている。そして、近代学校教育の混沌に対してある種の反発する力が働きだしていない限り、やがて疑いなく、彼は完全に忘れ去られてしまうだろう。保守主義的な教育運動が起これば、マコーレーが復活することもあるかもしれない。彼が保持していたような保守主義は初めから失敗する運命にある類のものであった。しかし、彼は深く考えないまま保守主義の理念に尽くしたのであり、それゆえ、その偉大な才能と相まって、マコーレーは記憶されるにふさわしいのである。

＊しかし、マコーレーはミルに対する若さ故の傲慢さを悔いて、これらの論文を自分の全集『批評ならびに歴史論考』から削除している。

## 3、クーパーとアメリカ「紳士」

「民主主義には、世論を法律に優先させる傾向が絶えずつきまとう。これこそ、人民の政府における特異なかたちでの専制政治の現れである。なぜなら、権力があるところには、それを濫用しようとする傾向が必ず見られるからである。また、世論の利害や願望に反する者は、たとえその主張が原理的に正しく、正当と認められる状況にあっても、共感を得られることはほとんどない。なぜなら、民主主義においては多数派の意向に抗《あらが》うことは気まぐれな君主に抗うことと同義であるからだ。良識のあるすべての市民は個人的な感情の影響を公的義務から切り離す必要があり、自由に向かって努力していると装いながらも、最大多数としての優位を争っているため、独裁に手を貸さないよう気をつけねばならない。人民の支配こそ、抑圧の影が共同体を覆う最も陰険で危険な形態なのである」

――クーパー『アメリカの民主主義者』

ヨーロッパとアメリカにおける思想の平行発展を辿ろうとする者は誰でも、しばしば表面上の類似だけを扱っている感じがするに違いない。そして、アメリカ人の精神はただ独特の社会状況を反映しているに過ぎず、ヨーロッパ文明という青白い幽霊は、ソフォクレスの劇の中でコロス（合唱隊）が話の展開を止めることができないように、アメリカにおいて思想が辿る道筋を変える力を持たないと感じることだろう。しかし、オルテガ・イ・ガセット――優雅で鋭いヨーロッパ文化の擁護者――は、（『大衆の反逆』において）今日でさえ、もしヨーロッパ文明が死滅したら、アメリカにおいても文明は持続しないであろうと述べている。十九世紀の前半、アメリカがまだ未熟であった時代には、ヨーロッパ思想の重要性もそれ相応に大きかった。これらの思想は、時として傲慢なアメリカ社会の抵抗に遭いつつも、徐々にアメリカに流れ込んでいった。民主主義に対する過信を旧大陸の慎重さで和らげようとしたアメリカ人たちは、当時は得られなかった謝意を、われわれの時代にこそ受けるべきである。感謝を受けるべき、最も大胆な思想家が、好戦的なまでにアメリカ人でありながら、アメリカニズムを容赦なく批判したフェニモア・クーパーであった。

クーパーは民主主義者であった。しかし、保守的な思想を持った大土地所有者の息子であり、彼自身ハドソン川流域地方で最も広い土地を所有していた。不屈の論客で、小説家でもあった彼は、資本主義的集権化と南部の分権主義の間の道を全力を尽くして模索し、「紳士」の精神と政治的平等主義をできる限り融合させようと試みた。〔共和政ローマの政治家〕ウティカのカトー〔小カトー〕のように強情で、また正直で、世論の偏見に対して一歩も引かず、己の個人的な権利が侵害されることには我慢ならなかった。民主主義社会を擁護しつつも、軽率ともとれる率直さで厳しく非難し、やがてその社会の中で世論にひどく嫌われるようになる。この種の融通の効かない公正さは、同時代の人々にとっては苛立たしいものであっても、後から回想する分には憎めないものである。クーパーは進歩と自由と私有財産、そして紳士階級というものを信じていた。彼はマコーレーの自由主義とトクヴィルの自由主義の間の橋渡しをしたのである。

クーパーはアメリカの民主主義が永続するためには、無知や粗野を取り除く必要があると気づいていた。彼は貪欲な土地分配論者の違法性を、『鎖を帯びる者』の中のサウザンダークルとその子供たちの内に描いている。また、開拓者精神の粗暴な個人主義を『大草原』の中でイシュメイル・ブッシュに、アメリカの成り上がり者の俗悪さを『祖国の実態』の中のアリスタブルス・ブラッグに描いている。さらに、いたるところで目にする職業的民主主義者を『祖国に帰る船旅』のステッドファスト・ドッジに表現している。アメリカ人の無政府主義的気質、古くからの決まりごとを無視する貪欲、そして絶対的な自由を大げさに主張しつつもその背後から滲み出る不寛容、それらに対しての拭いがたい不信が、クーパーの作品の多くを通してうかがえる。クーパーの気質は隅から隅まで保守的であり、当時の偉大な法律家、衡平法裁判所主席裁判官ジェームズ・ケントや連邦最高裁判所裁判官ジョーゼフ・ストーリーと同じく、伝統、慣行、そして私有財産の将来を危惧していた。しかし、彼はアメリカにおいては、まず政治的民主主義が公正なものとして確立されない限り、いかなる種類の保守主義も存在し得ないことを理解していた。アメリカは他の政治形態を選びようもなかった。ただ、大衆の幻想を排除した民主主義か、激情にかられて堕落した民主主義かを選べるだけである。彼の文学活動の主眼は、社会が文明化されるべきなら、いかに道徳的規律や永続的な制度、そして有益な権利である私有財産制に従わなければならないかを示すことにあった。全般的に理性が欲求に勝るような状態は、社会が「紳士」の指導的役割を認めさえすれば可能である。まさにイギリス的な考え方である。しかし、われわれが想像するよりも、おそらく当時の合衆国においては重要な考え方であった。

クーパーは、国内にいる時はアメリカを積極的に批判したが、海外滞在中はそれと同じくらい自国を誇っていた。異国での滞在は長期にわたったが、その間に政治色の濃い歴史小説を三作残している。これら『刺客』『異教の壁』『死刑執行人』が書かれた目的は、偉大な制度が堕落する有り様をアメリカ人に警告することであった。クーパーはランドルフやオールド・リパブリカンと同じくらい、特権や中央集権、憲法の拡大解釈を恐れていた。次の力強い文章は『異教の壁』の一節である。この作品は小説としては教訓的すぎて退屈だが、政治的な課題を扱っている点は興味深い。

「権力を握った当初はその社会制度や宗教がいかに純粋なものであっても、揺るぎない支配を確立すると、皆一様に、一貫性や正義や真実にとって致命的とも言える、行き過ぎた行動を取りやすい。これは人間の意志が何ものにも干渉されることなく働いた結果であるが、そもそも人間の意志というものは人間の弱さと分ち難く結びついているように思える。時間が経つにつれ、われわれは自分の希望や利害を権利として置き換えるようになる。ついには、心の内にある道徳基盤が放縱によって損なわれ、かつては悪が無垢な人の中に呼び覚ましていた嫌悪感から見ていた対象に慣れてしまうだけでなく、それを自分の便宜と利益のために正当化するようになる。われわれの、さほど高くない美徳を維持するのに必要な行動規範ですら、今や衰えてしまっている。このことを最もよく示している兆候は、もともとは必要に駆られた訴えであるはずのものが、本来の権利を大きく逸脱してなされるときである。なぜなら、そこには、欲望を後押しする巧妙な工夫がなされており、こうしたさまざまな力の連携を前にすると、不安定な道徳心を守ろうとする弱々しい抵抗はほとんど役にたたないからである[17]」

アメリカもまたこの普遍的な真理の例に漏れなかった。その領土の広さによって、確かにある程度までは腐敗を妨げることができた。モンテスキューやアリストテレスの言葉とは裏腹に、共和国はその規模が小さいよりも、大きい方が望ましいからである。「なぜなら、人民の政府の危機は、すべて大衆の過ちに由来する。そして雑多な利害や広い土地を所有する人々は、一つの町や地方の住人に比べ、不吉な熱望を抱きにくいのである」[18]。中央集権化は合衆国を単一の共和国と同じ条件へと縮小させ、大衆の欲求や特権階級のごまかしの影響を受けやすくなるので、クーパーは州権を断固として擁護し続けたのである[19]。

一八三三年の終わりに、クーパーと家族は長期にわたる外国滞在を終え、アメリカへと帰国した。そして、それから四年も経たないうちに、彼はその人気を台無しにし、成功に傷をつけることになる争いに、巻き込まれるのである。二度起こったうちの最初の争いである。この二つの争いの原因は人々の平等主義的な考え方にあるが、これはクーパーにはとても容認できないものであった。最初の事件はクーパーズタウンの人々との論争で、発端はささいなことであった。彼らはクーパーが所有する土地の一部を、許可無く公園として使い、荒らしたのである。クーパーはその土地から人々を追い出したが、その結果、のちにマーク・トウェインによって不朽の名声を与えられることになる地方紙の編集者によって、さんざんに非難されたのである。クーパーはこれらの人々を名誉毀損で訴え、結果的には勝利したが、訴訟には時間がかかり不快な思いをするはめになった。この訴訟の進行中に出版された『アメリカの民主主義者』は、洞察力と勇気に満ち、的確で堂々とした内容の書物であった。恐らくこの短い論稿は編集者との争いが長期化する以前に書かれたものだが、その後〔一八三九〜一八四五年にニューヨーク州で起きた〕「地代反対闘争」がクーパーを激高させることになるのである。

『アメリカの民主主義者』は民主主義の限界を明らかにすることで、それを強化しようとする試みである。この本は多くの点で、アメリカ社会に対するトクヴィルの分析に先んじている。民主主義は己の限界を押し破り、政治的平等主義を経済的平等化に転換し、機会の均等は当然であり、それでは足りないと主張し、あらゆる個人の権利やプライバシーを侵す傾向にある。民主主義は自らを法律の上に位置づけ、民衆の意見を正義に置き換える。しかし、民主主義にはこの欠点、もしくは欠点に向かいがちな傾向を補う美点がある。民主主義は人々の特性を高めるのである。また、軍事施設を減らし、国の繁栄を促す。さらに、自然的正義の実現を助け、少数派よりむしろ共同体全体のために尽くす傾向を持つ。最も経済的な統治形態であり、選挙がマスケット銃に取って代わったため、大衆の暴動はほとんど起こらない。興奮状態になければ、貴族政や君主制が示すよりも、抽象的な正義に尊敬を示す[20]。それゆえ、われわれは民主主義を大切に思う。とはいっても、行き過ぎて無法化してしまう民主主義を大切にするつもりはない。

「すべての人の胸に、真鍮の文字で次のように刻まなくてはならない。『民主主義において、民衆が権限を持つのは、制度が明確に認める限りにおいてであり、さらにこの権限は憲法が規定する形でしか使用できない。これを超えるものはすべて圧政であるが、その場合、行動としての性格を帯びることもあれば、しばしば意見に留まることもある』[21]」。このような制限の必要性を民衆に納得させるには、どうすれば良いのか。平等と政府に対する民衆の幻想を暴き、民主主義社会において「紳士」の影響力を高めれば良いのである。「アメリカにおいて真の自由を望む者は、専制的な行為を引き起こすのは民衆であることを理解する必要がある。だからこそ、民衆は監視されねばならない。……この国の政治的自由はいかなる文明国よりも大きいにもかかわらず、個人の自由は小さいと言われている」[22]。

個人の自由を危険に晒すこのような民衆の思い違いについて、クーパーは分析しようとしている。平等は絶対ではない。独立宣言は文字通りに解釈すべきではないし、道徳的な意味においても文字通りに解釈すべきではない。政府が存在すること自体が暗に不平等を示している。そして「自由は、平等と同じく、理解される以上に頻繁に使用される言葉である。完全で絶対的な自由は、条件の平等と同じく、社会の現実とは両立しない」。われわれは民主政体を採用しているが、それが完璧だからではなく、他に比べて社会を混乱させる度合いが低いからである。自由は厳密には自然的正義に従うものであり、制限された範囲内に抑制されなければならない。代議士を単なる代理人に貶めるような、誤った代議制の理論はアメリカの自由にとって危険である。分権を意図したわれわれの国のような制度において、集権化も危険である。金で左右される有毒な報道はまともな生活を脅かす。「もし新聞が専制政治を打倒するのに有効であったとしても、それは彼ら自身の専制君主を擁立するためにすぎない」。民主主義的な人々は個人生活の安全を侵害する傾向にあるが、これは自由民主主義の驚くべき倒錯である。なぜなら「個人の確立こそが政治的自由が目指すところであるからだ」。つまり個人の幸福や個性はそれ次第なのである。これと似た議論は保守主義者によってしばしばなされてはいるが、ここでクーパーは他に類いなき力強さと正確さでそれを表現している。彼はアメリカの民衆を目覚めさせ、その欠点を意識させようとしたのである。彼は痛いところをいくつも突き、嫌われた結果、その著作がその価値ほどに読まれることはなかった。

権力を行使する際には抑制が必要であると人々に悟らせることは不可欠だが、それと共に民主主義の希望は「紳士」身分、つまり共同体の指導者が生き残ることにあると、クーパーは信じていた。彼らは大衆の衝動的な動きに影響されず、合法であろうと違法であろうとあらゆる形の脅しに対して抵抗することができる。「社会的な身分というものは、日常的な人間関係を通して備えられるものであり、生まれ、教育、個人的資質、財産、好み、習慣、場合によっては気まぐれや流行などにも左右される[23]」。社会的な身分は個人資産とも関わるため、文明社会から消し去ることはできない。文明が存在するかぎりは、私有財産はその基盤となる。だから社会的に優れた身分の者に義務の意識を負わせるようにすべきなのだ。神が創った偉大な道徳的な秩序においてさえ、一人の人間は他の人間と同じように善良なわけではない。「アメリカにおけるこの社会的不平等は制度的に避けられない結果である。これについては、どの州の憲法も沈黙し、まったく明言されていない。州憲法の起草者らは恐らく、呼吸が生きるのに必要な機能であるのと同様に、このような不平等は文明社会においては当然の結果であると気づいていたのだ[24]」。身分というものは公私にわたって義務を伴う。われわれはこのような義務は「紳士」によって履行されるべきことを、理解しなければならないのである。

「民主主義が意味するところは、あくまで人々が実際に可能な限り等しく権利を得ることである。社会的な平等こそが民主制度の条件だと主張することは、民主制度は文明に破滅をもたらすということを前提としている。なぜなら、あらゆる人間を、その嗜好や教養において最高の水準まで引き上げるのは明らかに不可能であるため、代わりに共同体全体が最低の水準に引き下げられることになるからである」[25]。「紳士」の存在は民主主義とは矛盾しない。なぜなら、「紳士」は「貴族」と同じではないからだ。「『紳士』という言葉は肯定的で限られた意義をもつ。これは生まれ、振る舞い、才能、性格、そして社会的状況に基づき、共同体において人々の上に置かれるべき人を意味する。文明社会は社会的差異なくしては存在しないため、この言葉の使用を否定しても無意味である」[26]。実学に限らない教養によって「紳士」は他の人々より優れているのであって、単なる紳士的な資質だけでは十分ではない。しかし、財力は紳士の尺度とはならない。もし紳士と淑女が社会から消えてしまったら、高尚な知識、礼節を周りに広める力、模範となるべき上品な振る舞い、そして社会的身分に付随する高い意識――この意識があるからこそ、金銭的利害に関係なく公私にわたる義務を果たせるのである――も同時に消え失せてしまうだろう。彼らが去ったら、結局は文明も一緒に去ってしまうのである。

紳士という概念について本を書く必要があったら、クーパーの見解に敬意を払って引用すべきである。しかし彼の見解は十分に影響力を発揮していない。アメリカにおいて、紳士は完全に根絶してしまったわけではないが、彼らが生き残るために必要な社会的経済的条件が常に整っておらず、ますます覚束ないものとなっている。『アメリカの民主主義者』が出版された僅か二年後に、ニューヨークの「地代反対闘争」が起こり、クーパーは逆上したが、これによって、合衆国における紳士の身分はいかに存続困難であるかが明らかになった。なぜなら、紳士の存在は代々相続してきた土地の保有を基盤としているからである。そして、地代反対運動の急進派たちは、ニューヨーク州中心部の土地所有者たちに農業従事者や居住者に対して土地を明け渡させようと強硬な姿勢だった。いかなる従来の慣行、いかなる法律上の権利も土地の所有権を主張する多数派の要求の前には効果がなかった。結局、土地所有者に対する威嚇と、民衆の熱狂を前に裁判所が怖じ気づいた結果、農民や不法居住者が勝利したのである。ハドソン川流域の大土地所有者は歴史から姿を消した。この私有財産権の侵害とそれが成し遂げられた手口に、クーパーは心底驚愕した。もし、民主主義社会が紳士階級を根絶させるしかないなら、この社会は指導者をどのようにして生み出し、またどのようにして高い精神性を保てるのか。この問いは合衆国において満足に答えられていない。そして、大土地所有者に対する明確な敵意はアメリカ人の特性の中に刻み込まれているように思える。「農地改革」は日本を占領したのち、アメリカが最初に着手した政策の一つで、日本社会から穏健な保守派を取り除くこととなった。また、イタリアやエルサルバドルにも「農地改革」を課し、さらに、中国共産党の「農地改革者」に対しても長い間友好的姿勢を示していた。イギリスの自由貿易主義者が大土地所有者に敵意を抱いたのと同じように、アメリカの産業社会は大土地所有の存続を敵視したのである。

クーパーについての最も優れた批評家はこう記している。「アメリカ社会の不安定性と非永続性について、クーパーはその執筆活動の後半期に、紳士の財産に対する権利を脅かすものとして描いており、最後の小説においては、文字通り命そのものを脅かすものとしている。この二つの要素は、しかし、まだ紛争に巻き込まれる前の初期の時点から彼のテーマの一つでもあった。……彼は自分の悲劇的な世界観を凝縮するのに適した象徴を見つけることができなかったが、恐らくそれは、本質的には彼の精神は明るく、世間に見せる表向きだけ悲観ぶっていたからだろう」[27]。この揺るぎない楽観主義がフェニモア・クーパーから消えることはなかった。彼からはアメリカ人の持つさまざまな優れた資質が溢れ出んばかりにのぞいていた。しかし、生まれが良く高潔な人々に満ちた民主主義を求めた戦いでは敗れた。それで失われたものがどれほど大きいのか、思慮深いアメリカ人なら時には真面目に考えてみる必要があろう。おそらく、アメリカにおける紳士の欠如は、農村地帯や小さな町、人もまばらな西部の広大な州で最も顕著である。しかし、古い都市でさえ時として、指導力や品格の欠如ゆえに、以前は老人にだけ見られたような倦怠に社会が陥りつつあるように思われる。おそらく、紳士のいない社会は死ぬほど退屈になっていく。そのような国民のうちには、多様性を生み出していく契機はない。「歴史における大規模な倦怠の影響力は、過小評価されている」[28]。〔英ケンブリッジ大で教鞭をとった神学者ウィリアム・ラルフ・〕イングはこう書き記している。今日、この倦怠は決して侮ることのできない力に思える。ここまで話が進んだところで、アレクシス・ド・トクヴィルに移ろう。

## 4、トクヴィルの民主主義専制批判

「近代社会は常にその様相を変えていくと信じている人々がいるが、私はむしろ次のことを恐れている。最終的に近代社会が同じ制度、偏見、在り方に固定されて変化せず、その結果人類が歩みを止め、ある限界内に閉じ込められてしまうことを。人間の精神が永久に、行きつ戻りつするだけで、新しい思想を何も産み出さないことを。人類がその優れた才能を無益で独りよがりの物事に費やし、そして絶えず動いてはいるものの、進歩を止めてしまうことを、私は恐れているのだ」

――トクヴィル『アメリカの民主主義』

物事を普遍化するフランス人の才能は、かつて世界を根底から覆したが、アレクシス・ド・トクヴィルにおいてその頂点に達した。フランス啓蒙思想家や百科全書派の考え方や手法を、トクヴィルは彼らの著作が書かれてから半世紀以上も経ったのちに、その結論を緩和する形で取り入れたのである。いくつかの点で、弟子であるトクヴィルはその哲学の師であるバークに勝る。彼はその代表作である『アメリカの民主主義』の中で、新しい秩序に対する偏りのない検証を行っている。バークにはそれに着手する時間も根気もなかった。トクヴィルの著作は要約や抜粋ではなく、通して読むべきだ。一文一文に意義があり、その見解はすべて鋭い。二巻に及ぶ『アメリカの民主主義』は金言の宝庫であり、『旧体制と革命』に想を得てあまたの本が書かれた。その『回想録（邦訳：フランス二月革命の日々）』は回想録としては類を見ないほど、洗練され才気溢れる話で満ちている。大学教授以外でも今なおトクヴィルの読者はいる。当然である。トクヴィルは民主主義にとって、かつてない最良の友であり、かつ最も公正で思慮深い批判者でもあるからだ。

トクヴィルは裁判官、国会議員であり、外務大臣でもあった。著述家として大きな成功を収めながらも、自分では失敗に近いと感じていた。マコーレーの著作にマキアヴェッリについての小論があるが、その中に、本の虫ジョン・ランドルフの想像力を刺激した一節がある。たまたま『エディンバラ・レビュー』でこの小論を目にした際、ランドルフはその作者が誰かも知らなかった。ランドルフはその叙述を自分自身の状況に重ね合わせたが、恐らくトクヴィルの気持ちにも当てはめることができるだろう。「これほど苦痛な状況を想像することができようか。偉大な人物が疲弊しきった国の長引く苦痛を目の当たりにし、麻痺と狂乱の発作を繰り返しながら崩壊に向かっていくその世話を任され、寒さ、闇、腐敗以外のすべてが消滅するまで、一つ、また一つと活力のしるしが消えていくのを見つめ続けなければならないとしたら」。トクヴィルの考えによると、紳士の精神や個人の際立った才能が圧倒的な凡庸さの内に沈み込みつつあり、社会は死んだような状態に陥る可能性に直面しつつある。聞こうとも見ようともしない恐ろしい時代の流れに対して嘆いても空しく、彼は痛いほどに自分が無力で取るに足らない存在である、と感じていた。しかし、トクヴィルは置かれた状況を嘆くだけの人ではなく、社会的平等化の流れから生じる諸問題に対して、改善する望みを決して失わなかった。そして後世に対する影響は、彼自身期待したよりも遥かに大きかったのである。

「民主主義の専制」。他に適当な言葉が無かったため、ためらいがちに採用したのではあるが、トクヴィルはこの言葉に近代社会の直面する困難を表現している。民主主義的専制についての分析は、政治理論家、社会学者、自由主義者、保守主義者としての彼の最も際立った成果である。「私は民主主義に反対しているわけではありません」。一八五七年、トクヴィルはM・フレスロンに宛ててこのように書いている。「民主主義は偉大であり、自由でありさえすれば神の摂理とも合致するでしょう。私が嘆いているのは、この社会が民主主義的であることではなく、われわれが受け継ぎ、身につけた悪習により、良く統制のとれた自由を得て、維持することが困難になっていることなのです。私は自由なき民主主義ほど惨めなものを知りません」[29]。ハロルド・ラスキはトクヴィルについて、彼は本質的に貴族であり「痛みを感じずには、集産主義的秩序を受け入れることはできない」と述べているが、中央集権的民主主義の政治形態は、無情にもこの集産主義的な秩序に向かう傾向にある。「ひとたび立法権が完全に大衆の手に渡ったら、それは経済的文化的平等化の目的に使われる」[30]。全くその通りである。集産主義的秩序はトクヴィルにとって——また本来の思想は何であれ、いかなる自由主義者や保守主義者にとっても——旧体制による最悪の愚行にも増して、我慢ならないものであった。アリストテレスのように（著名な著述家の中には、トクヴィルをアリストテレス以来の偉大な政治思想家であると明言している人もいる。しかし、彼自身はアリストテレスの『政治学』に、現代の諸問題に適用できると思えるものをほとんど見つけることはできなかった）、トクヴィルは常に目的のために探求し続けた。「集産主義的秩序」は目的を忘れ、凡庸を尊ぶ政治システムであり、トクヴィルにとっては、古い時代の奴隷制以上に不快な隷属状態を意味した。社会は人間に対してできる限り高い道徳性と知性を奨励するように、設計されるべきである。新しい民主主義制度における最悪の脅威は、凡庸さが奨励されるだけでなく、強要されることである。人間社会が昆虫社会のような構造に陥ることを、トクヴィルは酷く恐れていたが、現実にそのような社会に向かっていく様相については、ウインダム・ルイスの『ロッティング・ヒル』や、C・E・M・ジョードの『退廃』の中で描かれている。[31] 多様性、個性、進歩、これらの理念を守るためにトクヴィルは格闘したのである。

「社会的条件が平等な場合、常に世論が個人の精神の上に重くのしかかる。世論は人々を囲いこみ、命令し、圧迫する。これは政治規約ではなく、むしろ社会の仕組みにその原因がある。人々は互いに似れば似るほど、他の人々に対したときに自らを弱い存在と感じるようになる。自分が人より遥かに優れている、もしくは他の人とは異なっていると思えるものが何もないため、他人に責められると、途端に自信がなくなってしまう。人々は自分の長所に自信がなくなるだけでなく、自分の権利に対しても不確かになり、多くの同胞に間違っていると指摘されると、自分は間違っていると思うようになる。多数派は必ずしも強制するわけではない。その人を説得するのである。民主主義的共同体の権力がどのように構成され、調整されようと、多くの人々が否定することを信じたり、多数派が非難することを信奉したりするのは、どんな時でも非常に難しい[32]」

啓蒙思想家と同じく大胆な理論の普遍化である。しかし、トクヴィルの普遍化は、十八世紀の社会思想の特徴であるアプリオリな仮定に基づく推論に比べ、遥かに具体的な知識によって裏付けされたものであった。アメリカ社会に対する広範囲の調査、イングランドに関する知識、政治キャリア、そして驕ることのない博識ぶりによって、トクヴィルは人間や社会の特性について、堂々と公言できる立場にあった。彼は公正であることを望み、細心の注意を払って記述した。「彼は、最も広く受け入れられ、その誤りを見つけるのが最も難しい作家である。アリステイデスのように常に賢く、正しく、公正であった[33]」。アクトン卿の言葉である。トクヴィルは自分の精神の平安をどれほど犠牲にしようと、自己欺瞞だけは避けようと心に決めていた。彼は、神の摂理は大きく変化する世界のために道を整えており、変化が進んでいる方向が明らかなときに、その変化に反対することは不敬を表明するに等しい、というバークの考えを信じていた。そして多くを、かなりの程度までその高尚な精神を、喜んで新しい民主主義に捧げたのである。ロワイエ‐コラールは勇敢で才能に溢れた人であったが、トクヴィルに次のように語っている。「あなたが誇りをもっている民主主義社会には、あなたの著作の精神に完全に同調するような人は十人もいないでしょう」[34]。しかしトクヴィルは、民主主義が怪物になるのを黙って見ているつもりはなかった。彼は民主主義の美徳が、民主主義の欲望の犠牲になるのを、できる限り防ごうとしたのである。

　トクヴィルは以下の点に気づいていた。民主主義の陰湿な欠点は自らを食い物にし、やがて堕落した忌まわしいだけの存在となってしまうことである。しかし、それでもなお、本質的な特徴である平等主義だけは残り、当初民主主義を勝利に導いた自由や進歩への熱意は消え失せる。ほとんどの批評家は民主主義に対して、政治的な平等化は無政府状態で終わるか、さもなければ専制で終わるかである、と明言している。しかしアレクシス・ド・トクヴィルは、歴史的な知識を十分に尊重しながらも、過去に捕われはしなかった。彼はこのように書いている。未来は必ずしも常に過去に起こったことを繰り返すわけではないし、恐らく現代の平等主義が行き着く先を、過去の例に求めることはできない。現代の民主主義社会の脅威は、単なる秩序の崩壊ではなく、力強い一個人による簒奪でもない。むしろ凡庸な人々による専制であり、中央政府によって強制される心や精神や条件の標準化、まさにラスキが「集産主義的秩序」と呼んだものこそが、脅威なのである。トクヴィルは「社会福祉国家」――国民にすべてを供給する代わりに、厳格な服従を要求する政治形態──の到来を予想していた。民主主義という名称は残るだろう。しかし、結局は旧体制と同じく、民衆による支配ではなく、上から下に向かって支配権力が行使される。これは国家計画を立案する人々、つまり高級官僚に支配される社会である。しかし、彼らが貴族階級を形成することはない。なぜなら、貴族体制が尊重する旧来の自由、特権、そして個性などはすべて根絶され、社会の管理人たちが分配する単調な平等主義に道を譲ってしまうからである。

「私はこのように考えている。現在民主主義国家を脅かしている圧政は、以前この世界に存在したいかなる種類の圧政とも異なっている。現代の人々は、過去の記憶にその原型を見つけようとしても無駄である。私自身は、この圧政についてまとめた自分の考えを、すべて正確に伝える言葉を探しているが、うまくいかない。独裁政治や僭主政治という使い古された表現は不適切である。それ自体が新しいため、名付けることができないが、それを定義する努力はしなければならない。

この種の専制がこの世に現れる際に見られる、新奇な特徴を辿ってみよう。まず目に付くのが数えきれないほどの多くの人々である。彼らは皆等しく、酷似していて、自分たちの生活を満たすために、取るに足らない僅かな楽しみを得ようと絶えずあがいている。彼らは互いに離れて生活しており、互いの運命には何の関心も持たない。彼らにとっての全人類は、自分の子供や個人的な友人だけである。他の人々はといえば、たとえ同じ市民で身近にいたところで、見ようともしない。たとえ触れても、感じない。彼らは自分のうちに閉じこもり、その存在意義は自分のためだけにある。そして、たとえ近親者だけは彼らのうちに残されるにせよ、彼らにとって国というものは、存在しないも同然なのである。

このような人々の上を、彼らを守るようにして巨大な権力が覆っている。この権力の役割は人々を満足させ、その運命を監視することだけである。その力は絶対的で、綿密で、規則的で、用意周到で、そして穏やかである。この権力は、もしその目的が人間を人間らしく成長させることにあるとすれば、親の権威にも似ている。しかし、実際にはその逆で、この権威の目的は、人間を永久に子供の状態のままにしておくことである。人々が楽しみ以外何も考えないのであれば、この権力は満足し、人々が楽しめるように計らう。このような政府は、人々の幸福のために労苦を惜しまないが、一方で人々の必要を満たす唯一の代理人、唯一の調停者であることを欲し、彼らの楽しみを助け、主要な利害関係を調整し、産業を管理し、財産相続を規制し、遺産を細分化しようとする。さらに残った仕事といえば、人々から考える煩《わずら》わしさや生活の苦労をすべて取り除くぐらいではないか。

それゆえ、この権力によって、人々は日に日に主体的に自由に動かなくなり、また動いても意味がなくなるのである。つまり、個々の意志を狭い範囲に制限し、徐々に人々が自らを活かすことができないようにするのである。平等の理念が人類に対してもたらすのはこのような結果である。しかし、人々は平等の理念のもと、それを認め、しばしばそれが有益であるかのようにさえ錯覚するのである」[35]

ここには、古代エジプトやペルーをより人道主義的にしたような社会が描かれている。これこそ今日イギリスとアメリカの集産主義的改革者が目指している社会なのである。計画経済を主張する人は、このような在り方に対するトクヴィルの嫌悪感をまず理解できない。全権を有し、人々に関わるすべての事柄を指導し、個人のあらゆる望みを満足させるような父権的な国家こそが、二十世紀の社会構想家の理想なのである。このような仕組みはベンサムやマルクスの考えから多くを取り入れ、人々の物質的な要求や二十世紀的な社会願望を満たすことを意図するあまり、物質以外の望みについてはまず思い至ることがない。人間が永遠に子供のままで成長しないことは——彼らは精神的には決して成熟した大人とはならない——、義務的な学校教育、義務的な保険、義務的な兵役、そして義務的な投票に慣れている世代の思想家にとっては、それほど大きな損失ではないように思える。画一的に強制される世界は、多様性と精神の死を意味する。トクヴィルはこの事実を理解し、民主主義が奨励する物質主義は、少数の自立した魂を例外として、多くの人々の意識につきまとい、ついには自由や多様性の考えを抑え込んでしまうことに気づいていた。

「合衆国に生まれた者は、まるで自分が不死であると思い込んでいるかのように、世俗的な財物に執着する。そして手の届く範囲にあるものは何でも摑《つか》もうとするが、その様子があまりに必死なので、まるでそれを享受するのに十分な長さを生きられないと、常に恐れているかのようである。彼らはすべてを摑もうとするが、しっかり握りしめることはせず、すぐに新しい満足を求めて握った手を緩めてしまう」[36]。この激しい欲望はアメリカ人に特有な欠点ではないと、トクヴィルは説明する。この悪徳は、民主主義の時代の一般的な産物である。貴族階級や彼らの基調が支配的な社会では、富は軽視されるだろう。勇気、名誉、家柄を誇る気持ちの方がより強い心の動きである。しかし、商業主義が最も影響力のある階層さえをも魅了しているところでは、やがて富への関心がすべてとなってしまう。中産階級は大衆に対して、富を増やすことこそが存在目的であると、身をもって範をたれて説得する。そしてひとたび大衆がそれを確信すると、国家によって物質的満足を得られるよう制度が再編されるまで、富を追い求め続ける。すでにアメリカでは、この物質主義が人間性を画一化する方向に向かっている。「それゆえ、アメリカ人の熱情はすべて、ある種の家族的な類似性を帯び、やがて全体を調査しても変化に乏しいものとなってしまう」[37]。より古い国家でも民主主義の衝動に屈するとき、それに比例して物質主義にも屈するのである。

社会における支配勢力として、物質主義には決定的な難点が二つある。まず初めに、物質主義は人間の優れた能力を弱める。そして次に、物質主義は自らを破滅させる。物質主義はおそらく積極的というよりは、消極的な悪習なのである。「私が平等の原則を批判するのは、それが人々を禁じられた楽しみの追求へと向かわせるからではなく、許された楽しみの追求に夢中にさせるからである。このような手段によって、ある種有徳とも言える物質主義が最終的に世界に確立されるかもしれない。この物質主義は魂を腐敗させるというよりは衰えさせ、そしてひっそりと行動のバネを伸ばしてしまうのである」[38]（「美しく高価な機械」に対するマコーレーの無邪気な喜びに比べて、何と深い考えであろう）。このような有限な物に対する執着は、無限なるものへの理解を覆い尽くしてしまう。そして、人間は精神的な力や神の存在を忘れ、真に人間であることをやめてしまう。「民主主義は物質的な満足に対する嗜好を助長する。これが過度になると、人々は物質だけがすべてであると思い込むようになる。そして次に物質主義は、狂ったような焦燥感と共に、人々を同じ楽しみへと駆り立てる。民主主義国家はこのような破滅的な悪循環を繰り返すのである。人々が危険を認識し、自制すれば良いのだが[39]」。

ある程度時間が経つと、この獲得と消費に対する熱中は、物質の蓄積を可能にしている社会構造自体を弱体化させる。「もし、ある物に対して人間がすっかり満足してしまったら、それを産み出す技術は徐々に損なわれていくだろう。そして、人々は識別することもなく、改良することもないまま、獣のようにそれを享受するようになる[40]」。なぜなら、魂を広げるものは何であれ、その過程においてより実際的な能力に適するように魂を変えてしまうからである。道徳が衰退すると、公正な統治、統制のとれた交易、そしてこの世界の物品を心から喜ぶ能力までもが、まず阻害され、次に消滅してしまう。上から強制され、自制が衰え、そして最後の自由までもが集権国家の抑圧の下で息絶える。社会というものは、一度ある程度のところまで滑り落ちてしまうと、絶対主義に対抗する手段は殆ど残らない。「宗教が人間の魂に対する支配権を失えば、善悪を区別する最も明確な境界までもが覆されてしまう。王や国家は偶然に左右され、圧政の限界がどこまでなのか、放縦はどこまで許されているのか、誰も明言できない」[41]。国家は、個人生活の細部にまで干渉する権利を当然のことと考える。そして、平等主義的民主主義は、個々人の差異を嫌悪するゆえに、このような権利の侵害を支持するのである。そして、しまいには、この因果関係の連鎖の端緒となった商業的産業的勢いは、この非常に強力な国家による執拗な干渉と堪え難い圧迫によって損なわれてしまう。

こうした民主主義的専制の勝利は避けられないのだろうか。確かに、全世界を通じて民主主義制度の広がりは避けられないと、トクヴィルは答えている。ここには神の摂理が働いているように見えるため、われわれは神が定めた過程としてこれを受け入れなければならない。しかし、民主主義社会が、真の家柄や自由や目的を奪われ、名も無き人々、つまり飛沫のような人々の集団に陥ってしまう状態は、その可能性が強いとはいえ、まだ避けられないわけではない。賢明な人々は、死に物狂いでこれに対処しなくてはならない。なぜなら、功利主義者は孤独で、友人もなく、自己中心的で望みもない個々人が巨大な国家と直面するような社会制度を夢見ているからである。このような国家においては、旧来の愛情や社会的分類はすべて根絶し、物質主義が伝統的な義務に置き換えられる。しかし、これは思想の力で防ぐことが可能であり、またわれわれはそう望むべきである。民主主義的な人々が、死んだような単調さ、つまりビザンツ帝国の如き倦怠に向かうのをいくらかでも阻止するためには、絶えず警戒し、批判し続ける必要がある。人々を民主主義的専制へと駆り立てる力はとてつもなく強力である。トクヴィルは『アメリカの民主主義』第二巻第四章において、特にこれらを詳細に分析している。この傾向の主たる原因としては、すでに言及されている物質主義の他に、単純な思考や社会構造、中央集権化や標準化を好む民主主義の性質が挙げられる。

第一に、民主主義的な人々は身分社会、中間的組織、特権、そしてあらゆる種類の特別な団体を徹底的に嫌う。一般の人々の精神にとって複雑さや多様性は、苛立つほど難解なため評価することができず、この苛立ちが教条的な嫌悪感にまで高まる。神と人との間の仲介者としての超自然的な存在でさえも、民主主義社会の宗教から消える傾向にある。一般的な人々は、個人が神と直に接する単純な関係を好む。つまり、民主主義が天使や悪魔といった存在をも我慢できないのであれば、それ以上に、貴族制の名残、制限選挙、特権階級、そして政府と市民の私事を隔てるいかなる制度にも、耐えられはしないだろう。それゆえ、この民主主義の持つ単純化の傾向は、自由を維持する民主主義を可能するための安全弁を徐々に取り去っていくこととなる。トクヴィルは自由を守るにあたって、ある種の貴族制の効用について繰り返し述べている。「この世の中で、控えめで中庸という点で貴族制に勝るものはない。大衆は無知と激情ゆえに甘言に惑わされがちであり、国王の精神は偏り、その展望は気まぐれである。さらに、王は不死ではない。しかし、貴族階級は策謀によって惑わされるには人数が多く、無分別な情熱による陶酔に簡単に陥るほどには多人数ではない。貴族階級は安定し見識のある集団であり、決して滅びることはない」[42]。しかし、恣意的な権力を阻止し、文明の存続を保証するこの手段は、勝ち誇った民主主義によって必ずや根絶される。

次に、中央政府へあらゆる実権を集める民主主義国家の傾向は、地域的な制度と自治が産み出す真の民主主義を根幹から毒する。トクヴィルは連邦主義者や多くのトーリー党員よりはるかに明敏であり、カルフーンやランドルフと同じく、自由は分権主義と緊密に結びついていることに気づいていた。権力集中は改革の道具から専制政治の手段となっていく。フランスの旧体制が集権化を保守の道具にしようとしたのは過ちであった。集権化のゆえに、かえって革命のたった一回の破壊的な波によって、古い勢力が一挙に転覆させられた。ブルボン王朝が打ち立てた集権的な支配機構は、たちまち翻ってそのままジャコバン派の目的のために使われたのである。

「民主主義的な人々は政府を集権化しようという自らの好みに従って進むだけでなく、すべての人間の熱意に支配され、常に同じ方向へと駆り立てられる。その結果、次のことが容易に予測できる。民主主義的共同体のうちで、有能で野心的な人々の多くは、絶えず政府の権力を広げることに腐心するだろう。なぜなら、彼らは皆、さまざまな機会にその権力を行使することを望むからである。過度に集権化を進めることは国家にとって有害であると、説得しようとしても無駄である。彼らは自分たちの利益のために集権化を進めているからである。

民主主義の公人のうちで、政府の集権化に反対しようとする者は、偉大で公正無私な人か極端に凡庸な人々だけである。前者は少なく、後者は無力である[43]」

現在の合衆国における各州の状況はトクヴィルの見解を十分に体現している。腹を立てつつも、物乞いのような状態に――つまり、集権化を恐れながらも、連邦政府の資金援助を際限無く求めてしまう状態にあるのである。トクヴィルはこのように述べている。唯一革命を引き起こさないものが、集権化である。唯一フランスで成立しないものが、自由な政府である。そして、唯一破壊できないものが、集権制の理念である。集権化の危険性に気づいている者にとってさえ、「中央集権化が彼らにもたらす快感――あらゆる人々に干渉し、すべてを手中に収める快感――は、その危険性を補って余りあるのである[44]」。中央集権化はあらゆる利権集団に対して特別な恩恵をもたらす見込みがあり、その可能性は単純な民主主義者にとっては、抗うことのできない魅力となる。しかし、集権化は、政府機構を操作する人々の手に権力を渡してしまうため、民主主義にとって真に有害である。「私の見解はこうである。われわれの前に開かれている民主主義の時代においては、個人の独立と地方の自治とは人為的な産物となり、中央集権化が自然な統治形態となるであろう[45]」。

第三に民主主義国家は均質化、標準化に囚われる。つまり、奇抜さや偉大さ、個性、そして不可解なものごとを嫌う。人々は法律に対して、包括的で厳格であることを要求する。「あらゆる人が他人を自分と大して違わない存在と考えるため、なぜ、ある人に適用される規則が別の人には同じように適用されないのか、理解できないのである。それ故、僅かな特権でさえ、人々の良識にとっては不快なものとなる。そして同じ国内で政治制度が僅かに違うだけで、反感を抱く。つまり、法律の統一化こそが彼らの目には、良い政府の第一条件のように思われるのである[46]」。

階級や階層（カースト）が消え失せると、人と異なる存在や、際立った存在になりたいという感覚もやがて薄れていく。そして人々は個性を恥じるようになる。貴族制の時代には、人々は現実には差異がなくても、想像上の差異を案出しようとしたものだが、民主主義の時代においてはすべてがぼんやりと月並みな状態に陥ってしまう。「人々は非常に似通うようになり、言うなれば、同一の状態から逸れることに困惑する。際立った個性を保とうとするどころか、一般大衆と同化するために、むしろ個性を振り落とそうとする。彼らにとっては、一般大衆こそが権利と力の唯一の代表なのである[47]」。その結果、統率力は徐々に衰え、個性を際立たせる活力が人々の中から消滅し、人間は無個性で、価値のない者となり、均質で、社会制度の中で取り替え可能な存在となる。また、それに比例して知性も衰退する。何らかの形で世に出ることを望む人々さえも、ますます似てくるため、民主主義は個人の才能ではなく、退屈な規則や慣例に従って、人々を登用しがちである。「特権に対する憎しみや、選別に対する当惑から、結果的にすべての人が、それぞれのレベルに関係なく、同じ試練を通り抜けることを強要される。すべての人々が区別なく、初歩的で惨めな課題を山のようにこなさなければならず、そのために青年時代を費やし、想像力は抑えられ、結果として、与えられた物を完全に獲得することを諦めるようになる。そして、しまいには、何にせよ特別な行動をとるべき事態になると、上述のような傾向のため彼らはどうしようもなくなるのである」[48]。アメリカの教育傾向や行政府のやり方に詳しい人は誰でも、トクヴィルの意味することは良く分かるだろう。このようなやり方で野心が慎重に抑え込まれてしまうと、こうした集団主義的な生き方は欠点を露呈することになる。

この民主主義の愚行を分析すると、実は新しい絶対主義である、民主主義と呼ばれる隷属状態に向かって、社会がよろめきながら進んでいくという、完全に悲観的な見通しになる。その概要は今日ではより明らかになっている。この大きく口を開いた危機的状況について、トクヴィルは『アメリカの民主主義』の冒頭付近で、簡潔に述べている。

「私が思うに、圧政に対して自力で抵抗することができた個々人の力は失われてしまった。家族やギルド、そして個人から奪われた特権をすべて受け継いだのは政府だけである。少数の人々による支配はしばしば抑圧的であっても概ね中庸であったが、これに続いたのが、全体的に弱体化した共同体である。

財産の分割により、金持ちと貧民の隔たりは小さくなった。しかし、その距離が縮まれば縮まるほど互いの憎しみは増し、権力を握ろうとする相手を、互いに一層妬み、恐れて、邪魔する。両派ともに権利の観念を持たず、権力こそが両者に対して、現在における唯一の安心と未来に対する唯一の保障を与える」[49]

どうすべきなのか。まさにその時期、マルクスは、古い秩序を完全に排除し、労働者階級の蜂起によって問題を解決し、底辺から頂点に至るまで社会を再編する――、もしくは、底辺を残しすべて取り払う世界構想を抱いていた。しかし、トクヴィルは穏やかで、精緻で、分析的な思索により、アレクサンダーがゴルディオスの結び目を解いたように一刀両断にしてしまっては、現実にはいかなる結び目も解くことはできないと気づいていた。そして、その代わりとして、古い価値観を新しい信念と調和させるという、うんざりするような、しかし現実的で欠かすことのできない作業、つまり保守的な作業に取りかかった。これは大いに嘲笑され、実行するのも困難であったが、文明の存続には不可欠であった。

## 5、民主主義と慎慮

「私は常にこのように考えてきた。革命、特に民主主義革命においては、狂った人々、儀礼上そう呼ぶのではなく、真に狂った人々が政治的に大きな役割を果たしてきた。少なくとも、確かなことが一つある。そのような時には、狂ったような状態は必ずしも不適切とは限らず、成功をもたらすことさえもある、ということである」[50]。一八四八年の恐怖の日々について、トクヴィルはこのように書いている。当時、あたかも一七九三年の幽霊のごとくに、ブランキやバルベスのような狂乱した人々が国会に乱入し、新たな恐怖政治の開始を叫んでいた。トクヴィルは、歴史上初めて社会主義者が権力を摑もうとして起こした、激しい市街戦を目の当たりにした。さしあたって、マルクス主義の風船には針が突き立てられたが、その後間もなく彼はルイ・ナポレオンのもとで外務大臣に任命される。そして、一八五一年のクーデターによって、この民主主義の批評家は公職から退き、それ以降はパリの民衆にも、国民投票による独裁者にも従う必要がなくなったのである。このように大きく左右に振れた革命の変動を目の当たりにしながらも、トクヴィルは社会の未来に希望を持ち続けた。このことは、彼が極めて強靭な精神を有していたことを示している。

トクヴィルは、人間や社会は自由意志を持っていると信じていた。彼はヘーゲルやその学派に対して深い軽蔑を示し、運命の鎖に縛られた歴史観による決定論を嘲り、歴史の動きには、偶然や未知の因果関係も働いていることを指摘した。――「これは偶然、もしくはわれわれが偶然と呼ぶところの二次的な要因のもつれである」。トクヴィルは神の摂理を信じていた。バークと同じく、心から、深く信じていたため、運命や国家の未来を定められたものとする思い上がった理論は、絶対に許せなかった。「必然性の理論は民主主義的な時代においては、歴史を読む人々を惹き付けるが、もしその理論が著者から読者に受け継がれ、共同体全体に影響を及ぼすまでになり、その心を占めるようになったら、たちまち現代社会は麻痺し、キリスト教徒はトルコ人と同じ水準まで下がってしまうだろう」[51]。確かに十九世紀の世界には、大きく不可解な動きが見られた。しかし、世論や政治制度がその動きを修正し、型にはめることもあり得た。旧体制でさえ、僅かな忍耐と正しい行動がありさえすれば、無差別の破壊を免れて、維持され改革され得たかもしれない。「革命は、害悪が頂点に達したときではなく、改革が始められたときに起こったのだ。われわれは階段を半分降りた所で、地面に早くたどり着くべく、窓から身を踊らせたのである。実際に出来事は往々にしてこのような道をたどる」[52]。確かにそうである。しかし、それは避けられない道ではない。そして、断固たる姿勢で臨めば民主主義的専制の到来を回避することは、依然として可能であった。

確かに、荒削りで新しい民主主義がもたらす困難は、極度に恐ろしいものであった。民主主義の時代は、焦燥と無知によって特徴づけられる。概して粗野で野心的な人物が国家の舵を握っている。政治を行うにあたって、横柄ではあっても、威厳には欠けている。アメリカにおいて特に顕著だが、家族が衰退し単なる世帯単位に陥ってしまったことによって、社会を安定させていた旧来の支えの一つが失われてしまった。個々人の意見は散らされ、団結することができず、何か一致して的確な行動を起こそうにも、世論を結集させることは困難である。文学も浅薄なものが好まれ、本を読むのも忙《せわ》しない。平穏が気高さより好まれ、知的孤立が精神の共同体をかき乱す。そして、おそらく何よりも危険なのは、思想や議論の自由が不当に妨げられることである。

「アメリカでは、多数派によって言論の自由の周囲に巨大な柵が築かれている。この柵の中でなら、物書きは好きなことを書けるが、それを超えたらただでは済まない。火あぶりにされる危険はないものの、絶えず誹謗と迫害にさらされる。そして政治的なキャリアは永久に閉ざされる。なぜなら、その人は、それを続けることのできる唯一の権威に背いたからである。いかなる種類の償いも、たとえ名声に対する償いであっても、その人は受けることができない。自らの意見を公にする前には賛同者がいると思っていても、自分の考えを人々の前に明らかにして以来、今や誰一人、自分に共感する者はいないように感じられる。そして、批判者は声高に非難し、同意見の人々は沈黙を保ったまま、怖じ気づいて離れていく。その人は、結局屈服し、日々の奮闘に疲れ果て、まるで真実を語ったことを後悔しているかのように、沈黙の中に沈み込む[53]」

それでもやはり、民主主義が専制へと向かうのを、思想の力によって阻止することは可能である。そして暴力ではなく、人々の精神を感化することによってのみ、従来の社会の在り方は保持されるだろう。イギリスの貴族精神は、思想体系に支えられていなかったなら、階級自体を保つことはできなかったであろう。「軍務だけでは貴族制を保つには十分ではありません」。トクヴィルはグロート夫人に書き送っている。「もし十分であるなら、われわれの国の貴族階級は現在のように落ちぶれてはいないでしょう。歴史を通して、フランス貴族以上に躊躇《ためら》わず命を浪費できる人々がいたでしょうか。彼らは最も偉大な存在から最も取るに足らない貴族まで、皆そうでした……トゥールラヴィルの古い領主の館を守っていた最後の大砲は、今や半分地面に埋まり、牛をつなぐ杭として使われているだけです。そして邸宅そのものは農場となってしまいました。これが、死に方は知っていても、統治の仕方は知らなかった貴族の運命なのです[54]」。

民主主義社会において、秩序の支えとなる最も重要なものは宗教である。トクヴィルはアメリカを観察した結果、この点に関してはある程度、再確認できた。確かに民主主義的な人々は宗教を簡素化する。しかし、宗教は彼らの内で力を保ち続け、民主主義的な専制を招く物質主義に対抗するに助けとなる。フランスでは民主化闘争において特権的な聖職階級に対する反感が伴ったが、そうした反感は必ずしも平等主義に付随するものではない。アメリカ在住のローマ・カトリックの司祭たちはトクヴィルに、政教分離によって宗教にとって落ち着いた環境をつくると述べている。「あらゆる苦悩に対して慰めとなるような感情にのみ基礎をおく限り、宗教はあらゆる人々の好意を得ることができるだろう」。自己愛は、民主主義制度の中において特に脅威となる悪徳であるが、宗教が説く霊的な目的への献身によって、明らかにアメリカでは抑制されている。アメリカの革新を好む傾向は――それ以外の方法では抑えられないだろうが――、信仰が命じることを尊重せざるをえない。これこそが最も重要な制限である。なぜなら、宗教は国家が全権を有するというような理論を簡単には受け入れないからだ。トクヴィルは言う。アメリカの急進派は「キリスト教の道徳や公正に対して、表面的にせよ尊重することを余儀なくされる。その結果、彼らはそうした道徳などの意図に反して法律をやたらと侵すことができなくなる。また、自分自身の躊躇いを克服したとしても、そう簡単には支持者まで納得させることはできないと悟るだろう。これまでアメリカにおいて、社会の利益のためならすべてが許されるというようなことを、誰も原理として提唱しようとはしなかった。この不敬な考えは自由の時代に独裁者を擁護するために、作り出されたものに思える。それゆえ、法律がアメリカ人に望むことを許す一方で、宗教は軽率で不正な考えを妨げ、それを犯すことを禁じるのである」[55]。トクヴィルは知的で忍耐強い信仰を持っていた。そして、民主主義的な人々のうち、信仰心が篤い人は物質的な成功を目指す人々に比べて、遥かに個人の権利や私有財産の相続権を尊重するということに気づいていた。

法や慣習もまた、人々が好意を持って打ち立てるのであれば、民主主義の腐敗を防ぐことができるだろう。権力の集権化を妨げるものは何であれ、自由や伝統的な生活を維持するのに役立つ。連邦制の枠組み、タウンシップの統治、司法権の独立などの制度がアメリカにおいて、分権化を保証する手段である。そして一般的に、分権化は、独裁者になることを望む多数派から、専制政治のための有力な手段を奪うのである。権力が多数派の手に委ねられず、人々の活動の大部分が政府の干渉を免れ、憲法が法律の制定範囲を制限する限りは、そしてこれらの事柄が持続する限りは、民主主義的専制は防げるだろう。もし民主主義が主権に対するこのような制限を習慣として受け入れ、理性にせよ古来の慣習にせよ、それを承認するのであれば、自由は平等主義と共存できるだろう。これらの抑止力に対する最も確かで唯一持続する支えは、人々の習慣、つまり集団の習慣にある。しかし、憲法もまた激情と狂乱の時代を国家が乗り切るための手助けとなるだろう。「民主主義制度の最も偉大な効用は、人々の心が他を向いている時にも自由を維持することである――つまり、ある種の植物に似た生命力を自由に与え、人々が無関心な時期にも自由を存続させるのである。自由な政府という形態のもとでは、人々は一時的に自由にうんざりすることはあるが、それによって自由を失うことはない」[56]。しかし、トクヴィルは不変の国家制度を作ろうとはしなかった。なぜなら、それは怒りを招くからである。手綱は緩く握られる方が良い。「私は長いこと、このように考えて来た。政府は永続させようとするよりも、むしろ容易に、定期的に変えられるようにすべきである。あらゆる点を鑑み、その方がむしろ反対の道を辿るよりも危険が少ない。そしてフランスの民衆に対しては、縛り付けると激怒する狂人に対するのと同じく、束縛しないように細心の注意を払って取り扱うべきである」[57]。大衆が直接政治に影響力をふるい始めた今となっては、愛着と古くからの決まり事――これらは実定法の重要性よりも遥かに価値を持つ――を上手く織り交ぜた作用によって、大衆に正義と自由の意識を備えさせることが、権力の濫用を防ぐ一番の保証となる。

貴族制の名残が未だに見られる所では、上からの指示通りに社会全体を専制的に支配しようとする多数派の衝動を和らげることができる。アメリカにおいては、法律家階級が、受けた教育や利害を通して保守的となり、才能や影響力の面で人工的な貴族階級と言うべき階層を形作る。貴族制にはいかに大きな利点があろうとも、世論というものは常に貴族階級を嫌うということをトクヴィルは知っていた。「人間の性質や潜在的な本能は貴族に対する服従を最も嫌う。そしてその性質に従えば、人々は規則に則る貴族の支配に比べ、常に国王の専制的な権力を好むのである。貴族制は、人間の不平等を根本理念として掲げ、当然の前提として合法化し、社会と同様に家族内にも導入することによって成り立つ制度である[58]」。いずれ最後には、貴族社会は全世界を通して絶滅するだろう。貴族たちは臣下や支配民に対して、直接の接触を失うにつれ、その保護者や為政者としての役割を失う。小作人が増えるほど、権力は減少するのが常だ。そして権力が貴族の掌から滑り落ちるにつれ、やがて地代も持ち去られる。この流れは時には暴力を伴い、時には気づかないほど徐々に進行するが、逆行することはめったにない。しかし貴族制が消え失せ、二度と再起できないような社会は、専制を受け入れやすい文明である。そして、いったん専制が確立すると、社会の諸悪に迎合しながら、永続する。貴族の持つ個人的な自由に対する妬みは取り除かれるが、全権を有する統治者と無防備な国民が互いに対面することとなる。「貴族制を維持する限りは、あなた方は自由を保つことができるでしょう」。トクヴィルは一八五四年の改革法案の際に、英経済学者ナッソー・シーニアに対して述べている。「もし、この法案が通った場合、最悪の専制政治に陥る危険があります。つまり暴徒によって任命され、コントロールされる――実際にコントロールできるかどうかはともかく――独裁者による専制です[59]」。まさに当時のフランスは、世界初の近代的「国民投票による民主主義」によって統治されていた。二十世紀に、世界はこの民主主義の全容を知らされることになる。トクヴィルは、貴族的な誇りや風潮の名残を、出来る限り固守すべきであると忠告している。たとえその響きがとても弱々しいものであったとしても、貴族制の喇叭《ラッパ》は僅かでも絶対主義に対する抵抗を呼び起こすことができるのである。

それ以外に民主主義の欠点を緩和する手段として、公共教育が挙げられる。アメリカ人は一般的に自分たちに直接関わる権利や義務について教育を受けている。そしてアメリカの教育は時として表面的であり、多人数に対する性急な教え方のせいで注意力や深さに欠けるとはいえ、アメリカ人はその教育の量の多さによって、フランスにおいて一七八九年の出来事を引き起こした無知故の非現実的な考えを回避できるのである。「大革命を引き起こしたのは、貧困ではなく思想である。つまり労働と資本の関係についての空想論であり、労働者と雇用者間の調整は、かなりの部分が政府に委ねられるという誇張された理論であり、国家こそが自分たちを貧困から守ってくれ、さらに安易で心地よい環境を提供してくれると、最終的に多くの人々を信じさせる超集権化の理念である」[60]。とはいえ、トクヴィルは、同時代の多くの政治家のようには、公共教育の効果に対して過剰な信頼を抱いてはいなかった。識字能力や学校教育は「精神を育む道徳教育」と共に教えられるのでなければ、ほとんど効果はないと考えていた。

より良い現代社会を望む人は、何よりも個々人の違いや個性の多様性を積極的に伸ばし、守る努力をしなければならない。単一化は人間性を高めようとする努力を殺してしまう。「あなたも重々ご存知の通り、民主主義の時代における大きな危険は、社会の有能な構成要素が、全体の犠牲となって壊されるか、大幅に弱められてしまうことです」。この落とし穴に向かって、ヘーゲル学派はまっしぐらに進んでいた。「今の時代、個人を高めるものはそれが何であれ、すべて有益です。『属』の範囲を広げ、個々の存在を『種』に分類して押し込めようとするものは、すべて危険ですが、現在のところ、人々の精神は自然とこのような傾向をとりがちです。あらゆる民主主義の行き過ぎは、政治に実際的な理論を取り入れることによって引き起こされますが、これは圧政、中央集権、個人の権利への軽視、必然性の理論を助長します。つまり、これは人々を踏みにじり、個々の人々は無価値で国家がすべてであるという考えを許すような、あらゆる制度や理論のことなのです[61]」。現代世界は、十八世紀の経済学者の夢を必死になって実現しようとしているが、彼らは国家は国民を統治する以上のことをすべきであると信じていた。つまり国家は国民を作るべきだと考えていたのである。「国家はその臣民を改革するだけでなく、変形させるにちがいありません。おそらく自分たちに合うように、新しい臣民を作り出すことさえするでしょう[62]」。トクヴィルは「人間としての」人間を守るために、また従来の強さと弱さを兼ね備えた愛すべき伝統的な人間性を守ることに努力を傾けた。彼は「設計された」人類という考えに震え上がった。モレリーやその同調者が熱狂的に予言した社会主義は、人間の標準化と非人間化を進めるための手段であり、集権化した平等主義的な国家をそこへの通り道として利用する。「集権化と社会主義は同じ土壌から生まれるという主張は真実です。一方は野草であり、もう一方は園芸植物というだけなのですから[63]」。

トクヴィルは公然と、民主主義が必要とする矯正について、絶えず注意を喚起し続けた。しかし、内心では、変動と欲望の時代における文章の影響力について時には懐疑的になり、社会改革の試みに絶望することもあった。「このような時代に、私が書くような文章が、もしくはどんな文章であっても、僅かでも影響を及ぼすことができるとは信じられません。影響力があるのは、今以上に人々を不道徳にし、より酷い状態にすることを目的とした質の悪い小説だけなのです[64]」。彼の心の目の前には、味気なく画一化された社会という光景が、不毛な土壌の上に果てしなく広がっていた。そのような社会では容赦なく管理され、自由を制限され、個々人は完全に国家というもののうちに吸収されてしまっている。「おそらく、われわれのような考え方をする人々にとって、社会は概ね憂鬱なものとなるでしょう――互いにできるだけ一緒に生きていく理由はそこにもあるのです」。トクヴィルは一八五四年、友人の政治家ド・コルセルに書き送っている。「私は時が経つに連れて、自分が成功する前に自然と諦めてしまうような人間ではないことが分かり、喜びを覚えています。ある大義が顧みられなくなればなるほど、私は激しくそれに執着するのです[65]」。

トクヴィルの自由主義的保守主義の理念はそれでもなお絶望的ではなかった。民主主義は避けようがなかったが、彼はそれに対して厳しく批判し、修正を提案することで貢献したのである。歴史家A・J・P・テイラーは、トクヴィルは一八四八年に、その行動と出来事の分析において失敗したと考えていた。テイラーはこう述べている。「一八四八年の最も偉大な発明は、トクヴィルが否定した社会民主主義である。これこそが文明が生き残るための唯一の方法であった。

……何よりも、自由を愛する人は民衆を信じなければならない」[66]。これはアレクシス・ド・トクヴィルを批判するために、モレリーやマブリーを墓場から掘り起こすようなものである。なぜなら、トクヴィルは「社会民主主義」というものの性質について、知り尽くしていたからである。この言葉は集権化された平等主義的国家を示す造語であり、そのような国家においては、自由は抹消されないまでも、簡単に無視されてしまう。バークの弟子としてトクヴィルは、「民衆」をヤハヴェの神の代わりに信じたり、恐れたり、憎んだり、崇めたりする抽象的な存在と考えるような錯覚に陥るわけにはいかなかった。バークやトクヴィルは、国民性や、世代を超えて人々が永遠につながっていることを、誰よりもよく理解していた。民衆、あるいは大衆は神秘的で情け深い存在として生きているわけではなく、党派心や熱情など通常人間が犯す失敗に対して超越しているわけでもない。彼らは思想や指導者の影響を受けずに、考えたり行動したりはしない。はっきり言えば、思想や指導者が無ければ、民衆は真に存在するとは言えないのである。そのようなパン種がない状態においては、人々は緩やかにつながる原子の不定形の固まり、つまりタピオカ入りプディングのような状態にある。社会構想を練る者はこれを冷静に観察しているのである。民衆は高尚な理念の影響を受ければ、しばしば崇高な存在にもなりうるが、また一方で、ヒトラーやスターリンのように魔女を火あぶりにしたいと望む輩に喝采をおくることもある。トクヴィルが示したような高潔な習慣や法の力なしには、民衆はハミルトンが言うところの「偉大な獣」に陥ってしまう。そしてそのような人々を抽象的に信用することは、中世の聖遺物崇拝以上に軽々しく無分別な信仰を持つようなものである。大衆の通った道筋を盲目の状態でよろめき歩くことは誤りであり、まさにそのことを批判するために『アメリカの民主主義』は執筆されたのである。

58. *Democracy in America*, I, pp. 420-21.
59. Simpson, *Memoir*, II, p. 251.
60. Tocqueville, *The Old Régime*, p. viii.
61. Simpson, *Memoir*, II, p. 251.
62. Tocqueville to Senior, April 10, 1848 (Simpson, *Memoir*, II, p. 91).
63. Simpson, *Memoir*, II, pp. 59-60.
64. *Ibid.*, II, pp. 410-11.
65. *Ibid.*, II, p. 271.
66. Taylor, *From Napoleon to Stalin*, p. 66.

22. *Ibid*., p. 141.
23. *Ibid*., p. 71.
24. *Ibid*., p. 76.
25. *Ibid*., p. 89.
26. *Ibid*., p. 112.
27. Grossman, *James Fenimore Cooper*, pp. 263-64.
28. Inge, *The End of an Age*, p. 216.
29. Simpson, *Memoir, Letters, and Remains of Tocqueville*, II, p. 384.
30. Laski, "Tocqueville," in Hearnshaw, *Social and Political Ideas of some Representative Thinkers of the Victorian Age*, pp. 111-12.
31. Joad, *Decadence*, p. 393.
32. *Democracy in America*, II, p. 261.
33. Acton, *Lectures on the French Revolution*, p. 357.
34. Simpson, *Memoir*, II, p. 64.
35. *Democracy in America*, II, p. 318.
36. *Ibid*., II, p. 136.
37. *Ibid*., II, pp. 228-29.
38. *Ibid*., II, p. 133.
39. *Ibid*., II, p. 145.
40. *Ibid*., II, p. 148.
41. *Ibid*., I, p. 327.
42. *Ibid*., I, p. 236.
43. *Ibid*., II, p. 367-68.
44. Tocqueville, *Recollections*, p. 202.
45. *Democracy in America*, II, p. 296.
46. *Ibid*., II, p. 289.
47. *Ibid*., II, p. 282.
48. *Ibid*., II, pp. 245-46.
49. *Ibid*., I, p. 10.
50. *Recollections*, p. 143.
51. *Democracy in America*, II, p. 88.
52. Tocqueville to Freslon, September 28, 1853 (Simpson, *Memoir*, II, pp. 234-35).
53. *Democracy in America*, I, p. 264.
54. Tocqueville to Mrs. Grote, February 24, 1855 (Simpson, *Memoir*, II, p. 279).
55. *Democracy in America*, I, p. 305.
56. "France before the Revolution," Simpson, *Memoir*, I, p. 256.
57. *Recollections*, p. 216.

26. *Ibid.*, VI, p. 229.
27. Parrington, *Main Currents In American Thought*, II, pp. 71-72.
28. "Disquisition on Government," *Works*, I, p. 7.
29. *Ibid.*, pp. 36-37.
30. *Ibid.*, p. 29.
31. "Discourse on the Constitution," *Works*, I, pp. 397-98.
32. "Disquisition on Government," *Works*, I, p. 35.
33. *Ibid.*, p. 55.
34. *Ibid.*, pp. 56-57.
35. *Ibid.*, p. 75.

第6章

1. See Morley, *Life of Gladstone*, II, p. 530.
2. Macaulay's argument is summarized in Trevelyan, *Life and Letters of Lord Macaulay*, I, 353-54. But James Mill was the great architect of this policy in India. See Duncan Forbes, "James Mill and India," *The Cambridge Journal*, October, 1951.
3. "Southey's Colloquies on Society," *Miscellaneous Works of Macaulay*, I, pp. 433-34.
4. *Ibid.*, pp. 405-6.
5. "Lord Bacon," *Miscellaneous Works*, II, p. 410.
6. *Ibid.*, p. 411.
7. See Cotter Morison, *Macaulay*, p. 170.
8. *Miscellaneous Works*, V, p. 19.
9. *Ibid.*, V, p. 258.
10. "Mill's Essay on Government," *Miscellaneous Works*, I, p. 316.
11. *Ibid.*, p. 280.
12. *Ibid.*, pp. 310-11.
13. *Ibid.*, p. 315.
14. For an energetic defense of Hegel's collectivism, however, see C. E. Vaughan, *Studies in the History of Political Philosophy before and after Rousseau*, II, p. 163.
15. The complete text of this letter is printed in H. M. Lydenberg (ed.), *What Did Macaulay Say about America?* (New York, New York Public Library, 1925).
16. *Miscellaneous Works*, V, p. 450.
17. Cooper, *The Heidenmauer*, pp. 65-66.
18. *The Bravo*, pp. iii-iv.
19. See "On the Republick of the United States," in *The American Democrat*.
20. *The American Democrat,* pp. 54-61.
21. *Ibid.*, pp. 139-40.

19. *Table Talk*, p. 52; see also *Aids to Reflection*, p. 105.
20. *Table Talk*, p. 135.
21. Preface to *Table Talk*, p. 10.
22. Brinton, *op. cit.*, pp. 74-75.
23. *Lay Sermons*, pp. 46-47.
24. *The Constitution of Church and State*, p. 79.
25. *Table Talk*, p. 118.
26. Hearnshaw, *Conservatism in England*, pp. 190-91.
27. Leavis, *op. cit.*, p. 152.
28. *Journal of Sir Walter Scott, 1829-1832*, pp. 154-55.

第５章

1. *Annals of Congress,* Twelfth Congress, Second Session, pp. 184-85.
2. "Onslow to Patrick Henry," *Works of Calhoun*, VI, p. 347.
3. Tucker, "Garland's Life of Randolph, "*Southern Quarterly Review*, July, 1851.
4. *Annals of Congress*, Fourteenth Congress, First Session, p. 1132.
5. *Ibid.*, Seventeenth Congress, First Session, pp. 820-21.
6. *Register of Debates*, Nineteenth Congress, Second Session, II, pp. 125-29.
7. Garland, *Randolph of Roanoke*, II, p. 345.
8. *Ibid.*, II, p. 347.
9. *Register of Debates, op. cit.*
10. Richmond *Enquirer*, April 1, 1815.
11. *Ibid.*, June 4, 1824.
12. *Register of Debates, op. cit.*
13. *Annals of Congress*, Seventeenth Congress, First Session, pp. 844-45.
14. Adams, *John Randolph*, p. 273.
15. *Proceedings and Debates of the Virginia State Convention*, p. 317.
16. *Ibid.*, p. 319.
17. *Ibid.*, p. 492.
18. *Ibid.*, pp. 789-91.
19. *Ibid.*, p. 802.
20. Calhoun, "Discourse on the Constitution," *Works*, I, pp. 511-12.
21. "The South Carolina Exposition and Protest," *Works*, VI, p. 29.
22. Coit, *Calhoun*, p. 335.
23. Calhoun, *Works*, VI, p. 75.
24. *Ibid.*, VI, p. 26.
25. *Ibid.*, VI, p. 192.

34. *Ibid.*, VI, p. 418.
35. *Ibid.*, IX, p. 602.
36. *Selected Writings of John and J. Q. Adams*, pp. 57-58.
37. John Adams, *Works*, X, p. 377.
38. *Selected Writings of John and J. Q. Adams,* pp. 208-9.
39. Hallowell, *The Decline of Liberalism as an Ideology*, p. 23.
40. John Adams, *Works*, IV, p. 301.
41. *Ibid.*, IV, p. 579.
42. *Ibid.*, IV, p. 431.
43. *Ibid.*, IV, p. 290.
44. *Ibid.*, IV, p. 290.
45. *Ibid.*, VI, pp. 477-78.
46. *Ibid.*, IV, p. 588.
47. *Ibid.*, X, p. 267.
48. *Ibid.*, IV, p. 359.
49. *Ibid.*, IX, pp. 630-31.
50. *Taylor, Construction Construed and Constitutions Vindicated*, p. 77.

第４章

1. Lockhart, *Scott*, II, p111.
2. Brinton, *English Political Thought in the Nineteenth Century*, p. 15.
3. Leavis, *Mill on Bentham and Coleridge*, p. 42.
4. Keynes, *Two Memoirs*, pp. 96-97.
5. Burke, "Tracts on the Popery Laws," *Works*, VI, p. 22.
6. Lockhart, *Scott*, X, p. 32.
7. Leslie Stephen, *Hours in a Library*, I, pp. 163-64.
8. Lockhart, *Scott*, III, pp. 305-6.
9. *Ibid.*, VIII, p. 290.
10. *Ibid.*, IX, p. 218.
11. *Ibid.*, IX, p. 298.
12. *Ibid.*, X, p. 50.
13. *Ibid.*, VIII, p. 124.
14. Quoted by Feiling, *Sketches in Nineteenth Century Biography*, p. 39.
15. See Petrie, *Life of Canning*, pp. 136-37.
16. *The Greville Diary*, I, pp. 317-18.
17. *Willey, Nineteenth Century Studies*, pp. 1-44.
18. Coleridge, *Lay Sermons*, pp. 149-50.

第3章

1. Fay, *English Economic History*, Mainly since 1700, p. 48.
2. *The Federalist*, No. 17.
3. "The Continentalist," No. V, April 18, 1782, *Works of Hamilton*, I, p. 255.
4. *Ibid.*, p. 263.
5. John Quincy Adams to John Adams, July 27, 1795, *Writings of J. Q. Adams*, I, pp. 388-89.
6. "The Stand," *Works of Hamilton*, V, p. 410.
7. Fisher Ames, "Dangers of American Liberty," *Works* (1809), p. 434.
8. J. Q. Adams, "Parties in the United States," *Selected Writings of John and J. Q. Adams*, pp. 325-26.
9. Ames, letter of October 26, 1803, *Works*, p. 483.
10. Ames, letter of March 10, 1806, *Works*, p. 512.
11. Ames, letter of November 6, 1807, *Works*, p. 519.
12. Hamilton, *Works*, VI, p. 391.
13. *Selected Works of John and J. Q. Adams*, p. 148.
14. John Adams, *Works*, VI, pp. 402-3.
15. *Ibid.*, VI, p. 516.
16. *Ibid.*, VI, p. 232.
17. *Ibid.*, IV, pp. 444-45.
18. *Ibid.*, VI, p. 279.
19. *Ibid.*, X, p. 101.
20. *Ibid.*, VI, p. 416.
21. *Ibid.*, VI, p. 275.
22. *Ibid.*, VI, p. 518.
23. *Ibid.*, VI, pp. 519-20.
24. *Ibid.*, X, p. 218.
25. *Ibid.*, VI, p. 454.
26. *Ibid.*, IV, p. 389.
27. *Ibid.*, I, p. 462.
28. *Ibid.*, VI, pp. 451-52.
29. *Selected Writings of John and J. Q. Adams*, p. 169.
30. John Adams, *Works*, VI, p. 457.
31. *Ibid.*, VI, p. 249.
32. *Ibid.*, VI, pp. 285-86.
33. *Ibid.*, IV, p. 193.

24. Buckle, *op. cit.*, I, pp. 418-19.
25. "Speech on the Petition of the Unitarians," *Works*, VI, pp. 112-13.
26. "Reflections," *Works*, II, p. 359.
27. *The World*, No. 112.
28. "Reflections," *Works*, II, pp. 366-67.
29. "Appeal from the New Whigs," *Works*, III, pp. 111-12.
30. Wallas, *Human Nature in Politics*, pp. 182-83.
31. Babbitt, *Democracy and Leadership*, p. 116.
32. "Letter to Sir Hercules Langrische on the Catholics" (1972), *Works*, III, p. 340.
33. Hoffman and Levack, *Burke's Politics*, pp. xiv-xv.
34. "Speech On Fox's East-India Bill," *Works*, II, p. 278.
35. "Letters on a Regicide Peace," *Works*, II, p. 278.
36. "Reflections," *Works*, II, pp. 334-35.
37. "Tracts on the Popery Laws," *Works*, VI, pp29-30.
38. "Appeal from the New Whigs," *Works*, III, pp. 108-9.
39. "Reflections," *Works*, II, p. 335.
40. *Ibid.*, pp. 322-23.
41. "Regicide Peace," *Works*, II, P. 216.
42. "Petition of the Unitarians," Work, VI, p. 124.
43. "Reflections," *Works*, II, pp. 331-32.
44. "Appeal from the New Whigs," *Works*, III, pp. 108-9.
45. "Reform of Representation," *Works*, VI, pp. 145-47.
46. "Reflections," *Works*, II, p. 310.
47. "Appeal from the New Whigs," *Works*, III, p. 83.
48 *Ibid.*, p. 85.
49. "Reflections," *Works*, II, pp. 332-33.
50. *Ibid.*, p. 325.
51. Thomson, *Equality*, p. 68.
52. "Thoughts on the Present Discontents," *Works*, I, p. 323.
53. "Speech on a Bill for Repeal of the Marriage Act" (1781), *Works*, VI, p. 171.
54. "Appeal from the New Whigs," *Works*, III, p. 85.
55. *Ibid.*, p. 86.
56. "Reflections," *Works*, II, p. 307.
57. Burke to Lord Fitzwilliam, November 21, 1791—Wentworth Woodhouse Papers, Book I, p. 712 (Sheffield Public Library).
58. Willey, *The Eighteenth-Century Background*, pp. 244-45.
59. Maugham, "After Reading Burke," *The Cornhill Magazine*, winter, 1950-51.

# 原注

## 第1章

1. Hearnshaw, *The Social and Political Ideas of Some Representative Thinkers of the Revolutionary Era*, p. 8.
2. Simpson, *Memoir, Letters, and Remains of Tocqueville*, II, p. 260.
3. Feiling, *Toryism*, pp. 37-38.

## 第2章

1. Quoted in Cobban, *Edmund Burke and the Revolt Against the Eighteenth Century*, p. 85.
2. Buckle, *History of Civilization in England*, I, pp. 424-25.
3. J. G. Baldwin, *Party Leaders*, pp. 144-45.
4. Cecil, *The Young Melbourne*, p. 20.
5. Birrell, *Obiter Dicta*, Second Series, pp. 188-89.
6. Burke, "Thoughts on the Present Discontents," *Works*, I, p. 323.
7. Tocqueville, *The Old Régime*, pp. 33-34.
8. Bissett, *Edmund Burke*, p. 429.
9. Wilson, "Edmund Burke and the French Revolution," *The Century Magazine*, LXII, No. 5, p. 792.
10. Burke to Lord Fitzwilliam, November 29, 1793—Wentworth Woodhouse Papers, Book I, 945 (Sheffield Public Library).
11. P. P. Howe, *The Life of William Hazlitt*, p. 60.
12. MacIver, *The Modern State*, p. 148.
13. "Appeal from the New to the Old Whigs," Works, III, p. 79.
14. MacCunn, *The Political Philosophy of Burke*, p. 127.
15. "Reflections on the Revolution in France," *Works*, II, p. 370.
16. *Ibid.*, pp. 363-64.
17. Woolf, *After the Deluge*, p. 177.
18. "Speech on the Petition of the Unitarians," *Works*, VI, p. 115.
19. Cobban, Edmund Burk, p. 93.
20. "Tracts on the Popery Laws," Works, VI, p. 22.
21. *Ibid.*, pp. 32-33.
22. *Ibid.*, pp. 21-22.
23. Hooker, *Ecclesiastical Polity*, Book V, Chapter 69.

中公選書　032

# 保守主義《ほしゅしゅぎ》の精神《せいしん》　上

2018年２月25日　初版発行

著　者　ラッセル・カーク
訳　者　会田《あいだ》弘継《ひろつぐ》
発行者　大橋善光
発行所　中央公論新社
〒100-8152　東京都千代田区大手町1-7-1
電話　販売　03-5299-1730　編集　03-5299-1840
URL http://www.chuko.co.jp/

印　刷　凸版印刷
製　本　凸版印刷


Published by CHUOKORON-SHINSHA, INC.
Printed in Japan　ISBN978-4-12-110032-0 C1310

## **中公選書** 刊行のことば

電子化と世界標準化の時代を迎えて、わたしたちはいま、価値転換のダイナミズムのなかにいます。多様で複雑な課題に囲まれており、そのどれもが、深い思索をくり返さないと、解決への道は拓けないものばかりです。しかし、わたしたちには一つの信頼があります——知はしなやかで、自在である。問題解決に向かう、着実な歩みができるものである、と。混沌とした世界で、確かな知の営みをすすめる——それが新しいシリーズ、中公選書の決意です。

**２０１１年11月　中央公論新社**

Cs

## 中公選書より

---

27 **島尾敏雄・ミホ　愛の往復書簡**

島尾敏雄＋島尾ミホ 著

赴任してきた特攻隊長と島の国民学校教師が交わした手紙の全像を、はじめて原文から復刻。そこには恋の喜びと死の予感で揺れ動く二人の心情が率直に綴られ、読む者の胸を打つ

---

28 **ジョルジュ・ペレック**

制約と実存

塩塚秀一郎 著

ユダヤ系移民の子に生まれて戦争孤児となり、想像を絶する人生の断絶を体験したのち、特異な言語遊戯小説の制作者となった作家。本書は日常・自伝・遊戯・物語の四分類から総合的読解に挑む

---

29 **福祉世界**

福祉国家は越えられるか

藤田菜々子 著

グンナー・ミュルダールが描いた「福祉世界」。同時代の問題解決のため幅広い関心を呼び込むようになったこのテーマへ、経済学・政治学・社会学等の知見を結合させ、本格的に向き合う

---

30 **思想としての近代仏教**

末木文美士 著

思想と実践の両面から代表的知識人の営為に光をあてるとともに、浄土、日蓮、禅の三系統について、複雑な思想動向を本書は取りあげていく。幅広い視点から、近代仏教の諸相をとらえた充実の書

---